新能源汽车技术概述

主　编　赵振宁
主　审　李春明

北京理工大学出版社
BEIJING INSTITUTE OF TECHNOLOGY PRESS

内 容 提 要

本书为配合《新能源汽车技术》教材而编写，按原书顺序分为18章，第一章 新能源汽车基础知识；第二章 储能装置；第三章 功率电子模块；第四章 电动汽车电动机；第五章 汽车电动机功率电子装置；第六章 电动汽车传动系统；第七章 典型电动汽车；第八章 典型混合动力汽车；第九章 氢燃料电池汽车；第十章 其他新能源汽车；第十一章 电池的管理系统；第十二章 DC/DC转换器；第十三章 电动助力转向系统；第十四章 电动汽车制动系统；第十五章 电动汽车仪表；第十六章 电动汽车空调系统；第十七章 电动汽车充电系统；第十八章 电动汽车高压安全技术。

本书可作为高职高专学校"汽车检测与维修""新能源汽车技术"等汽车专业教材，也可供从事本专业工作的工程技术人员作入门参考。

版权专有　侵权必究

图书在版编目（CIP）数据

新能源汽车技术概述/赵振宁主编．—北京：北京理工大学出版社，2021.1 重印
ISBN 978-7-5682-1143-7

Ⅰ.①新… Ⅱ.①赵… Ⅲ.①新能源－汽车 Ⅳ.①U469.7

中国版本图书馆 CIP 数据核字（2015）第 201156 号

出版发行 /	北京理工大学出版社有限责任公司
社　　址 /	北京市海淀区中关村南大街5号
邮　　编 /	100081
电　　话 /	（010）68914775（总编室）
	（010）82562903（教材售后服务热线）
	（010）68948351（其他图书服务热线）
网　　址 /	http://www.bitpress.com.cn
经　　销 /	全国各地新华书店
印　　刷 /	三河市华骏印务包装有限公司
开　　本 /	787毫米×1092毫米　1/16
印　　张 /	17.5
字　　数 /	404千字
版　　次 /	2021年1月第1版第7次印刷
定　　价 /	49.80元

责任编辑／封　雪
文案编辑／张鑫星
责任校对／周瑞红
责任印制／马振武

图书出现印装质量问题，请拨打售后服务热线，本社负责调换

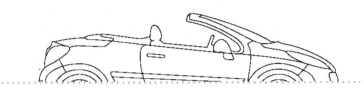 

前言
PREFACE

"新能源汽车技术概述"是目前全国汽车专业的基础课，主要讲解对象是电动汽车。电动汽车包括纯电动汽车、混合动力电动汽车和燃料电池汽车。电动汽车是集机、电学科领域中最新技术的产品，是国家工业发展水平的标志之一。

纯电动汽车、混合动力电动汽车和燃料电池汽车正在引发一场世界汽车工业的革命。现阶段混合动力电动汽车和纯电动汽车已经正式销售，市场份额也逐渐在增加。燃料电池汽车目前从成本角度讲，距离市场化还有一定的时间。

纯电动汽车是限制性用车，主要用于上下班，并非用于长途行驶，一次购车成本高，使用成本很低。混合动力汽车是针对城市工况的长距离汽车，对象为私家车和出租车，一次购车成本较高，使用成本一般。

为了配合《新能源汽车技术概述》教学，作者还编写了《新能源汽车技术概述实务》作为本书配套的考核用教材。配套考核教材的目的是提高同学的自学和自我考核能力，锻炼主动学习的能力。目前书内的一部分内容在现阶段条件下还不能充分实现完整的技术技能，只能以技术的形式出现，所以本书可以在一定程度上强化教学内容，将学习思路变得更清晰，使内容更扎实。为以后学习《纯电动汽车构造原理与检修》和《混合动力汽车构造原理与检修》打好基础。

本教材中的非技术性内容给学生留有很大的思考空间，让学生从新能源汽车行业发展、社会需求、新能源汽车文化等多个角度分析新能源汽车行业发展。

由于电动汽车科学技术的飞速发展导致各车厂电动汽车技术设计差异很大，技术含量不尽相同，加之作者的有限水平及本书的有限篇幅，难免会有错漏之处，希望读者不吝指正，作者也会尽量把最新最准的电动汽车技术展现在读者面前。作者在 www.china auto tech.com 为大家做新能源汽车技术的讲解和有关实车操作。

本教材由长春汽车工业高等专科学校教师赵振宁编写。谨将此书献给多年来帮助作者的各界朋友及广大读者。

编 者

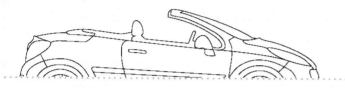

目 录
CONTENTS

第一章　新能源汽车基础知识　001
　第一节　新能源汽车　001
　第二节　我国对电动汽车的促进政策　007
　第三节　国内电动轿车　008

第二章　储能装置　012
　第一节　储能装置　012
　第二节　铅酸电池　016
　第三节　镍氢/镍镉电池　019
　第四节　锂离子电池　024
　第五节　钠硫电池　027
　第六节　超级电容　028
　第七节　飞轮电池　031
　第八节　储能装置的复合形式　036

第三章　功率电子模块　039
　第一节　IGBT和IPM简介　039
　第二节　IGBT的栅极驱动和隔离　043
　第三节　IGBT和IPM保护电路　047
　第四节　IGBT的使用和检修　051

第四章　电动汽车电动机　053
　第一节　电动汽车电动机简介　053
　第二节　电动汽车永磁电动机　054
　第三节　电动汽车感应电动机　061

第五章　汽车电动机功率电子装置　066
　第一节　逆变器　066
　第二节　电动机和逆变器冷却系统　070

第六章　电动汽车传动系统　075
　第一节　电动汽车传动系统组成　075
　第二节　纯电动汽车传动系统　076

第三节　轮毂电动机 ……………………………………………… 078
　　第四节　AMT 在新能源汽车上的应用 …………………………… 081

第七章　典型电动汽车 …………………………………………………… 084
　　第一节　日产聆风（LEAF）……………………………………… 084
　　第二节　一汽奔腾 B50 EV ………………………………………… 087

第八章　典型混合动力汽车 ……………………………………………… 089
　　第一节　混合动力汽车为什么节油 ……………………………… 089
　　第二节　混合动力汽车分类 ……………………………………… 091
　　第三节　"微混型"混合动力汽车 ……………………………… 096
　　第四节　"轻混型"混合动力汽车 ……………………………… 097
　　第五节　比亚迪 F3 双模式混合动力汽车 ……………………… 106
　　第六节　雪佛兰 VOLT 串联型混合动力汽车 ………………… 107
　　第七节　丰田普锐斯混联式混合动力汽车 …………………… 111
　　第八节　一汽 B50 插电式混合动力汽车 ……………………… 126

第九章　氢燃料电池汽车 ………………………………………………… 128
　　第一节　氢燃料电池汽车概述 …………………………………… 128
　　第二节　燃料电池分类和发展状况 ……………………………… 131
　　第三节　质子交换膜燃料电池 …………………………………… 137
　　第四节　典型燃料电池汽车系统结构 …………………………… 142

第十章　其他新能源汽车 ………………………………………………… 147
　　第一节　天然气和储存方式 ……………………………………… 147
　　第二节　天然气发动机 …………………………………………… 149
　　第三节　CNG 发动机日常使用、维护保养与诊断 …………… 158
　　第四节　压缩空气汽车和太阳能汽车 …………………………… 162

第十一章　电池的管理系统 ……………………………………………… 168
　　第一节　电池管理系统（BMS）的功能 ……………………… 168
　　第二节　丰田普锐斯电池管理系统 ……………………………… 170
　　第三节　电池管理系统技术 ……………………………………… 173

第十二章　DC/DC 转换器 ……………………………………………… 178
　　第一节　DC/DC 转换器简介 …………………………………… 178
　　第二节　电动汽车辅助子系统 …………………………………… 179
　　第三节　单、双向 DC/DC 转换器 ……………………………… 182

第十三章　电动助力转向系统 …………………………………………… 187
　　第一节　助力转向系统简介和分类 ……………………………… 187
　　第二节　奥迪双小齿轮电动机助力转向系统 ………………… 188
　　第三节　转向装置电控部分 ……………………………………… 196

第十四章　电动汽车制动系统 …………………………………………… 201
　　第一节　电动真空助力制动系统 ………………………………… 201
　　第二节　普锐斯混合动力汽车线控制动系统 ………………… 205

第三节	电动汽车能量回馈控制原理		218
第十五章	**电动汽车仪表**		**223**
第一节	燃油汽车仪表		223
第二节	电动汽车专用仪表和标志		226
第十六章	**电动汽车空调系统**		**230**
第一节	电动汽车空调的制冷方式和空调压缩机		230
第二节	空调制热方式		234
第三节	普锐斯空调系统		238
第十七章	**电动汽车充电系统**		**245**
第一节	电动汽车充电方式		245
第二节	充电机功能		249
第三节	电动汽车传导式充电接口		253
第十八章	**电动汽车高压安全技术**		**260**
第一节	民用电 TN 网络和充电安全		260
第二节	电动汽车的安全防护技术		261
第三节	电动汽车绝缘电阻监测方法		264
参考文献			**266**

第一章 新能源汽车基础知识

第一节 新能源汽车

一、新能源汽车定义

我国 2009 年 7 月 1 日正式实施了《新能源汽车生产企业及产品准入管理规则》，明确指出：新能源汽车是指采用非常规的车用燃料作为动力来源（或使用常规的车用燃料，但采用新型车载动力装置），综合车辆的动力控制和驱动方面的先进技术，形成的技术原理先进、具有新技术和新结构的汽车。

新能源汽车包括电动汽车、气体燃料汽车、生物燃料汽车、氢燃料汽车等。

1. 电动汽车

电动汽车包括纯电动汽车、油电混合动力汽车和燃料电池汽车。

2. 气体燃料汽车

气体燃料汽车包括天然气汽车、液化石油气汽车、两用燃料汽车和双燃料汽车。

两用燃料汽车是指具有两套相对独立的供给系统，一套供给天然气或液化石油气，另一套供给天然气或液化石油气之外的燃料，两套燃料供给系统可分别但不可同时向气缸供给燃料的汽车，如汽油/压缩天然气两用燃料汽车等。

双燃料汽车是指具有两套燃料供给系统，一套供给天然气或液化石油气，另一套供给天然气或液化石油气之外的燃料，两套燃料供给系统按预定的配比向气缸供给燃料，在气缸混合燃烧的汽车，如柴油 - 液化石油气双燃料汽车等。

目前，两用燃料汽车在出租车上较多见，双燃料（混合燃料）汽车仍未批量生产。

3. 生物燃料汽车

生物燃料汽车指燃用生物燃料或燃用掺有生物燃料的燃油的汽车。与传统汽车相比，结构上无重大改动，排放总体上较低，包括乙醇燃料汽车和生物柴油汽车等。

4. 氢燃料汽车

氢燃料汽车是以氢气作为主要能量驱动的汽车。氢气内燃机在汽车上的应用方式又有三种：纯氢内燃机、氢/汽油双燃料内燃机、氢 - 汽油混合燃料内燃机。

另外，还有利用太阳能、原子能等能量形式驱动的汽车。

新能源汽车的具体化：

（1）油电混合动力汽车包括汽油混合动力系统和柴油混合动力系统。

（2）压缩天然气（CNG）和液化天然气（LNG）包括点燃式和压燃式。

（3）煤驱动类型包括点燃式M85甲醇汽油发动机、M15甲醇汽油机（部分新能源）、压燃式二甲醚（DME）发动机、煤制汽油和煤制柴油。

（4）生物质能源驱动类型包括E10乙醇汽油车（部分新能源）、柴油（部分新能源）。

（5）来自于煤、铀、水力、风力、太阳能发电充电的电动汽车系统。

上面提到的大多类型新能源汽车在国内目前仍处于研发阶段，批量生产的较少。而压缩天然气和液化天然气汽车因其技术较简单，同时主要应用于重型货车，所以专业性的介绍很少。当下批量生产的新能源汽车只有纯电动（EV）和插电式油电混合动力（PHEV）汽车，其中油电混合动力汽车包括汽油/柴油两种油电混合动力系统。

二、新能源汽车发展现状

1. 汽车销售和市场格局

1）汽车销售

在国家对新能源汽车政策的扶持下，我国纯电动汽车产量逐年增长，2012年产量11 241辆，2013年产量14 243辆。纯电动汽车的市场需求逐年扩大，从2011年的5 579辆，增加到2013年的14 604辆，累计增长1.62倍。

2014年新能源汽车生产78 499辆，销售74 763辆，比上年分别增长3.5倍和3.2倍。其中纯电动汽车产销分别完成48 605辆和45 048辆，比2013年分别增长2.4倍和2.1倍；插电式混合动力汽车产销分别完成29 894辆和29 715辆，比2013年分别增长8.1倍和8.8倍。纵观2014年国家推出的各项关于汽车的政策法规，唯有新能源汽车推广政策是最有利于汽车产业发展的，收效也是最显著的。而2014年陆续有城市推出汽车限购政策，这些政策对于传统汽车工业的影响可能是比较负面的，但限购政策反过来也将会带动新能源汽车的发展。预测2015年新能源汽车的销量至少再翻一番，将达到15万~20万辆。

2）市场格局

2014年销售的新能源汽车中，乘用车占比71%，客车占27%，货车和其他乘用车占2%。其中乘用车的占比相比几个月前75%的占比减少了4个百分点，说明新能源客车、货车和其他类型的新能源汽车都得到了发展。在未来的很长时间内，新能源汽车和传统汽车可能是一个互补的作用，新能源究竟在哪个领域推广更被接受还需要更多的尝试才知道。随着对排量限制得越来越严，很多卡车、货车不能在城市行驶，那么电动物流车很可能是未来一个较好的发展方向。由于近几年政府对新能源汽车大力推广和扶持，涌入新能源汽车领域的企业增多，市场上可供选择的车型也增多，但总体而言依然很少。如今，进入工信部新能源车目录的国产车约十几款，品牌涉及奇瑞、比亚迪、北汽、上汽、启辰、雪佛兰等。

2. 未来5年和20年市场前景预测

1）5年前景预测

据中国市场调研网发布的《中国新能源汽车行业发展监测分析与市场前景预测报告（2015—2020年）》显示，2014年产销增长最多的新能源汽车是插电式混合动力汽车，这主要因为中国新能源汽车还处在推广初期，基础设施建设严重不足，出于对纯电动汽车里程的疑虑，插电式混合动力汽车更容易被消费者接受。在这样的情况下，单纯只发展纯电动汽车可能无法满足市场需求，也无法真正带动新能源汽车的发展。

2）20年前景预测

在未来的20年内，汽油和柴油仍是汽车主要的能量来源，但汽油和柴油的质量要求越来越高，发动机技术将快速发展以提高能量利用率。代用燃料会得到迅速运用，天然气汽车和乙醇汽车会率先大规模投入使用，二甲醚和合成燃料会逐步扩大应用。混合动力系统会得到快速发展和应用，混合动力汽车将至少在30年内都是汽车工业最切实可行的解决能源问题和污染问题的途径。因此，应当整合资源加速混合动力汽车的开发，抢占汽车技术发展的新高地。

三、什么是电动汽车

配置大容量电能储存装置，行驶的里程中全部或部分由电机驱动完成的汽车统称为电动汽车，电动汽车包括纯电动汽车、混合动力电动汽车和燃料电池电动汽车三种类型。

1. 纯电动汽车

纯电动汽车（Battery Electric Vehicle，BEV）是完全由可充电电池（如铅酸电池、镍镉电池、镍氢电池或锂离子电池）提供动力源的汽车。铅酸电池能量密度低和污染严重，用铅酸电池的低速电动汽车是不列入新能源汽车行列的，主要是因为其不能满足高速电动汽车（以后称电动汽车）的性能指标。铅酸电池做混合动力汽车的电源是可以的。

虽然纯电动汽车已有134年（1881年开始）的悠久历史，但一直仅限于在某些特定范围内应用，市场较小。主要原因是由于各种类别的蓄电池普遍存在价格高、寿命短、外形尺寸和重量大、充电时间长等严重缺点。

2. 混合动力电动汽车

混合动力电动汽车是指使用电机和传统内燃机联合驱动的汽车，按动力耦合方式的不同可以分为串联式、并联式和混联式按驱动又分为混合动力汽车（HEV）和插电式混合动力汽车（PHEV）。

混合动力电动汽车的主要特点在于：采用小排量的发动机降低了燃油消耗；将制动和下坡时的能量回收到蓄电池中再次利用，降低了燃油消耗；在繁华市区，可关停内燃机，由电机单独驱动，实现"零排放"。

3. 燃料电池电动汽车

燃料电池电动车（FCEV），燃料电池电动汽车是利用氢气和空气中的氧在催化剂的作用下在燃料电池中经电化学反应产生的电能驱动的汽车。其特点主要表现在：燃料电池的能量转换效率可高达60%~80%，为内燃机的2~3倍；燃料电池零排放，不会污染环境。氢燃料来源不依赖石油燃料。

四、电动汽车发展的社会环境

如图1-1所示，汽车是现代社会的重要交通工具，为人们提供了便捷、舒适的出行服务，然而传统燃油车辆在使用过程中产生了大量的有害气体，并加剧了对不可再生石油资源的依赖。在能源方面，目前世界汽车保有量约8亿辆，并以每年3 000万辆的速度递增，预计到2020年全球汽车保有量将达到12亿辆，主要增幅来自发展中国家。我国汽车产销保持快速增长，2007年汽车产量接近900万辆。中国汽车工程学会2014—2015中国汽车产业发展报告中的数字显示，截至2014年年底，我国新能源汽车销售量中，电动汽车为45 048辆，位居第一位，其中以电动乘用车为主（约占80%）。作为能源消费大国，我国形势更为严峻，2007年中国原油消费总量约为3.5亿t，其中净进口原油1.6亿t，占原油消费总量的45.7%，能源大量进口危及国民经济正常运行和国家能源安全。

图1-1 汽车生产和石油开采

如图1-2所示，在环境方面，交通能源消耗也是造成局部环境污染和全球温室气体排放的主要原因之一。调查研究表明，平均而言大气污染的42%来源于交通运输。据有关部门2002年统计，在全国600多个城市中，空气质量达到国家一级标准的城市不足1%。

图1-2 柴油/汽油车造成环境污染

五、电动汽车的使用能达到良好的社会效益和环境效益

1. 污染小

纯电动汽车和燃料电池电动汽车在本质上是一种零排放汽车，一般无直接排放污染物，间接污染物主要产生于非可再生能源的发电与氢气制取过程。其污染物可以采取集中治理的方法加以控制；混合动力电动汽车在纯电动行驶模式下同样具有零排放的效果，同时由于减少了燃油消耗，CO_2排放可降低30%以上。另外，电动汽车比同类燃油车辆噪声也低5 dB以上，大规模推广电动汽车将大幅度降低城市噪声。

2. 节约能源

据测算，传统燃油从开采到汽车利用的平均能量利用率仅为14%左右，采用混合动力技术后，能量利用率可以提高30%以上。纯电动汽车可以利用电网夜间波谷充电，提高了电网的综合效率。

3. 优化能源消耗结构

我国从1993年以来一直是石油进口国，已探明的石油储量仅占世界石油储量的2%~3%。目前，我国交通运输约占石油总消耗的一半。由于电动汽车具有能源来源多元化的特点，各种可再生能源可以转化为电能或氢能加以有效利用；同时，利用电网对电动汽车进行充电，增加了电力在交通能源领域中的应用，减少了对石油资源的依赖，优化了交通能源结构。

六、电动汽车发展现状

1. 纯电动汽车在特定区域得到应用

经历了长期发展，纯电动汽车技术逐步成熟，并得到商业化的推广应用，主要用在公共运输系统。

2. 混合动力电动汽车商业化进程加速

混合动力电动汽车因兼顾了纯电动汽车和传统汽车的优越性以及可保证（以较低的代价）从传统汽车产业向新能源汽车产业的平稳过渡而受到各国、各大公司的高度重视，并随着技术的日趋成熟，已经进入商业化推广应用阶段。

3. 燃料电池电动汽车研发更加深入并开始示范运行

在燃料电池电动汽车方面，国外企业界纷纷组成强大的跨国联盟，以期达到优势互补的目的，如日本丰田公司与美国通用公司、日本东芝公司与美国国际燃料电池公司、雷诺汽车公司与意大利De Nora公司分别组成联盟开发燃料电池电动汽车。目前，几乎所有的国外大型企业集团全部介入，投入的总额将近100亿美元，示范运行车辆总数已超过100辆。

七、电动汽车在奥运会上的应用

电动汽车已多次在包括奥运会在内的国际大型运动会上得到应用。

自1972年慕尼黑奥运会上首次使用纯电动汽车作为运动员引导车以来，历届奥运会都不断扩大电动汽车的使用规模。

在1996年亚特兰大奥运会上，共使用各种电动车辆超过300辆。

在2000年悉尼奥运会上，除使用近400辆电动客车作为接送运动员车辆之外，还首次使用了燃料电池轿车作为开幕式开道车和男女马拉松的引导车。

在2004年雅典奥运会和2006年都灵冬奥会上也大量使用了电动汽车。

在2008年北京奥运会上，共投入包括纯电动、燃料电池、混合动力汽车超过500辆。其中，燃料电池客车和混合动力汽车首次成为奥运服务用车，批量使用锂离子电池的纯电动客车在世界上也是首次。但也是不惜成本，不能作为成功的典范。

八、中国电动/混合动力系统发展趋势

美国能源部下属的阿贡国家实验室（Argonne National Laboratory）的评估报告显示电动

汽车的生产成本构成如图1-3所示。当前在能源危机和气候变化的双重压力下,大力发展电动汽车逐渐替代燃油车已成为全球汽车产业的共识。目前的技术,尤其是动力电池技术还不能低成本实现商业化、实用化。因此,首先将混合动力汽车推向市场、逐步提高电力驱动比例、发展包括燃料电池在内的多种动力电源车成为目前电动汽车行业最为可行的发展路径。

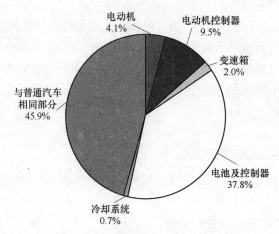

图1-3 电动汽车生产成本构成

TRU Group的预测显示,包括混合动力汽车(HEV)、充电式混合动力汽车(PHEV)、燃料电池电动车(FEV)在内,2010年全球电动汽车产量约为105万辆,2015年约为200万辆,2019年约为425万辆,2010—2015年、2015—2019年的复合增长率分别大约为14%和15%。目前三款全球较为典型的电动汽车,通用Volt、大众Golf Twin Drive、比亚迪F3DM,作为价格参考,这三种车市场价格分别大约为3.5万美元、2.1万美元、15万元人民币,估计目前全球电动汽车平均生产成本为12万元人民币,并且每年以2%下降。

注意: 我国在汽车电池、电动机、功率电子三方面,只在电池方面与国外相差不大,而在电动机、功率电子两方面相差很多,因此,在生产成本上还受制于人。

随着电池技术的快速发展,纯电动和插电式混合动力系统将得到重点关注和快速发展。

九、正确的自我认识

经过多年讨论和探索,国内外对于汽车工业未来发展比较一致的看法是"21世纪是一个面临能源和环境巨大挑战的世纪,传统燃油汽车将向高效低排放的电动汽车方向发展"。

"我国虽然在传统汽车领域落后于发达国家近二三十年,但在电动汽车领域,我国与国外的技术水平和产业化程度差距相对较小,基本处在同一起跑线上。"这句话经过多年重新理解后,现在发现是错的,日本丰田混合动力汽车批量生产是从1997年开始,到2015年,已经18年过去了,我国几大国有汽车公司至今还拿不出与他们的中外合资企业竞争的油电混合动力汽车和纯电动汽车,所以在技术上我国和美、日、欧这些汽车强国相比至少还有20年的差距。

当国外已经出现无人驾驶汽车的批量生产,同时交通法也通过无人驾驶汽车的交规时,我们是否感觉又被人家落下了一代?而且我们的国有合资汽车的现有技术是否真正完全掌握了还不可知。

在新能源汽车产业上，倒是我们的民企汽车走在前列，但也不能过于乐观，汽车民企毕竟起步时间短，起点低，技术和资金不能与国有企业相比，还要受到国有与外资合资汽车的市场挤压，导致民企全部徘徊在低档汽车的品牌和技术领域，在国外汽车向智能汽车和新能源汽车转型时，它们是否有力气和速度跟得上还有待检验。

第二节　我国对电动汽车的促进政策

原来（2012年年底示范运行）的新能源汽车补助包括混合动力车（含插电式混合动力车）、纯电动车、燃料电池车（乘用车和轻型商用车），按节油率和电功率比不同，补助标准也不同，对微混、中混、重混都有补助，最低0.4万元，最高5.0万元，纯电动车补助6万元，燃料电池车补助25万元。

2013年9月，国家相关部门出台了《关于继续开展新能源汽车推广应用工作的通知》，其中明确了在2013—2015年，对消费者购买新能源汽车继续给予补贴。在《关于继续开展新能源汽车推广应用工作的通知》中对2013年新能源汽车（纯电动乘用车和插电式混合动力乘用车）按纯电续驶里程（工况法）不同提供不同补助标准。

2013年对比2014年新能源补贴见表1-1。

表1-1　2013年和2014年新能源补贴对比（补助标准幅度降低5%）

车辆类型	纯电续驶里程 R（工况）		
	80 km ≤ R < 150 km	150 km ≤ R < 250 km	R ≥ 250 km
纯电动乘用车（2013年）	3.50万元/辆	5.00万元/辆	6.00万元/辆
纯电动乘用车（2014年）	3.325万元/辆	4.75万元/辆	5.70万元/辆
包括增程式在内的插电式混合动力乘用车（2013年）	R ≥ 50 km，3.50万元/辆		
包括增程式在内的插电式混合动力乘用车（2014年）	R ≥ 50 km，3.325万元/辆		

2013年5月《关于继续开展新能源汽车推广应用工作的通知》（以下简称《通知》）中，对混合动力公交客车没有补助，而只对纯电动客车和插电式混合动力客车给予补助。

（1）车长6~8 m的电动客车补助30万元，车长8~10 m的电动客车补贴40万元。

（2）车长10 m以上的电动客车补助50万元，插电式混合动力车补助25万元。

（3）对超级电容、钛酸锂快充电动客车补助15万元。

（4）对燃料电池乘用车和商用车补助分别为20万元和50万元。

（5）对纯电动专用车（邮政、物流、环卫等），以蓄电池能量（每kW·h补助2 000元）给予补助，每辆车不超过15万元。这是《通知》中专门列出对纯电动专用车给予补助。

这项政策对混合动力城市客车生产企业来说是沉重的打击，因为至2012年年底，25个示范运行城市示范运行车辆中50%以上为混合动力客车，各客车生产企业都在扩大推动混

合动力客车,而纯电动客车的生产企业只有安凯、申沃、恒通等为数不多的几家。

2014年新能源汽车补贴标准:按四部委2013年9月13日出台的政策,纯电动乘用车等2014年和2015年的补助标准将在2013年标准基础上下降10%和20%。但新标准调整为:2014年在2013年标准基础上下降5%,2015年在2013年标准基础上下降10%,从2014年1月1日起开始执行。

哪些新能源汽车有资格获得新能源汽车补贴?

1. 国家补贴

首先明确的是不是所有的新能源车都可以获得补贴,据《关于继续开展新能源汽车推广应用工作的通知》中显示,纳入中央财政补贴范围的新能源汽车应是符合要求的纯电动汽车、插电式混合动力汽车和燃料电池汽车。其中"符合要求",是指新能源车辆需要进入《节能与新能源汽车示范推广应用工程推荐车型目录》,而进入该目录的车型,是从列入国家工信部《车辆生产企业及产品公告》中挑选出来的,而只有自主、合资等国产车型才会被列入这一公告中。

国家补贴和城市有关。如果满足示范城市或区域的条件,可编制新能源汽车推广应用实施方案,提交四部委,择优确定示范城市名单。也就是说,只有进入示范名单的城市才可以。

2. 地方补贴

理论上,可以获得国家补贴的新能源车,也自然会得到地方政府补贴。但经过调查后发现,这种理论未必在哪里都行得通。比如,在北京享受地方补贴的新能源车并不包括插电式混合动力车型,且只有进入北京市自己制定的《北京市示范应用新能源小客车生产企业和产品目录》的纯电动车、燃料电池汽车才能享受政府补贴。

2014年7月免征新能源汽车车辆购置税的决定在国务院常务会议上获得通过。这是继加大补贴力度、给予牌照优惠政策、加快充电桩建设后的又一政策。以目前新能源汽车发展的情况来说,需求速度低于预期,如果新能源汽车购置税大幅减免,将有效降低消费者购车成本,促进新能源汽车销量增长。因此随着电动汽车购置税的免征,未来新能源汽车的需求有望进一步提升。而纯电动汽车作为"十二五"规划的重点扶持对象,市场需求也将会有所增加。

第三节 国内电动轿车

一、混合动力轿车

图1-4所示为奔腾混合动力轿车和技术参数,奔腾混合动力轿车是"863"计划"节能与新能源汽车"重大专项资助开发的新一代节能环保车型,集成了第一汽车集团公司在混合动力系统技术平台和整车制造方面的最新成果。该车采用双电机全混合结构,具备所有混合动力功能。除了卓越的安全性能外,奔腾混合动力轿车同时具有卓越的动力性能、经济性能和排放性能。2008年北京奥运期间有5辆奔腾混合动力轿车进行示范运行。

如图1-5所示,奔腾B50 EV轿车采用一汽技术中心自主研发的纯电动乘用车动力平

图 1-4 奔腾混合动力轿车和技术参数

(a) 奔腾混合动力轿车；(b) 技术参数

参数	数据
动力电池类型	镍氢(NiMH)电池,6.0 A·h
扭矩(额定/峰值)	125 N·m/200 N·m
控制器最高效率	95%
最高车速和里程	191 km/h,900 km
0~10 km/h加速时间	<13.8 s
百公里经济性	6.8 L(10 000 km节油400 L)
功率(额定/峰值)	25 kW/40 kW
排放	国Ⅳ

台，整个平台由电动机、电池、减速器、整车控制器、电动附件和专用显示仪表等组成，该动力系统具有起动电爬行、纯电动、再生制动、电子驻车制动、家用充电、快速充电等功能。

参数	数据
动力电池类型	磷酸铁锂电池,60 A·h
电动机形式	永磁同步
电池功率	42 kW/90 kW
最高车速	147 km/h
百公里耗电量	16 kW·h
充电时间	快充15 min可达80%,慢充3~4 h
60 km/h等速行驶里程	136 km
反复充电次数	2 000次

图 1-5 奔腾 B50 EV 轿车和技术参数

(a) 奔腾 B50 EV；(b) 技术参数

图 1-6 所示为长安"杰勋"混合动力轿车和技术参数。

参数	数据
动力电池类型	金属氢化物镍蓄电池,6.0 A·h
扭矩(额定/峰值)	56 N·m/110 N·m
控制器最高效率	98%
最高车速和里程	160 km/h, 800 km
0~100 km/h加速时间	<16.9 s
百公里经济性	6.8 L
电动机最大功率	15 kW
排放	国Ⅳ

图 1-6 长安"杰勋"混合动力轿车和技术参数

(a) 长安"杰勋"混合动力轿车；(b) 技术参数

图 1-7 所示为奇瑞 A5 ISG 混合动力轿车和技术参数。

图 1-7 奇瑞 A5 ISG 混合动力轿车和技术参数

(a) 奇瑞 A5 ISG 混合动力轿车；(b) 技术参数

参数	数据
动力电池类型	镍氢蓄电池120节
扭矩(额定/峰值)	88 N·m/110 N·m
控制器最高效率	97%
最高车速	160 km/h
0~100 km/h加速时间	<15 s
百公里经济性	4.95 L
电动机最大功率	15 kW
排放	国Ⅳ

二、纯电动车型

如图 1-8 所示，比亚迪 e6 是全球首款纯电动出租车，百公里耗电 21.5 度[①]，一次充满电可续驶 300 km。在动力输出方面，功率可达 75 kW，10 s 内可达到最高车速 140 km/h。

图 1-8 比亚迪 e6 和技术参数

(a) 比亚迪 e6；(b) 技术参数

参数	数据
动力电池类型	磷酸铁锂电池,额定75 kW
最高车速	140 km/h
百公里耗电量	21.5 kW·h
充电时间	快充15 min可达80%
60 km/h等速行驶里程	300 km
反复充电次数	5 000次

如图 1-9 所示，荣威 350 纯电动轿车是上汽集团自主开发的 A 级纯电动轿车，拥有自主产权。

图 1-9 荣威 350 纯电动轿车和技术参数

(a) 荣威 350 纯电动轿车；(b) 技术参数

参数	数据
动力电池电压/V	320
电动机形式	—
电池功率峰值	75 kW
最高车速	150 km/h
百公里耗电量	—
充电时间	—
60 km/h等速行驶里程	—
反复充电次数	—
0~100 km/h加速时间	—

---

① 1度=1千瓦·时。

其他还有如北汽301EV电动车、奇瑞纯电动车、长安汽车纯电动车、吉利纯电动汽车。

三、燃料电池轿车

上汽提供包括纯电动、超级电容、燃料电池和混合动力四大门类的近千辆新能源汽车。如图1-10所示为上海牌燃料电池轿车和技术参数。

参数	数据
动力电池类型	锂离子蓄电池,376 V、8 A·h
扭矩(额定/峰值)	100 N·m/210 N·m
控制器最高效率	93%
最高车速和里程	140 km/h, 250 km
0~100 km/h加速时间	15 s
百公里经济性	1.4 kg
电动机功率(额定/峰值)	42 kW/88 kW
燃料电池发电机功率	55 kW

(a)   (b)

图1-10 "荣威"平台的上海牌燃料电池轿车和技术参数

(a) 上海牌燃料电池轿车；(b) 技术参数

第二章 储能装置

第一节 储能装置

一、储能装置的类型

电能源为电动汽车的驱动电动机提供电能，电动机将电源的电能转化为机械能，通过驱动传动装置或直接驱动车轮工作。电能的储能方式有电池储能、超级电容储能、飞轮储能和超导储能。目前，汽车常用的储能方式有电池储能和超级电容储能两种，飞轮储能没有批量生产。

各种储能装置的性能比较如表 2-1 所示。

表 2-1 各种储能装置的性能比较

项目	超级电容	铅酸电池	镍镉电池	镍氢电池	锂离子电池	燃料电池
充电时间/h	10 s 到几分钟	4~12	4~10	12~36	3~4	不能充电
充放电次数/次	500 000	400~600	400~500	大于 500	1 000	大于 500
工作电流	极高	高	高	高	中	低
记忆效应	无	轻微	有	有	很轻微	轻微
自放电（每月）	高	0.03%	25%（中）	20%（中）	5%~10%	低
质量能量密度/$(W \cdot h \cdot kg^{-1})$	4~10	30	50	60~80	100~200	大于 200
功率密度/$(W \cdot kg^{-1})$	大于 1 000	小于 1 000	大于 1 000	大于 1 000	大于 1 000	35~1000
安全性	优	一般	良	良	差	差
环境	零污染	有污染	基本无污染	基本无污染	基本无污染	零污染

以前，电动汽车上应用最广泛的电源是铅酸电池，但随着电动汽车技术的发展，铅酸电池由于比能量较低，充电速度较慢（相对而言），寿命较短，已逐渐被其他蓄电池所取代。镍镉电池主要应用到电动工具或电动叉车上，没有应用到电动汽车上。

储能装置包括化学储能装置和物理储能装置两种。

(1) 化学储能装置：包括镍氢电池和锂离子电池两种，钠硫电池和燃料电池还未实现。

(2) 物理储能装置：包括超级电容和飞轮电池两种；超导储能方式主要用在供电控制部门。

一般情况下，电动汽车的电能源为动力电池，动力电池在工作中进行的是频繁、浅度的充放电循环。在充放电过程中，电压、电流可能有较大变化。针对这种使用特点，电动汽车的动力系统对电池有如下几个方面的特别要求：电动汽车要求动力电池具有更高的比功率；电动汽车中动力电池具有高充放电效率（对保证整车效率具有至关重要的作用）；电动汽车电池应当在快速充放电和充放电过程变工况的条件下保持性能的相对稳定。

二、蓄电池的性能指标

蓄电池的作用是储蓄电能，蓄电池在充电过程中，电能通过蓄电池内活性物质的化学变化转变为化学能储存在蓄电池内。蓄电池在放电过程中，通过蓄电池内活性物质的化学变化逆转，将化学能转变为电能由蓄电池输出。各种蓄电池的基本工作原理是电能—化学能—电能—化学能的可逆变换过程，能够反复使用，一般称能够将化学能转换为电能的电池为蓄电池。

截至2010年，蓄电池在比能量和比功率方面有很大提高，使得电动汽车的动力性能不断提高，一次充电后的续驶里程也不断地在延长，而且这种提高一直在进行。蓄电池主要性能指标如下。

1. 电压（V）

（1）电动势：电池正极和负极之间的电位差 E（见表2-2）。

表2-2 不同电池的电动势

种类	铅酸电池	镍镉电池	镍氢电池	锰钴锂电池	磷酸亚铁锂电池	钠硫电池	全钒液流电池
电压/V	2.1	1.2	1.2	3.7	3.2	2.08	1.4

（2）开路电压：电池在开路时的端电压，一般开路电压与电池的电动势近似相等。

（3）额定电压：电池在标准规定条件下工作时应达到的电压。

（4）工作电压（负载电压、放电电压）：在电池两端接上负载 R 后，在放电过程中显示出的电压。

（5）终止电压：电池在一定标准所规定的放电条件下放电时，电池的电压将逐渐降低，当电池再不宜继续放电时，电池的最低工作电压。

2. 电池容量（A·h）

1）理论容量

根据蓄电池活性物质的特性，按法拉第定律计算出的最高理论值，一般用质量容量 A·h/kg 或体积容量 A·h/L 来表示。

2）实际容量

在一定条件下所能输出的电量，等于放电电流与放电时间的乘积。

3）标称容量（公称容量）

用来鉴别电池适当的近似安时值，由于没有指定放电条件，因此，只标明电池的容量范围而没有确切值。

4）额定容量

额定容量也称保证容量，按一定标准所规定的放电条件，电池应该放出的最低限度的容量。

5) 充电状态（SOC）

充电状态（SOC）是指参加反应电池容量的变化。SOC = 1 即表示电池为充满状态。随着蓄电池放电，蓄电池的电荷逐渐减少，此时蓄电池的充电状态，可以用 SOC 的百分数的相对量来表示蓄电池中电荷的变化状态。一般蓄电池放电高效率区为 50% ~ 80% SOC。对 SOC 精确的实时辨识，是电池管理系统的一个关键技术。

3. 能量（W·h、kW·h）

电池的能量决定电动汽车的行驶距离。

1) 标称能量

按一定标准所规定的放电条件下，电池所输出的能量，电池的标称能量是电池的额定容量与额定电压的乘积。

2) 实际能量

在一定条件下电池所能输出的能量，电池的实际能量是电池的实际容量与平均工作电压的乘积。电池的质量包括电池本身结构件质量和电解质质量的总和。

3) 比能量（W·h/kg）

指动力电池组单位质量中所能输出的能量。

4) 能量密度（W·h/L）

动力电池组的能量密度是指动力电池组单位体积中所能输出的能量。

4. 功率（W、kW）

在一定的放电制度下，电池在单位时间内所输出的能量，电池的功率决定混合动力汽车的加速性能。

1) 比功率（W/kg）

电池的比功率是指电池单位质量中所具有的电能的功率。

2) 功率密度（W/L）

电池的功率密度是指电池单位体积中所具有的电能的功率。

5. 电池的内阻

电流通过电池内部时受到的阻力，使电池的电压降低，此阻力称为电池的内阻。由于电池的内阻作用，使得电池在放电时端电压低于电动势和开路电压，在充电时充电的端电压高于电动势和开路电压。

6. 循环次数（次）

蓄电池的工作是一个不断充电→放电→充电→放电的循环过程，按一定标准的规定放电，当电池的容量降到某一个规定值以前，就要停止继续放电，然后需要充电才能继续使用。在每一个循环中，电池中的化学活性物质，要发生一次可逆性的化学反应。随着充电和放电次数的增加，电池中的化学活性物质会发生老化变质，逐渐削弱其化学功能，使得电池的充电和放电的效率逐渐降低，最后电池损失全部功能而报废。蓄电池充电和放电的循环次数与电池的充电和放电的形式、电池的温度和放电深度有关，放电深度浅时，有利于延长电池的寿命。特别是电池在电动汽车上的使用环境，包括电池组中各个电池的均衡性、安装、固定方式、所受的振动和线路的安装等，都会影响电池的工作循环次数，最后使电池完全丧失充电和放电的功能而报废。

7. 使用年限（年）

电池除了以循环次数表示使用时间外，通常还要用电池的使用年限来表示电池的寿命。

8. 放电速率（放电率）

一般用电池在放电时的时间或放电电流与额定电流的比例来表示。

（1）时率：电池以某种电流强度放电直到电池的电压降低到终止电压时，所经过的放电时间。

（2）倍率：电池以某种电流强度放电的数值为额定容量数值的倍数。

9. 自放电率

自放电率指电池在存放时间内，在没有负荷的条件下自身放电，使得电池容量损失的速度，自放电率用单位时间（月/年）内电池容量下降的百分数来表示。

10. 成本

电池的成本与电池的技术含量、材料、制作方法和生产规模有关，目前新开发的高比能量的电池成本较高，使得电动汽车的造价也较高，开发和研制高效、低成本的电池是电动汽车发展的关键。除上述主要性能指标外，还要求电池无毒性、对周围环境不会造成污染或腐蚀，使用安全；良好的充电性能和充电操作方便，耐振动，无记忆性；对环境温度变化不敏感，易于调整和维护等。

目前电池技术的瓶颈则在于如何造出容量大（满电可以连续行驶 400 km）且体积小、质量小、价格低的电池，以及如何快速给电池充电。

三、电动汽车对蓄电池的基本要求

一般混合动力汽车电池要求有较大的比能量，而混合动力汽车所采用的动力电池组，则要求有较大的比功率，两种电池在性能方面各有侧重，混合动力汽车对蓄电池的基本要求如下。

1. 比能量

比能量是保证混合动力汽车能够达到基本合理的行驶里程的重要性能，连续 2 h 放电率的比能量至少不低于 44 W·h/kg。

2. 充电时间短

蓄电池对充电技术没有特殊要求，能够实现感应充电。蓄电池的正常充电时间应小于 6 h，蓄电池能够适应快速充电的要求，蓄电池快速充电达到额定容量的 50% 时的时间为 20 min 左右。

3. 连续放电率高，自放电率低

蓄电池能够适应快速放电的要求，连续 1 h 放电率可以达到额定容量的 70% 左右。自放电率要低，蓄电池能够长期存放。

4. 不需要复杂的运行环境

蓄电池能够在常温条件下正常稳定的工作，不受环境温度的影响，不需要特殊加热。保温热管理系统，能够适应混合动力汽车行驶时振动的要求。

5. 安全可靠

蓄电池应干燥、洁净，电解质不会渗漏腐蚀接线柱和外壳。不会引起自燃或燃烧，在发生碰撞等事故时，不会对乘员造成伤害。废蓄电池能够进行回收处理和再生处理，蓄电池中有害重金属能够进行集中回收处理。电池组可以采用机械装置进行整体快速更换，线路连接方便。

6. 寿命长、免维修、制造成本低

蓄电池的循环寿命不低于 1 000 次，在使用寿命限定期间内，不需要进行维护和修理。

四、电池的近期和中期目标

1. 近期目标

（1）阀控铅酸（VRLA）电池：技术成熟、成本低、可快速充电、比功率高、比能量低、潜力巨大；

（2）镍镉（Ni-Cd）电池：技术成熟、可实现快速充电、比功率高、成本高、比能量低、潜力大；

（3）镍氢（Ni-MH）电池：比能量高、比功率高、可实现快速充电、成本高、潜力巨大。

事实上，现在电池的研究几乎全部集中在中期目标上，近期目标基本已全部实现。

2. 中期目标

（1）镍锌（Ni-Zn）电池：比能量高、比功率高、成本低、循环寿命短、潜力大；

（2）锌空气（Zn/Air）电池：机械式充电、成本低廉、比能量非常高、比功率低、不能接受再生能量、潜力巨大；

（3）铝空气（Al/Air）电池：机械式充电、成本低、比能量非常高、比功率非常低、不能接受再生能量、潜力低；

（4）钠硫（Na/S）电池：比能量高、比功率高、成本高、存在安全问题、需要热量管理、潜力一般；

（5）钠、氯化镍（Na/NiCl_2）电池：比能量高、成本高、需要热管理、潜力大；

（6）锂（Li）电池：比能量非常高、比功率高、低温性能差、潜力大；

（7）锂聚合物（Li-Ion）电池：聚合物的比能量非常高、比功率非常高、成本高、潜力巨大。

第二节 铅酸电池

铅酸电池理论比能量 175.5 W·h/kg，实际比能量 35 W·h/kg，能量密度 80 W·h/L。

注意：铅酸蓄电池的低速电动汽车不是新能源汽车，但做混合动力汽车的电源还是可以的。

一、铅酸电池的种类

以酸性水溶液为电解质的蓄电池称为酸蓄电池。由于铅酸电池电极是以铅及其氧化物为材料，故又称为铅酸电池。铅酸电池于 1859 年由法国科学家 G. Plante 发明。1881 年法国人

发明的电动汽车就是以铅酸电池作为动力的,铅酸电池广泛用于燃油汽车的起动。

1. 铅酸电池分类

铅酸电池按其工作环境又可分为移动式和固定式两大类,固定式铅酸电池的分类如下:

1)按电池槽结构

分为半密封式和密封式,半密封式又有防酸式和消氢式。

2)按排气方式

密封式铅酸电池可分为排气式和非排气式两种。

2. 铅酸电池的特点

铅酸电池的特点是开路电压高,放电电压平稳,充电效率高,能够在常温下正常工作,生产技术成熟,价格便宜,规格齐全。近10年来,国内外的第一代电动汽车广泛使用了铅酸电池。

3. 起动铅酸电池和动力铅酸电池

混合动力汽车的牵引用动力铅酸电池(简称动力铅酸电池)其性能与起动铅酸电池的要求是不同的。

(1)起动铅酸电池的特点:传统汽车的起动铅酸电池最大的特点就是允许短时大电流放电。

(2)动力铅酸电池的特点:要有高的比能量和比功率,高的循环次数和使用寿命,以及快速充电性能等。

目前,已经有很多专业公司研制和开发了多种新型铅酸电池,使得铅酸电池的性能有了较大提高。开口管式铅酸电池具有较高的比能量,良好的循环寿命,自动加水,少维护;阀控胶质管式铅酸电池具有较高的比能量和质量比功率,良好的循环寿命,免维护;平板阀控铅酸电池具有较高的比功率,免维护;薄平板阀控铅酸蓄电池,具有较高的峰值功率,浅循环放电,免维护。

二、铅酸电池构造

图2-1所示为普通铅酸电池的构造,铅酸电池的基本单元是单体电池(Battery Cell)。每个单体电池都是由正极板、负极板和装在正极板和负极板之间的隔板组成的。然后将不同容量的单体电池按使用要求进行组合,装置在不同的塑料外壳中,来获得不同电压和不同容量的铅酸电池。铅酸电池总成经过灌装电解液和充电后,就可以从铅酸蓄电池的接线柱上引出电流。

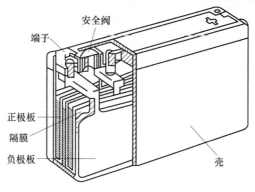

图2-1 铅酸电池的构造

三、铅酸电池原理

铅酸电池的放电和充电的反应过程,是铅酸电池活性物质可逆进行的化学变化过程。它们可以用下列化学反应方程式表示:

$$PbO_2 + 2H_2SO_4 + Pb \underset{充电}{\overset{放电}{\rightleftharpoons}} PbSO_4 + 2H_2O + PbSO_4$$

正极　　　　负极　　　正极　　　　负极

铅酸电池在放电过程时,化学反应由左向右进行,其相反的过程为充电过程的化学反应。由于铅酸电池在放电过程中,铅酸电池中的 H_2SO_4 的浓度会逐渐减小,因此,可以用密度计来测定 H_2SO_4 的密度,再由铅酸电池电解液密度确定铅酸电池电解液放电程度。单体铅酸电池的电压为 2 V,在使用或存放一段时间后,电池的电压可能降低到 1.8 V 以下,或 H_2SO_4 溶液的密度下降到 1.29 g/cm³ 时。此时,铅酸电池就必须充电,如果电压继续下降,铅酸蓄电池将会损坏。

铅酸电池通常采用密封、无锑网隔板等技术措施,并在普通铅酸电池的电解液中加入硅酸胶(Na_2SiO_3)之类的凝聚剂。使电解质成为胶状物,形成一种"胶体"电解质,采用"胶体"电解质的铅酸电池,使用起来更加方便。

$$H_2SO_4 + Na_2SiO_3 \rightleftharpoons H_2SiO_3 + Na_2SO_4$$

四、阀控式铅酸电池

阀控式铅酸电池(Valve Regulated Lead Acid Battery,VRLA)。安装了排气阀的铅酸电池的特点是带有催化剂,可以使充电时产生的氢气和氧气反应生成水流回电池,因而可以防止充电时产生的氢气和氧气逸散,控制水的消耗。

阀控式铅酸电池与汽车等用的普通铅酸电池相比有两个主要特点:一是密封;二是干态。密封是指基本无酸雾排出。一般情况下阀控式铅酸电池在运行(充放电)过程中是"零排放",只有在充电后期蓄电池内的气体压力超过安全阀的开放压力时才有少量的氢和氧混合气体排放,此时用过滤材料滤去带出的少量酸雾。干态是指阀控式铅酸电池没有自由流动的电解液,可以任何方向放置,不怕颠簸、碰撞,即使外壳破裂也不会有酸漏出。图 2-2 所示为车用阀控式铅酸电池。

图 2-2　车用阀控式铅酸电池

玻璃微纤维隔板(AGM)是阀控式铅酸电池的关键材料之一。

玻璃微纤维蓄电池隔板是指用玻璃微纤维作为原料生产的蓄电池的隔板。阀控式铅酸电池的全玻璃微纤维隔板不含任何有机黏结剂，是用直径约 1 μm 的玻璃微纤维用湿法制成的。国外使用高碱玻璃纤维为原料，国内主要采用中碱和高碱玻璃纤维混合原料。

阀控式铅酸电池是一种免维护蓄电池，其结构特点如下：

（1）免维护蓄电池的正极板栅架一般采用铅钙合金或低锑合金制作，而负极栅架均用铅钙合金制作，减小极板短路和活性物质脱落。

（2）隔板大多采用超细玻璃微纤维制作，或将其正极板装在袋式隔板内。

（3）极板组都采用紧装配结构。

（4）各单格极板组之间采用内连式接法，露在密封式壳体外面的只有正、负极桩。

（5）壳体上部设有收集水蒸气和硫酸蒸气的集气室，待其冷却后变成液体重新流回电解槽内。

由于免维护铅酸电池在使用中不会出现电极短路、活性物质脱落、水分损失等问题，从而提高了其使用寿命。

虽然阀控式铅酸电池的质量比能量、体积比能量不能和镍镉电池、镍氢电池、锂离子电池、锂聚合物电池等相比，但它的性价比仍有很大优势，阀控式铅酸电池容量大，无记忆效应，价格便宜，目前它的销售额仍居化学电源产品的首位。现在在世界上，阀控式铅酸电池越来越多地用作电动自行车、电动滑板车及摩托车的动力电源。具有蓄电池第三电极之称的隔板对阀控式铅酸电池尤为重要。由于玻璃微纤维隔板具有很大的表面积，电池反应所产生的氢和氧在负极板附近重新合成水，这样电池的水就可以做到基本不损失，也就不必要加水了，也就是所谓的免维护，产生少量没有重新化合成水的氧在达到一定压力时通过安全阀排除。

第三节　镍氢/镍镉电池

一、镍氢（Ni-MH）电池

1. 镍氢电池简介

镍氢电池也是一种碱性电池，单体电池的电压为 1.2 V，比能量 75~80 W·h/kg，能量密度达到 200 W·h/L，比功率 160~230 W/kg，功率密度 400~600 W/kg，充电 18 min 可恢复 40%~80% 的容量，过充电和过放电性能好，应急补充充电性能好，1 h 内可以完全充满，应急补充充电的时间短。在 80% 的放电深度下，循环寿命可达到 1 000 次以上，是铅酸电池的 3 倍。一次充电后行驶里程长，而且起动加速性能较好。可以在环境温度 -28 ℃~80 ℃ 条件下正常工作。循环寿命可达到 6 000 次或 7 年。采用全封闭外壳，可以在真空环境中正常工作。低温性能较好，能够长时间存放。镍氢电池中没有 Pb 和 Cd 等重金属元素，不会对环境造成污染，镍氢电池可以随充随放，不会出现镍镉在没有放完电后立即充电而产生的"记忆效应"。

在高温条件下使用时电荷量急剧下降，自放电损耗较大，价格较贵。同时，镍氢电池的比功率和放电能力不及镍镉电池。镍氢电池在使用时还应充分注意各个单体电池之间的一致性(均匀性),特别是在高速率、深放电情况下,各个单体电池之间的容量和电压差较明显。注重对电池组在充、放电过程中的导热管理和电池安全装置的设计。

镍氢电池的成本很高,达 600~800 美元/(kW·h)。不同的储氢合金具有不同的储存氢的能力,价格也不相同。我国自行研制了稀土系的储氢合金,已达到世界水平,为我国生产镍氢电池推广提供了有利条件。目前,高档电动汽车多采用镍氢电池或锂离子电池。

2. 镍氢电池的构造

镍氢电池正极是活性物质氢氧化镍 $Ni(OH)_2$,负极是储氢合金,用氢氧化钾作为电解质,在正负极之间有隔膜,共同组成镍氢单体电池。在金属铂的催化作用下,完成充电和放电的可逆反应。镍氢电池的特性与镍镉电池基本相同,但氢气是没有毒性的物质,无污染、安全可靠、使用寿命长,而且不需要补充水分。

镍氢电池的极板有发泡体和烧结体两种,发泡体极板的镍氢电池在出厂前必须进行预充电,且放电电压不能低于 0.9 V,工作电压也不太稳定,特别是在存放一段时间后,会有近 20% 的电荷流失,老化现象比较严重,为避免发泡镍氢电池老化所造成的内阻增高,镍氢电池在出厂前必须进行预充电。经过改进的镍氢电池的烧结体极板本身就是活性物质,不需要进行活性处理也不需要进行预充电,电压平衡、稳定,具有低温放电性能好、不易老化和寿命长的优点。

通常镍氢电池的外形有方形和圆形两种。

3. 镍氢电池的工作原理

如图 2-3 所示,镍氢电池的正极是球状氢氧化镍粉末与添加剂等金属、塑料和黏合剂等制成的涂膏,用自动涂膏机涂在正极板上,然后经过干燥处理成发泡的氢氧化镍正极板。在正极材料 $Ni(OH)_2$ 中添加 Ca、Co、Zn 或稀土元素,对稳定电极的性能有明显的改进。采用高分子材料作为黏合剂或用挤压和轧制成的泡沫镍电极,并采用镍粉、石墨等作为导电剂时,可以提高大电流时的放电性能。镍氢电池的化学反应方程如下:

$$\underset{\text{正极}}{2NiOOH} + \underset{}{KOH} + \underset{\text{负极}}{H_2} \underset{\text{充电}}{\overset{\text{放电}}{\rightleftharpoons}} \underset{\text{正极}}{Ni(OH)_2} + KOH + \underset{\text{负极}}{Ni(OH)_2}$$

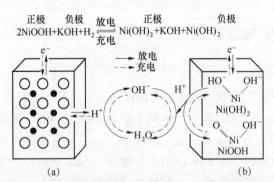

图 2-3 镍氢电池在碱性电解液中进行反应的模型

(a) 储氢合金载体负极;(b) 镍正电极

○—储氢合金载体;●—H_2

镍氢电池的负极的关键技术是储氢合金,要求储氢合金能够稳定地经受反复的储气和放气的循环。储氢合金是一种允许氢原子进入或分离的多金属合金的晶格基块,用钛-钒-锆-镍-铬(Ti-V-Zr-Ni-Cr)五种基本元素,并与钴、锰等金属元素烧结的合金,经过加氢、粉碎、成型和烧结成负极板。储氢合金的种类和性能，对镍氢电池的性能有直接的影响。负极在充电或放电过程中既不溶解，也不再结晶，电极不会有结构性的变化，在保持自身化学功能的同时，还保证本身的机械坚固性。储氢合金一般需要进行热处理和表面处理，以增加储氢合金的防腐性能，这有利于提高镍氢电池的比能量、比功率和使用寿命。

电解质是水溶性氢氧化钾和氢氧化锂的混合物。在电池充电过程中，水在电解质溶液中分解为氢离子和氢氧离子，氢离子被负极吸收，负极从金属转化为金属氢化物。在放电过程中，氢离子离开了负极，氢氧离子离开了正极，氢离子和氢氧离子在电解质氢氧化钾中结合成水并释放电能。

4. 镍氢电池的充、放电特性

1）放电特性

D 型镍氢电池（6 个单体电池组件）放电时，$2C$ 的功率输出时的质量比功率可达到 600 W/kg 以上，$3C$ 的功率输出时的质量比功率可达到 500 W/kg 以上，深度范围内质量比功率的变化比较平稳，对混合动力汽车的动力性能的控制十分有利，电池的寿命可以达到 100 000 km 以上。

2）充电特性

D 型镍氢电池的充电接受性很好，充电效率几乎达到 100%，能够有效地接受混合动力汽车在制动时反馈的电能。另外，由于能量损耗较小，镍氢电池的发热量被抑制在最小的极限范围内，可以有效地控制剩余电量，并用电流来显示电池的剩余电量。

3）寿命

混合动力汽车动力电池组经常处于充电、放电状态，而且充电、放电是不规则地进行的，这给电池的寿命带来严重的影响。松下电池公司用模拟混合动力汽车行驶工况对镍氢电池进行仿真试验，证实镍氢电池的特性几乎不发生变化，镍氢电池用于混合动力汽车是比较合适的。

图 2-4 所示为本田 Insight 镍氢电池组，本田新 Insight 的电池系统是原电动汽车电池改良而成的，电池组置于后备厢底板，由 120 颗松下 1.2 V 镍氢电池组成，串联合计电压为 144 V，支持电流输入 50 A，输出 100 A，系统限制可用 4 A·h，以延长电池寿命。新 Insight 搭载 1.3 L 发动机，本田研发的经济油耗驾驶辅助系统能够有效提高燃油经济性，起步和加速时电动系统自动调节功率输出，从而实现混合动力模式百公里理想油耗为 4.34 L，二氧化碳排放量低于 100 g/km。纯电动模式下，该车车速能达到 50 km/h，适合城市路况。

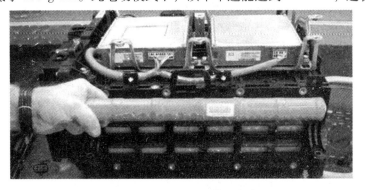

图 2-4 本田 Insight 镍氢电池组

图 2-5 所示为普锐斯汽车的镍氢电池组重 53.3 kg，由 28 组松下棱柱镍氢电池模块构成，每个模块又分别载有 6 个 1.2 V 电池（见图 2-6），总计 168 个电池，串联标称电压合计 201.6 V，比上一代的 38 组 228 个电池有所减少。

图 2-5　普锐斯汽车的镍氢电池组

镍氢电池用于电动汽车上，主要优点是：起动加速性能好，一次充电后的行驶里程较长，不会对周围环境造成污染，易维护，快速补充充电时间短。

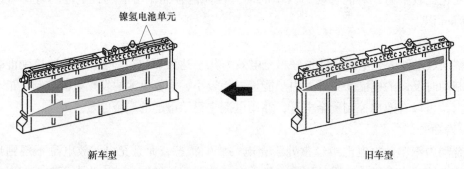

图 2-6　普锐斯 6 个 1.2 V 电池结构

镍氢电池在充电过程中容易发热，发热产生的高温会对镍氢电池产生负面影响。高温状态下，正极板的充电效率变差，并加速正极板的氧化，使电池的寿命缩短。镍氢电池在充电后期，会产生大量的氧气，在高温的环境条件下，将加速负极储氢合金氧化，并使储氢合金平衡压力增加，使储氢合金的储氢量减少，从而降低镍氢电池的性能。尼龙无纺布隔膜在高温的作用下，会发生降解和氧化。尼龙无纺布隔膜发生降解时，产生氨根离子和硝酸根离子，加速了镍氢电池的自放电。尼龙无纺布隔膜发生氧化时，氧化成碳酸根，使镍氢电池的内阻增加。在镍氢电池充电的过程中，电池温度迅速升高，会使充电效率降低，并产生大量氧气，如果安全阀不能及时开启，会有发生爆炸的危险。

旧款普锐斯汽车中，HV 蓄电池单元间为单点连接，接点在电瓶上部，而新车型中的蓄电池电瓶间为双点连接，新增的点在电池下部，这样蓄电池的内部电阻得以降低。

在镍氢电池的制造技术上进行一些改进，例如：正极板采用多极板技术，负极板采用端面焊接技术，在电解液中适当加入 LiOH 和 NaOH，采用抗氧化能力强的聚丙烯毡作隔膜等，可以有效地提高镍氢电池耐高温能力。在镍氢电池动力电池组之间，加大散热间隙，采取有效的散热措施和建立自动热管理系统，以保证镍氢电池正常工作并延长使用寿命。镍氢电池通过增大冷却强度可以让动力电池的放电功率有一定程度的提高，比如由 25 kW 提高到 27 kW。

二、镍镉（Ni-Cd）电池

1. 镍镉电池简介

镍镉电池是一种碱性电池，是低档混合动力汽车首选电池之一。镍镉电池的比能量可达到 55 W·h/kg，比功率可超过 225 W/kg。极板强度高，工作电压平稳，能够带电充电，并可以快速充电。镍镉电池过充电和过放电性能好，有高倍率的放电特性，瞬时脉冲放电率很大，深度放电性能也好。循环使用寿命长，可达到 2 000 次或 7 年以上，是铅酸电池的 2 倍。采用全封闭外壳，可以在真空环境中正常工作。低温性能较好，能够长时间存放。

2. 镍镉电池的工作原理

镍镉电池是以羟基氢氧化镍为正极，金属镉为负极，水溶性氧化钾溶液为电解质，在镍镉电池充电和放电的化学反应过程中，电解液基本上不会被消耗。为了提高寿命和改善高温性能，通常在电解液中加入氧化锂。镍镉电池的化学反应方程如下：

$$\underset{\text{正极}}{2Ni(OH)_3} + \underset{}{2KOH} + \underset{\text{负极}}{Cd} \underset{\text{充电}}{\overset{\text{放电}}{\rightleftharpoons}} \underset{\text{正极}}{2Ni(OH)_2} + 2KOH + \underset{\text{负极}}{Cd(OH)_2}$$

镍镉电池的每个单体电池都是由正极板、负极板和装在正极板和负极板之间的隔板组成（图 2-7）。将单体电池按不同的组合装置在不同塑料外壳中，可得到所需要的不同电压和不同容量的镍镉电池总成，市场上有多种不同型号规格的镍镉电池总成可供选择。在灌装电解液并经过充电后，就可以从电池的接线柱上引出电流。

图 2-7 镍镉电池

3. 记忆效应

镍镉电池有记忆效应，镍镉电池中采用的镉（Cd）是一种有害的重金属，在电池报废后必须进行有效回收，这在国外已能实现。镍镉电池的成本为铅酸电池的 4~5 倍，初始购置费用较高，但镍镉电池的比能量和循环使用寿命都大大地高于铅酸电池，因此，在电动汽车实际使用时，总的费用不会超过铅酸电池的费用。由于镍镉电池使用性能比铅酸电池好，在混合动力汽车得到广泛使用。克莱斯勒公司的 TE 面包车、标致 106 型混合动力汽车、雪铁龙 AX-EV 以及日本本田汽车公司、日产汽车公司等生产的混合动力汽车都采用了镍镉电池。

第四节 锂离子电池

一、锂离子电池简介

锂离子电池具有极高性能优势,是未来动力蓄电池发展的必然方向。相对传统的铅酸、镍氢和镉镍电池而言,锂离子电池的历史很短。

BMW ActiveHybrid 7 和 MercedesBenz S400 Hybrid（见图 2-8）是全世界最先采用这种高效蓄电池技术的混合动力车型。BMW ActiveHybrid 7 采用轻混合动力驱动装置,应用的是新型高效锂离子电池。由于锂离子电池是所有蓄电池类型中能量密度最高的一种,因此它的大小与传统 12 V 蓄电池相差无几,质量为 28 kg 左右。这种紧凑的结构使得蓄电池可以方便地集成到车内,占用后部空调系统的安装空间即可。

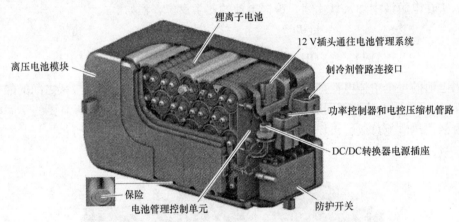

图 2-8 MercedesBenz S400 Hybrid 新型高效锂离子电池

二、普通锂离子电池的特点

目前市场上的锂离子电池正极材料主要是氧化钴锂（$LiCoO_2$）,另外还有少数采取氧化锰锂（$LiMn_2O_4$）、氧化镍锂（$LiNiO_2$）以及三元材料 [$Li(NiCo)O_2$] 作为正极材料的锂离子电池。

普通锂离子电池单体电池工作电压高达 3.7 V,电压是镍氢电池的 3 倍,是铅酸电池的近 2 倍;质量小,比能量大,高达 150 W·h/kg,是镍氢电池的 2 倍,铅酸电池的 4 倍,因此,质量是相同能量的铅酸电池的 1/4~1/3;体积小,能量密度高达到 400 W·h/L,体积是铅酸电池的 1/3~1/2。提供了更合理的结构和更美观的外形的设计条件、设计空间和可能性;循环寿命长,循环次数可达 1 000 次。以容量保持 60% 计,电池组 100% 充放电循环次数可以达到 600 次以上,使用年限可达 3~5 年,寿命为铅酸电池的 2~3 倍;自放电率低,每月不到 5%;允许工作温度范围宽,低温性能好,锂离子电池可在 -20 ℃ ~ +55 ℃工作;无记忆效应,所以每次充电前不必像镍镉电池、镍氢电池一样需要放电,可以随时随地进行充电。电池充放电深度对电池的寿命影响不大,可以全充全放;无污染,锂电池中不存在有毒物质,因此被称为"绿色电池",而铅酸电池和镉镍电池由于存在有害物质铅和镉，环境污染问题严重。

钴酸锂电池和三元材料的电池具有质量更轻、体积更小等优点，但它们不适合作动力电池。钴酸锂的主要原材料金属钴在我国储量极少，目前80％的金属钴基本靠进口，在我国难以大规模使用。

由于锂电池比能量高，材料稳定性差，容易出现安全问题，如果单体容量过大，一旦产生爆炸将十分危险。目前，世界上知名的手机和笔记本电脑电池（正极材料为钴酸锂和三元材料）生产企业日本三洋、索尼等公司要求电池的爆喷率控制在十亿分之四十以下，国内公司能达到百万分之一。而动力电池的容量是手机电池容量的百倍以上，因此对锂电的安全性要求极高。

除了锂离子电池本身所具备的性能优势外，人们认为以锂离子电池作为混合动力汽车乃至纯电动汽车的储能设备。我国具有发展锂电汽车得天独厚的条件，锂离子动力电池的主要原材料锂、锰、铁、钒等在我国都是富产资源。而我国更是永磁同步电机中永磁材料稀土资源的大国，为锂电汽车提供了材料保证。我国的小功率锂离子电池早已经产业化，形成了上下游结合的完整产业链，电池产品超过世界市场的1/3，锂离子动力电池技术已经达到国际先进水平，产业化条件也基本成熟，深圳比亚迪更是国际上锂离子动力电池技术的领先企业，已经实现产业化生产。

三、磷酸铁锂

于2002年出现的磷酸铁锂（$LiFePO_4$）动力电池是最新研制的锂离子电池材料，从目前各种锂离子电池的性能对比可以看出，磷酸铁锂电池是最适合用于电动汽车产业化运用的锂离子电池。

$LiFePO_4$电池的特点：

（1）高效率输出。标准放电为$2C\sim5C$、连续高电流放电可达$10C$，瞬间脉冲放电（10 s）可达$20C$。

（2）高温时性能良好。外部温度65 ℃时内部温度则高达95 ℃，电池放电结束时温度可达160 ℃。电池的结构安全、完好。

（3）安全性好。即使电池内部或外部受到伤害，电池也不燃烧、不爆炸。

（4）循环容量大：经500次循环，其放电容量仍大于95％。

锂离子电池内部主要由正极、负极、电解质及隔离膜组成，正负极及电解质材料不同工艺上的差异使电池有不同的性能，尤其是正极材料对电池的性能影响最大。

$LiFePO_4$电池的结构与工作原理（见图2-9），$LiFePO_4$作为电池的正极，由铝箔与电池正极连接，中间是聚合物的隔膜，它把正极与负极隔开，锂离子（Li^+）可以通过而电子（e^-）不能通过，左边是由碳（石墨）组成的电池负极，由铜箔与电池的负极连接。电池的上下端之间是电池的电解质，电池由金属外壳密闭封装。$LiFePO_4$电池在充电时，正极中的锂离子通过聚合物隔膜向负极迁移。在放电过程中，负极中的锂离子通过隔膜向正极迁移。锂离子电池就是因锂离子在充放电时来回迁移而命名的。

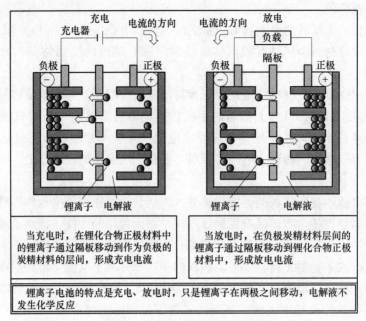

图2-9 锂电池的结构示意图

因此,无论是锂离子电池本身特点,还是我国现状,发展锂离子动力电池都将是我国新能源汽车产业化的主要方向。国内主要锂离子动力电池厂家有:深圳比亚迪、天空能源(洛阳)、苏州星恒、深圳雷天、河南环宇、青岛澳柯玛、武汉力兴、天津力神、北京盟固利、TCL 金能、北京中润恒动、浙江兴海、山西光宇、天津航力源、苏州迪耐特、双一力(天津)新能源、深圳兴科特、江西美亚能源、天津蓝天双环、湖南海星高科、深圳德朗能电池等。

四、其他前沿技术

1. 锂离电池的纳米技术

Altair 纳米技术公司为电动汽车开发的锂离子电池可以极快的速度充电,容量高达 35 kW·h 的电池可以在 10 min 之内充电完毕,安装这种电池的载人小汽车可以续驶160 km。10 min 之内把 35 kW·h 的电池充电完毕需要 250 kW 的充电功率,这是一栋办公大楼最大用电负荷的 5 倍。

2. 充电材料表面处理技术

麻省理工学院研究人员发明了一项充电材料表面处理技术,利用这种新技术制造的手机电池可以在 10 s 内完成充电,汽车电池可在 5 min 内充好电。一块锂电池完成充电一般需要 6 min 或更长的时间。但传统的磷酸铁锂材料在经过表面处理生成纳米级沟槽后,可将电池的充电速度提升 36 倍(仅为 10 s)。麻省理工学院说"由于这项技术不需要新材料,只是改变制造电池的方法,因此用 2~3 年就可以将这项技术市场化"。

3. 锂电池快速充电技术

据索尼官方新闻表示,索尼已经开发出了一种快速充电锂电池,仅需 30 min 就能让电池充电 99%。功率可达 1 800W/kg，并可延长 2 000 次循环充放电寿命。这种电池采用磷酸铁锂作为阴极材料，以增强阴极的晶体结构并能保证其高温状态下的稳定性。通过与索尼新设计的粒子技术阳极材料组合，该电池可以有效降低电阻，并提高输出功率。

第五节　钠硫电池

一、钠硫电池简介

钠硫电池（Sodium-Sulfur Battery）是美国福特（Ford）公司于 1967 年首先发明公布的，其比能量高，可大电流、高功率放电。日本东京电力公司（TEPCO）和 NGK 公司合作开发钠硫电池作为储能电池，其应用目标瞄准电站负荷调平、UPS 应急电源及瞬间补偿电源等，并于 2002 年开始进入商品化实施阶段，据统计，截至 2007 年，日本年产钠硫电池量已超过 100 MW，同时开始向海外输出。

二、构造和工作原理

钠硫电池是以 Na-β—氧化铝为电解质和隔膜，并分别以金属钠和多硫化钠为负极和正极的二次电池。

钠硫电池的工作原理如图 2-10 所示，以固体电解质 Na-β-Al_2O_3（Na^+离子导体）为电解质隔膜，熔融硫和钠分别作正负极，正是因为钠硫电池采用的材料特殊，所以能连续充电近两万次，也就是说相当于近 60 年的使用寿命，且终生不用维修，不排放任何有害物质，也无二次污染公害，这是别的电池无法达到的。钠硫电池是靠电子转移而再生能量，所以它充电时间相当短暂，一次充电可运行 10～11 h，它经热反应后所产生的理论能量密度为 786 W·h/kg，实际能量密度为 300 W·h/kg，这约是铅酸电池的 10 倍，镍氢电池的 4 倍，锂电池的 3 倍。

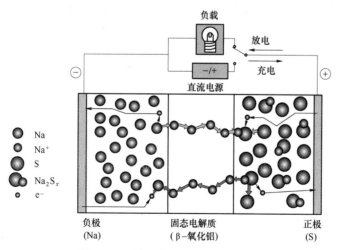

图 2-10　钠硫电池工作原理示意图

该电池最大的特点是：比能量高，是铅酸电池的 3～4 倍；可大电流、高功率放电；充放电效率几乎高达 100%。但钠硫电池的不足之处是其工作温度在 300 ℃～350 ℃，需要一定的加热保温。另外，钠硫电池过充时很危险。

第六节 超级电容

一、超级电容简介

超级电容器又叫黄金电容、法拉电容，它通过极化电解质来储能，属于双层电容的一种。由于其储能的过程并不发生化学反应，因此，这种储能过程是可逆的，正因为此超级电容器可以反复充放电数十万次。超级电容一般使用活性炭电极材料，具有吸附面积大、静电储存多的特点，在新能源汽车中有广泛使用。

传统电容储能方法：传统电容中储存的电能来源于电荷在两块极板上的分离，两块极板之间为真空（相对介电常数为1）或一层介电物质（相对介电常数为 ε）所隔离，电容值为

$$C = \varepsilon \cdot A/3.6\ \pi d$$

式中，A 为极板面积，d 为介质厚度。

所储存的能量为

$$E = C\Delta V^2/2$$

式中，C 为电容值，ΔV 为极板间的电压降。可见，若想获得较大的电容量，储存更多的能量，必须增大面积 A 或减少介质厚度 d，但这个伸缩空间有限，导致它的储电量和储能量较小。传统电容器的面积是导体的平板面积，为了获得较大的容量，导体材料需要卷制得很长，有时用特殊的组织结构来增加它的表面积。传统电容器用绝缘材料分离它的两极板，一般选用塑料薄膜、纸等尽可能薄的材料。

二、超级电容工作原理

多孔化电极采用活性炭粉、活性炭和活性炭纤维，电解液采用有机电解质。多孔性的活性炭有极大的表面积，在电解液中吸附着电荷，因而将具有极大的电容量，并可以存储很大的静电能量。双电层超级电容器的充放电过程始终是物理过程，没有化学反应。因此性能是稳定的，与利用化学反应的蓄电池是不同的。

三、超级电容类型和特点

双电层电容本质上是一种静电型能量储存方式，目前已经研制出活性炭材料表面积可以达到 2 000 m^2/g，单位质量的电容量可达 100 F/g，并且电容的内阻还能保持在很低的水平；而且碳材料还具有成本低、技术成熟等优点，使得该类超级电容在汽车上应用最为广泛。

目前，主要的双层结构超级电容根据电极采用类型，分为以下几种。

1. 碳电极

碳电极超级电容器的面积是基于多孔碳材料，该材料的多孔结构允许其面积达到 2 000 m^2/g，通过一些措施还可以实现更大的表面积。碳电极超级电容器电荷分离开的距离是由被吸引到带电电极的电解质离子尺寸决定的，该距离（<10Å）比传统电容器薄膜材料所能实现的距离更小。这种庞大的表面积再加上非常小的电荷分离距离使得超级电容器较传统电容器而言有巨大的静电容量。超级电容器的这一储电特性介于传统的电容器与电池之

间。尽管这一能量密度比电池低，但是这一能量的储存方式有快充快放的特点，可以应用在传统电池难以解决的短时高峰值电流应用之中。

在电动汽车上广泛使用的主要是碳电极超级电容。

2. 金属氧化物电极

由于金属氧化物（氧化钌）电极电容价格高昂、有二次污染等，目前主要用于军事领域。

3. 有机聚合物电极

有机聚合物技术尚未成熟。

四、超级电容的使用方式

目前超级电容被广泛应用到新能源汽车中，用作起动、制动、爬坡时的辅助动力。汽车频繁的起步、爬坡和制动造成其功率需求曲线的变化很大，在城市路况下更是如此。这就需要频繁在峰值功率和工作功率之间切换，无疑会大大损害电池的寿命。如果使用比功率较大的超级电容，当瞬时功率需求较大时，由超级电容提供尖峰功率，并且在制动回馈时吸收尖峰功率，那么就可以减轻对电池或其他 APU 的压力。从而可以大大增加起步、加速时系统的功率输出，而且可以高效地回收大功率的制动能量。这样做还可以提高电池的使用寿命，改善其放电性能。

1. 超级电容和蓄电池采用并联的连接方式

超级电容较低的比能量使得它不太适合单独用作汽车能量源，最好组成复合能源系统，但是这增加了整车的成本。

超级电容和蓄电池采用并联的连接方式。汽车在正常行驶的时候，电容不参与工作。但当车辆进行加速或上坡时，电容通过 DC/DC 转换器的控制提供短期的大电流，不足的部分由电池补充，两者在经过电机逆变器的转换，驱动电动机驱动车辆。例如，272 个单元，单体电压为 1.39 V，工作电压为 380 ~ 190 V，总的质量约达 319 kg，电容为 18 000 F。采用双向 DC/DC 转换器，当电容的电压低于蓄电池的端电压时，DC/DC 转换器通过工作电路降压，使得超级电容达到能量饱和状态。在蓄电池急需能量时通过控制电路对电容能量进行升压输出到蓄电池两正负端。

超级电容的快充快放特点使其十分适合为公交车提供动力。

2. 配合蓄电池应用于各种内燃发动机的电起动系统

超级电容与电池比较有超低串联等效电阻，功率密度是锂离子电池的数十倍以上，适合大电流放电，例如，4.7 F 电容能释放瞬间电流 18 A 以上，温度范围为 -40 ℃ ~ +70 ℃，而一般电池是 -20 ℃ ~ 60 ℃。

传统的蓄电池（如铅酸电池）由于功率密度偏低，不能满足车辆的频繁起步、加速和制动工况的要求，而且由于加速时浪费了过多的能量，致使车辆的行驶里程也不能满足要求。

3. 超级电容用作汽车部件的辅助能源

除了用于动力驱动系统外，超级电容在汽车零部件领域也有广泛的应用。例如，未来汽车设计使用的 42 V 电系统（转向、制动、空调、高保真音响、电动座椅等），如果使用长寿命的超级电容，可以使得需求功率经常变化的子系统性能大大提高，另外还可以减少车内用于电制动、电转向等子系统的布线，同时减少汽车子系统对电池的功率消耗，延长电池使用时间。

五、超级电容器产业

1. 美国

美国能源部和 USABC（US Advanced Batter Consortium）从 1992 年组织国家实验室（Lawrence Livermore，Los Alamos，Sandia）、大学（Auburn）和工业界（Maxwell，Federal Fibers Fabrics，GE）推出电动汽车用超级电容的可行性研究计划，短期目标是实现能量密度 5 W·h/kg 和功率密度 500 W/kg，中期目标是实现能量密度 10 W·h/kg 和功率密度 1 000 W/kg，长远目标是实现能量密度 15 W·h/kg 和功率密度 1 500 W/kg。美国三大汽车巨头成立 USABC 机构，专门主持 EDLC 的研究与开发。到目前为止，超级电容技术基本达到了 PNGV 所设立的 2002 年目标要求，尚未达到其设立的 2006 年目标要求。根据研究，如果超级电容的比能量达到 20 W·h/kg，那么用于混合动力汽车将是比较理想的。

在超级电容器的产业化方面，美国、日本、俄罗斯、瑞士、韩国、法国的一些公司凭借多年的研究开发和技术积累，目前处于领先地位，如美国的 Maxwell，日本的 NEC、松下、Tokin 和俄罗斯的 Econd 公司等，这些公司目前占据着全球大部分市场。

图 2-11 所示为 Maxwell 公司超级电容。

图 2-11　Maxwell 公司超级电容

2. 欧盟

欧盟石墨烯项目推新型超级电容器。2014 年，德国斯图加特弗劳恩霍夫制造技术与自动化研究所的科研小组对石墨烯进行了无数次试验，发现其比表面积高达 2 600 m²/g，导电性极高，非常适合用作电极材料。石墨烯是由基于碳原子的超薄单层晶格组成。石墨烯作为电极材料使用时，其表面积比等量的其他材料大很多。因此，石墨烯在取代活性炭方面有很大的应用前景，而后者是目前商用超级电容器使用的材料，比表面积是 1 000~1 800 m²/g。

3. 日本

日本政府部门推选的新太阳能规划（New Sun Shing Project）吸引了很多高新技术企业参加，超级电容的研究与开发是重要项目之一，日本也成立了"新电容器研究会"和 NEW SUN SHINE 开发机构。

4. 俄罗斯

俄罗斯专注于电容车技术和电动车制动能量回收的研究，取得了显著的发展。其起动型超级电容器比功率已达3 000 W/kg，循环寿命在10万次以上，领先于其他国家。在俄罗斯，曾有使用950 kg超级电容驱动载客50人的电动巴士，尽管其续驶里程只有8~10 km，但其充电时间只需15 min。

5. 中国

从20世纪90年代开始研制超级双电层电容器，与国外先进水平还有一定的差距。国内已经研制出比能量为10 W·h/kg、比功率为600 W/kg的高能量型及比能量为5 W·h/kg、比功率为2 500 W/kg的高功率型超级电容器样品，循环使用次数可达50 000次以上。性能指标已经达到国际先进水平，成本较国际平均价格有大幅度下降。

六、超级电容的应用

1. 本田

本田FCX燃料电池–超级电容混合动力车是世界上最早实现商品化的燃料电池轿车。该车早在2002年就已经在日本和美国加利福尼亚州上市。第5代FCX采用了新型质子交换膜形式的燃料电池模块，用超级电容加燃料电池的电能供应方式，这能够让FCX迅速达到一个较大的输出功率，弥补了燃料电池车起动和加速性能差的缺点，并将起动时间缩短到10 s。同时，由于超级电容与燃料电池同样具有软特性，结构中取消了DC/DC转换器，降低了系统质量。车载空调系统是由燃料电池组带动的，超级电容只提供车辆加速和爬坡时所需的峰值功率，同时回收车辆刹车时的回馈能量，超级电容电量不足时则由燃料电池带动发电机利用输出的多余电功率来补充。

2. 日产

日产汽车公司于2002年6月24日推出了安装有柴油机、电动机和电容器的并联混合动力卡车。由额定功率为152 kW的CID1发动机和55 kW的永磁电动机驱动，安装有日产公司开发的新型电容器"超级电力电容器（ECaSS）"，具有6.3 kW的比功率，功率能量比高达80 W/kg。该卡车使用384个单元组成三串，每串由28个1 500 F、2.7 V单元并联，共583 W·h。该车制动能量的功效高于其他电池供电的混合动力车。与日产柴油机汽车公司以往生产的柴油机汽车相比，该混合动力卡车可减少燃料成本50%，减少二氧化碳排放量33%，减少氧化氮排放量50%。

日产Diesel公司开发了一辆15 t的"CNG + C"串联式混合动力大客车，续驶里程比常规CNG大客车提高了2.4倍。超级电容总重200 kg，CNG发动机在最优效率点带动一个75 kW的发电机工作。

第七节　飞轮电池

一、飞轮电池简介

在这几种储能装置中，化学蓄电池仍然是最主要的储能设备，燃料电池近几年也发展很快，是电动汽车中新型电池的主要代表，超导储能装置由于其工艺不很成熟，且价格和使用的费用太高，限制了它的应用，飞轮装置发展已经比较成熟，其远大于化学电池的比功率和比能量，使其成为目前许多科研工作者的研究重点。美国飞轮系统公司（AFS）已经生产出了以克莱斯勒 LHS 轿车为原型的飞轮电池轿车 AFS20，这是一种完全由飞轮电池供电的电动汽车，它由 20 节飞轮电池驱动，每节电池直径 230 mm，质量为 13.64 kg，电池用市电充电需要 6 h，而快速充电只需要 15 min，一次充电行驶路程可达 560 km，而其原型 LHS 汽油车为 520 km，其加速性能也很好，从 0 加速到 96 km/h，只需要 6.5 s，其寿命超过 321 万 km。

二、基本的工作原理

如图 2-12 所示，将外界输送过来的电能通过电动机转化为飞轮转动的动能储存起来，当外界需要电能的时候，又通过发电机将飞轮的动能转化为电能，输出到外部负载，而空闲运转的时候要求损耗非常小，事实上，为了减少空闲运转时的损耗，提高飞轮的转速和飞轮储能装置的效率，飞轮储能装置轴承的设计一般都使用非接触式的磁悬浮轴承技术，而且将电动机和飞轮都密封在一个真空容器内以减少风阻。

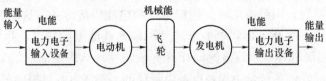

图 2-12 飞轮电池工作原理

发电机和电动机通常使用一台电动/发电机来实现，通过轴承和飞轮连接在一起，这样，在实际常用的飞轮储能装置中，主要包括飞轮、轴、轴承、电动/发电机、真空容器和电力电子装置等部件，飞轮电池组成如图 2-13 所示。

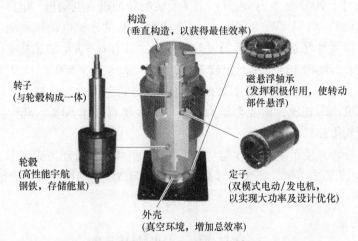

图 2-13 飞轮电池组成

当外设通过电力电子装置给电动/发电机供电时，电动/发电机就作为电动机使用，它的作用是给飞轮加速，储存能量；当负载需要电能时，飞轮给电动/发电机施加转矩，电动/发电机又作为发电机使用，通过电力电子装置给外设供电；在整个飞轮储能装置中，飞轮无疑是其中的核心部件，它直接决定了整个装置的储能多少，它储存的能量由下式决定：

$$E = \frac{1}{2}j\omega^2 \qquad (2-1)$$

式中，E 为飞轮储存的能量；j 为飞轮的转动惯量，与飞轮的形状和质量有关；ω 为飞轮转动的角速度。

由式（2-1）可知，飞轮储能装置储存能量的多少由飞轮的形状、质量和它的转速决定，电力电子装置通常是由 FET 或 IGBT 组成的双相逆变器和控制电路，它们决定了飞轮储能装置能量输入输出量的大小。

飞轮电池充电快，放电完全，非常适合应用于混合能量推动的车辆中。车辆在正常行驶和刹车制动时给飞轮电池充电。飞轮电池则在加速或爬坡时，给车辆提供动力，保证车辆运行转速在平稳、最优状态下，可减少燃料消耗、空气和噪声污染，并可以减少发动机的维护，延长发动机的寿命。飞轮电池比能量比镍氢电池大 2~3 倍；飞轮电池比功率高于一般化学蓄电池和内燃机，其快速充电可在 18 min 内完成且能量储存时间长。另外，飞轮电池能进行超快速充电，且无化学电池的缩短使用寿命问题，整个电池的使用寿命远长于各种化学蓄电池。飞轮为纯机械结构，不会像内燃机产生排气污染，同时也没有化学蓄电池的化学反应过程，不会引起腐蚀，也无废料的处理回收问题。

三、核心技术

飞轮储能装置主要包括飞轮、电动/发电机和电力电子装置三个核心器件。飞轮储能方法一直未能得到广泛的应用主要由于三点原因：

（1）飞轮本身的能耗主要来自轴承摩擦和空气阻力。
（2）常规的飞轮是由钢（或铸铁）制成的，储能有限。
（3）要完成电能、机械能的转换，还需要一套复杂的电力电子装置。

目前，飞轮储能技术取得突破性进展是基于下述三项技术的飞速发展：一是高能永磁及高温超导技术的出现；二是高强纤维复合材料的问世；三是电力电子技术的飞速发展。

1. 轴承技术

轴承技术是储能飞轮研究的关键技术。由于储能飞轮的质量、转动惯量相对较大，转速很高，其陀螺效应十分明显，并存在过临界问题，因此对支承轴承提出了较高的要求。

传统的滚动轴承、流体动压轴承难以满足高速重载而摩擦损耗低的要求。机械轴承主要有滚动轴承、滑动轴承、陶瓷轴承和挤压油膜阻尼轴承等，其中滚动轴承和滑动轴承常用作飞轮系统的保护轴承，陶瓷轴承和挤压油膜阻尼轴承在特定的飞轮系统中获得应用。

飞轮的先进支承方式主要有超导磁悬浮、永磁悬浮、电磁悬浮。

1）超导磁悬浮轴承（SMB）

超导磁悬浮轴承由永磁体与超导体组成。超导体多采用高温超导体（HTS），如钇钡铜氧（YBCO）超导体。当超导体处于超导态时，具有抗磁性和磁通钉扎性。SMB 就是利用抗磁性提供静态磁悬浮力，利用钉扎性提供稳定力，从而实现稳定悬浮。为大功率、短期应用而设计的飞轮系统，通过物体绕轴旋转将动能存储起来，就如同一个动能电池，因而可取代铅蓄电池。配备非接触式磁悬浮轴承的高速永磁电动/发电机，运转中 100% 悬浮使得转子轮毂在转动时脱离所有金属接触，排除了轴承磨损，无须轴承润滑油或润滑脂，也无须维护。因此，在整个飞轮使用期间都无须更换轴承。与传统电池组不同，飞轮在其20年使用周期中，即使进行无数次高速充放电也不会造成损耗。

处于超导态的超导体有迈斯纳效应（Meissner Effect），在磁场中呈现完全抗磁性。当永磁体接近超导体时，超导体内部产生感应电流。感应电流产生的磁场与外磁场方向相反，由此产生超导体和永磁体间的斥力，使超导体或永磁体稳定在悬浮状态。超导体的磁化强度取决于超导材料的微观晶体结构。有明显磁通钉扎性的YBCO超导体所产生的磁悬浮力有黏滞行为，它一方面表现为刚度，另一方面也带来阻尼。由于磁场的不均匀性，转子自转时，定子和转子之间的磁性相互作用会产生摩擦阻力。SMB的能量损耗主要包括磁滞损耗、涡流损耗和风损。由于无机械接触，SMB的总能耗很小，当然低温液氮的获取和维持需要消耗一定的能量。由于旋转体为永磁材料，受强度限制，转速不能太高，一般不超30 000 r/min。由于其具有自稳定性、能耗小、高承载力等优点，SMB可以用作储能飞轮系统的支承，提高系统的稳定性和储能效率。

2）永磁悬浮轴承

永磁悬浮轴承通常由一对或多个磁环做径向或轴向排列而成，其中也可以加入软磁材料。设计不同排列，利用磁环间吸力或斥力，可作径向轴承，也可用作抵消转子重力的卸载轴承。随着永磁材料的快速发展，永磁悬浮轴承的承载力迅速增加。但是只用永磁悬浮轴承不可能实现稳定悬浮，需要至少在一个方向上引入外力（如电磁力、机械力等）。永磁体要实现高速旋转，需要减小径向尺寸或者以导磁钢环代替永磁环。

3）电磁悬浮轴承（AMB）

电磁悬浮轴承采用反馈控制技术，根据转子的位置调节电磁铁的励磁电流，以调节对转子的电磁吸力，从而将转子控制在合适的位置上。电磁轴承能在径向和轴向对主轴进行定位，使飞轮运转的稳定性和安全性得到一定的提高，电磁轴承的突出优点是可超高速运行，30 000～60 000 r/min是电磁轴承通常的运行范围。

机械轴承、超导磁悬浮轴承、永磁悬浮轴承、电磁悬浮轴承支承方式各有优缺点，因此，在实际应用中常将几种支承方式组合使用。

2. 高强纤维复合材料飞轮

目前，飞轮的材料趋向于高强纤维复合材料。

3. 电力电子技术

电力电子技术的功能是在充电时驱动飞轮转动，在向外输出时实现斩波发电。

四、飞轮电池的应用

就目前的技术来看，飞轮电池电动汽车还不能广泛应用，根据飞轮储能装置本身的特点来讲，它更加适用于复合动力汽车和混合电动汽车技术中，复合动力汽车是靠内燃机和电动机两种方式共同提供推动力的，在汽车正常行驶和制动的时候给电池充电，汽车爬坡和加速需要功率大的时候让电池放电。

由于普通汽车在正常行驶的时候，功率仅为最大功率的1/4，复合动力汽车中蓄电池和电动机的加入恰好可以解决这个问题。这样复合动力汽车在设计的时候就可以不用按照汽车的最大功率来进行设计，可以避免在正常行驶的过程中出现大马拉小车的现象，大幅度提高汽车的性能。随着磁悬浮技术的发展，飞轮的充放电次数远远大于汽车电池使用的需要，而且飞轮的充放电是化学能和机械能的相互转化，它的放电深度可大可小，绝不会影响电池寿命，同时，由多台驱动电动机共同驱动的飞轮系统可以在很短的时间内达到几万转的转速。此外，在飞轮储能装置中，决定输入输出的器件是它外接的电力电子器件，而与外部的负载没有关系，还可以很方便地通过控制飞轮的旋转速度来控制飞轮的充电，这种特点在化学电池中实现起来要困难得多。

  混合电动汽车的原理和复合动力汽车差不多，它是将飞轮电池加到化学电池或者其他电池上，做成一块电池，称为飞轮混合电池，共同驱动汽车电动机，典型代表为911 GT3 R Hybrid 油电混合动力车（见图2-14），采用飞轮电池设计（见图2-15）。这套针对赛车开发的 Hybrid 油电混合动力系统，采用前轮电力驱动搭配后轮引擎驱动的油电混合四驱模式，左右前轮传动轴的两台电动机，分别拥有 60 kW 的输出功率，搭配输出为 350 kW 的后置后驱六缸水平对卧发动机，采用体积小、高效能的电控飞轮电池设计，利用飞轮物理储能取代现行主流的镍氢电池与锂电池组设计。飞轮电池组最高转速可达 40 000 r/min，搭配前轮轴两台电机组成充放电架构。在刹车时前轮电机将成为发电机，将前轮刹车动能转换为电能并回充至飞轮电动机，当驾驶员踩加速踏板输出动力时，飞轮电池又可供电驱动两台电动机，一次全力放电时，高达 120 kW 的前轮总输出动力将可维持 6~8 s。

图 2-14　911 GT3 R Hybrid 油电混合动力车

1—电机逆变器；2—驱动电机；3—电缆；4—飞轮电池；5—飞轮电池逆变器

图 2-15　座椅下部的飞轮电池总成

第八节 储能装置的复合形式

采用不同类型的储能装置,如不同的蓄电池、燃料电池、超级电容器和高速飞轮等构成六种典型的电动汽车储能装置复合结构。

1. 蓄电池单独作为能源

图 2-16 所示是现在电动汽车所独有的以蓄电池作动力源的一种结构,也是目前电动汽车应用最多的方式。蓄电池可以布置在车的四周,也可以集中布置在车的尾部或者布置在底盘下面。所选用的蓄电池应该能提供足够高的比能量和比功率,并且在车辆制动时能回收再生制动能量。同时具有高比能量和高比功率的蓄电池对电动汽车而言是最理想的动力能源,比能量影响汽车的行驶里程,而比功率影响汽车的加速性和爬坡能力。

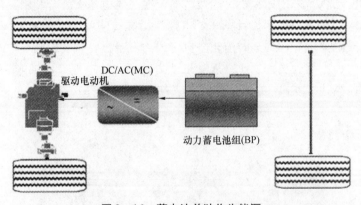

图 2-16 蓄电池单独作为能源

2. 高能量蓄电池 + 高功率蓄电池

为了解决一种蓄电池不能同时满足对比能量和比功率的要求这个问题,可以在电动汽车上同时采用两种不同的蓄电池,其中一种能提供高比能量,另外一种能提供高比功率。图 2-17 所示为高能量蓄电池 + 高功率蓄电池作混合动力能源的电动汽车的基本结构,这种结构不仅分离了对比能量和比功率的要求,而且在汽车下坡或制动时可利用蓄电池回收能量。

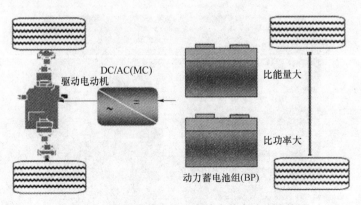

图 2-17 高能量蓄电池 + 高功率蓄电池作为能源

3. 氢燃料电池 + 蓄电池

除了蓄电池以外，还可以用燃料电池作储能装置，它是一个小型的发电装置。燃料电池的工作原理是利用可逆的电解过程，即用氢气和氧气结合产生电和水。氢气可以储存在一个车载的氢气罐里，而氧气可以直接从空气里获得。燃料电池能提供高的比能量但不能回收再生制动能量，因此最好与一种能提供高比功率且能高效回收制动能量的蓄电池结合在一起使用。图 2-18 所示为用蓄电池 + 氢燃料电池作混合动力的电动汽车的基本结构。

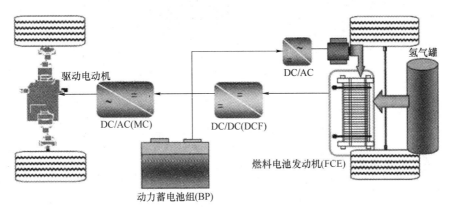

图 2-18　氢燃料电池 + 蓄电池发动机作为能源

4. 蓄电池 + 带重整器的燃料电池发动机

燃料电池所需的氢气不仅可以以压缩氢气、液态氢或金属氢化物的形式储存，还可以由常温的液态燃料（如甲醇或汽油）随车产生。图 2-19 所示为一个带小型重整器的电动汽车的基本结构，燃料电池所需的氢气由重整器随车产生。

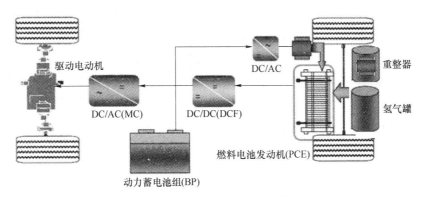

图 2-19　蓄电池 + 带重整器的燃料电池发动机作为能源

5. 蓄电池 + 超级电容器

当用蓄电池与电容器进行混合时，所选的蓄电池必须能提供高比能量，因为电容器本身比蓄电池具有更高的比功率和更高效回收制动能量的能力。由于用在电动汽车上的电容器（通常称为超级电容器）相对而言电压较低，所以需要在蓄电池和电容器之间加一个 DC/DC 功率转换器。图 2-20 所示为蓄电池和电容器作混合动力的电动汽车的基本结构。

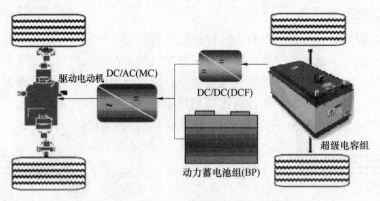

图 2-20 蓄电池 + 超级电容器作为能源

6. 蓄电池 + 超高速飞轮

与超大容量电容器类似，飞轮是另外一种新兴的具有高比功率和高效制动能量回收能力的储能器。用于电动汽车的飞轮与传统低速笨重的飞轮是不同的，这种飞轮质量小，且在真空下高速运转。超高速飞轮与具有两种工作模式（电动机和发电机）的电动机转子相结合，能够将电能和机械能进行双向转换。图 2-21 所示为这种飞轮和蓄电池作混合动力的电动汽车的基本结构，所选用的蓄电池应能提供高比能量。飞轮最好与无刷交流电动机结合使用，因为这种电动机的效率比直流电动机高，因而应在蓄电池和飞轮之间加一个 DC/AC 转换器。

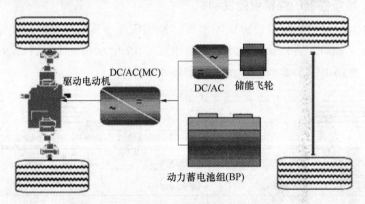

图 2-21 蓄电池 + 超高速飞轮作为能源

第三章

功率电子模块

第一节 IGBT 和 IPM 简介

一、电力开关元件

1. 功率开关管种类

（1）电力晶体管：简称为 GTR，是 Giant Transistor 巨型晶体管的缩写。
（2）电力场效应晶体管：简称为 P-MOSFET。
（3）绝缘栅极双极型晶体管：简称为 IGBT，是 Insulated Gate Bipolar Transistor 的缩写。
（4）智能功率模块：简称为 IPM，是 Intelligent Power Modules 的缩写。

继晶闸管之后出现了电力晶体管（GTR）、可关断晶闸管（GTO）、电力场效应晶体管（P-MOSFET）等电力电子器件。这些器件通过对基极（门极、栅极）的控制，既可使其导通，又可使其关断，属于全控型器件。因为这些器件具有自关断能力，所以通常称为自关断器件。和晶闸管电路相比，采用自关断器件的电路结构简单，控制灵活方便。自关断器件的出现和应用，给电力电子技术的发展注入了强大的活力，极大地促进了各种新型电力电子电路及控制方式的发展。图 3-1 所示为电力电子部件的应用。

除电力晶体管、可关断晶闸管、电力场效应晶体管外，近年来其他新型电力电子器件也得到了迅猛发展。因场控型器件具有驱动功率小、开关速度快的特点，所以这些新型器件多为场控型器件和其他器件的复合。

IGBT 是 P-MOSFET 与双极晶体管的复合器件。它既有 P-MOSFET 易驱动的特点，又具有功率晶体管电压、电流容量大等优点。其频率特性介于 P-MOSFET 与功率晶体管之间，可正常工作于几十千赫兹频率范围内，故在较高频率的大、中功率应用中占据了主导地位。

本节主要讲解绝缘栅极双极型晶体管（IGBT）和智能功率模块（IPM）的工作原理、应用、驱动电路、缓冲和保护电路。

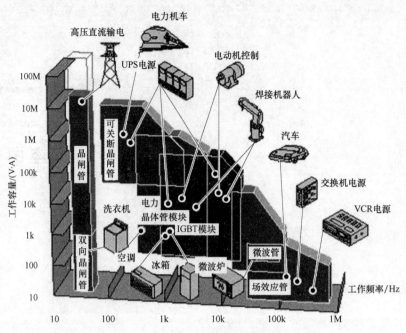

图3-1 电力电子部件的应用

二、绝缘栅极双极型晶体管（IGBT）

1. IGBT结构

如图3-2所示，GTR由N+、P、N-、N+四层半导体组成，无SiO_2绝缘层；P-MOSFET由N+、P、N-、N+四层半导体组成，但有SiO_2绝缘层；IGBT由N+、P、N-、N+、P+五层半导体组成，也有SiO_2绝缘层；图中黑色箭头代表正电子，白箭头代表负电子，仅有电子流动的为单极性管，有正负电子流动的为双极性管。

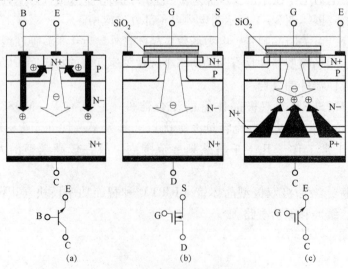

图3-2 电力电子元件结构
(a) GTR；(b) P-MOSFET；(c) IGBT

2. IGBT 端子和导通原理

IGBT 的工作原理是 GTR 和 P‑MOSFET 工作原理的复合。

GTR 有 C（collector 集电极）、B（base 基极）、E（emitter 发射极）三个电极，在图 3‑2 中 GTR 的 BE 间通过一个小电流，则在 CE 间有大电流流过，是电流放大电流的器件。

P‑MOSFET 有 D（drainage 漏极）、G（gate 栅极）、S（source 源极）三个电极，在图 3‑2 中 P‑MOSFET 的 GS 间施加一个电压，则在 DS 间有大电流流过，是电压放大电流的器件。

IGBT 有 C（collector 集电极）、G（gate 栅极）、E（emitter 发射极）三个电极，在图 3‑2 中 IGBT 的 GE 间施加一个电压，则在 CE 间有大电流流过，是电压放大电流的器件。

IGBT 是通过栅极驱动电压来控制开关晶体管的，工作原理同 P‑MOSFET 相似。GTR 饱和压降低、载流密度大，但驱动电流也较大。P‑MOSFET 驱动功率很小、开关速度快，但导通压降大、载流密度小。IGBT 综合了 GTR 和 P‑MOSFET 两种器件的优点，驱动功率小而饱和压降低。

3. IGBT 模块

图 3‑3 所示为两单元 IGBT 功率模块，在模块内部有两个 IGBT 功率开关。

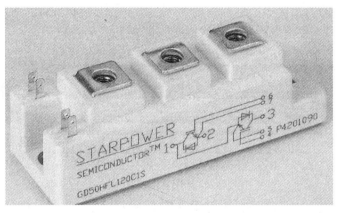

图 3‑3 两单元 IGBT 功率模块

三、智能功率模块（IPM）

1. 智能功率模块（IPM）简介

智能功率模块（IPM）是在 IGBT 的外围集成了驱动和诊断电子电路，从而实现驱动和诊断的功能。

2. 智能功率模块功能

IPM 的具体功能有栅极驱动、短路保护、过流保护、过热保护和欠压保护。

1）驱动功能

IPM 内的 IGBT 芯片都选用高速型，而且驱动电路紧靠 IGBT 芯片，驱动延时小，所以 IPM 开关速度快、损耗小。IPM 内部的 IGBT 导通压降低、开关速度快，因此 IPM 功耗小。

2）诊断功能

出现过电压、过电流和过热等故障时，检测电路可将检测信号送到 DSP 做中断处理。

（1）过流保护功能：IPM 实时检测 IGBT 电流，当发生严重过载或直接短路引起的过流时，IGBT 将被软关断，同时送出一个故障信号。

（2）过热保护功能：在靠近 IGBT 的绝缘基板上安装了一个温度传感器，当基板过热时，IPM 内部控制电路将截止栅极驱动，不响应输入控制信号。

（3）欠压保护功能：驱动电压过低（一般为 15 V）会造成驱动能力不够，增加导通损坏，IPM 自动检测驱动电源电压，当低于一定值超过 10 μs 时，将截止驱动信号。

（4）其他功能：IPM 内装相关的外围电路，无须采取防静电措施，大大减少了元件数目，体积相应小。桥臂对管互锁是在串联的桥臂上，上下桥臂的驱动信号互锁，有效防止上下臂同时导通。优化的门级驱动与 IGBT 集成，布局合理、无外部驱动线、抗干扰能力强。

3. 智能功率模块构造

图 3-4 所示为 IPM 内部构造。IPM 采用多层环氧树脂工艺，小功率 IPM 采用一种基于多层环氧树脂黏合的绝缘技术——铜箔直接铸接工艺，中大功率采用陶瓷绝缘结构。

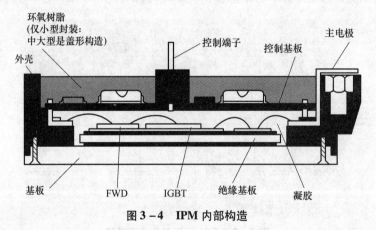

图 3-4　IPM 内部构造

4. 智能功率模块组合

IPM 常用封装形式，有一单元、两单元、六单元 IPM 符号（见图 3-5），图 3-5 中只给出了 IPM 中 IGBT 的组合个数。

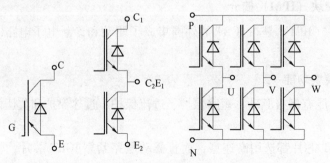

图 3-5　一单元、两单元、六单元 IPM 符号

第二节　IGBT 的栅极驱动和隔离

一、IGBT 驱动电路功能

IGBT 的驱动电路必须具备以下两个功能。

1. 栅极驱动功能

提供合适的栅极驱动脉冲电压值，使集电极和发射极充分导通和截止，因此需要开关变压器降压。

2. 电隔离功能

电隔离功能是指实现控制电路（低压部分）与 IGBT 栅极（集电极和栅极击穿，栅极可能成为高压部分）的电隔离。实现电隔离可采用脉冲变压器、微分变压器及光电耦合器，汽车上应用最多的是光电耦合器。

图 3-6 所示为分立元件的 IGBT 驱动板，可用于少量生产的电动汽车，批量生产的汽车将采用汽车级、集成化很高的驱动电路，图 3-6 中变压器是 24 V 变压器，变压器将高压直流通过开关变压器降为 24 V，即输出 +14 V 和 -10 V，图 3-6 中可见 6 对电解电容、6 对三极管和 6 对二极管。其中，6 对二极管对应给变压器的 6 个 24 V 电压进行整流，1 对电解电容分别对 +14 V 和 -10 V 滤波，1 对三极管（NPN + PNP）组成图腾柱结构驱动一个 IGBT 的导通和截止。9 根套白色管套的线，其中 6 根去往 IGBT 栅极，3 根是参考地（和母线负极相连，才形成 +14 V 和 -10 V）。

图 3-6　分立元件的 IGBT 驱动板

二、栅极驱动

1. 典型驱动电压

典型的 IGBT 栅极驱动电压为 15 V ± 10% 的正栅极电压,该电压足以使 IGBT 完全饱和。在任何情况下 $+V_{GE}$ 不应超出 12~20 V。为了保证不会因为 di/dt 噪声产生误开通, $-V_{GE}$ 采用反偏压(-15 ~ +15 V)来作为关断电压。

图 3-7 所示为分立元器件构成的 IGBT 栅极驱动电路。当光耦输入 V_{GE} 控制信号时, Q_1 导通, Q_2 截止, Q_1 导通输出 +15 V 驱动电压。当输入控制信号为零时, Q_1 截止, Q_2 导通,输出 -10 V 电压。+15 V 和 -10 V 电源需靠近驱动电路, Q_1 负责向 IGBT 的栅极充入正电荷, Q_2 负责 IGBT 栅极向外充分放电。两个 18 V 稳压管是为了正反双向稳压,防止输入的 $+V_{GE}$ 和 $-V_{GE}$ 超过 18 V。驱动电路输出端及电源地端至 IGBT 栅极和发射极的引线应采用双绞线,长度最好不超过 0.5 m。

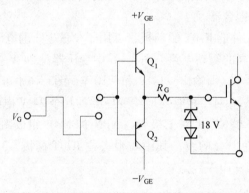

图 3-7 IGBT 栅极驱动电路(图腾柱型驱动电路)

2. 驱动电压对 IPM 中 IGBT 的影响

表 3-1 提供了不同栅极电压时 IGBT 的导通情况。

表 3-1 不同栅极电压时 IGBT 的导通情况

控制电压 V_{GE}/V	0~4.0	4.0~12.5	12.5~13.5	13.5~16.5	16.5~20.0	20.0 以上
IPM 工作情况	和未加电源的状态一样;由于外部噪声可能导致误动作;电源电压欠压保护(UV)不动作,也没有 FO 输出	即使有控制输入信号,开关动也会停止;电源电压欠压保护(UV)动作,输出 FO	开关可以动作,但在推荐范围外。违反了 IPM 的规格书中的规定值,集电极功耗增加,结温上升	控制电压在正常范围内, IGBT 正常动作	开关可以动作,但在推荐范围外。违反了 IPM 的规格书中的规定值,短路时的电流峰值大,可能超过硅片的耐量而损坏	IPM 内部的控制电路和 IGBT 栅极部分损坏

3. IGBT 一般驱动方式

1)小功率的 IGBT 驱动

220 V AC 采用自举 IGBT 驱动,高频脉冲变压器直流电压驱动。400 V AC 采用简单光耦的新型自举 IGBT 驱动器。

2) 中等功率的 IGBT 驱动

400 V AC 采用自举供电的光耦。690 V AC 采用隔离的脉冲变压器以及复杂的 IGBT 驱动系统。

3) 大功率 IGBT 驱动

采用 U_{ce} 饱和压降进行过流检测和管理的 IGBT 驱动系统,包括软关断动作,以及分别采用不同的门极电阻进行开通和关断。

4. IGBT 驱动设计规则

(1) 采用合适的开通和关断电阻。

(2) 考虑过压和反向恢复电流。

(3) IGBT 栅极(门极 GATE)和发射极的保护措施。

(4) 必须进行防静电处理。

(5) 电路的保护措施:包括门极和发射极间的电阻(4.7~10 kΩ),双向稳压二极管(16.8~17.5 V),GE 间加入小电容去掉振荡,必须考虑上下管同时导通的情况,因为 dv/dt 太高[输入和输出间的分布电容和寄生电容会产生一个电流,而且还改变集射极的电压(考虑到门限电压值)],在门极和发射极中加入负电压进行关断可以避免这个问题。

(6) 上下桥臂 IGBT 的开通和关断延迟。

三、IPM 的栅极隔离

1. 光电隔离

IGBT 栅极的光电隔离如图 3-8 所示,DSP 微控制器(MCU)电路通过反相器或三极管驱动控制发光二极管,从而控制光电管的反向导通和截止,向 IGBT 栅极驱动电路提供控制电压。

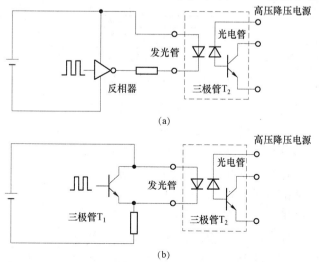

图 3-8 IGBT 栅极的光电隔离

(a) 图腾柱推挽式输出 IC,光电二极管的阴极一侧接限流电阻;(b) 在晶体管 CE 之间将光电二极管 AK 之间短路(本例特别适合耦合器 OFF 的情况)

IGBT 栅极的光电隔离结构是数字信号处理器驱动发光二极管，光敏管是驱动 IGBT 或 IPM 的输入部分。

图 3-9 所示为 IPM 模块典型栅极隔离电路，在 IPM 模块外围要有相应的电子元件才能保证正确工作。图 3-10 所示为 IPM 的电动机驱动电路。

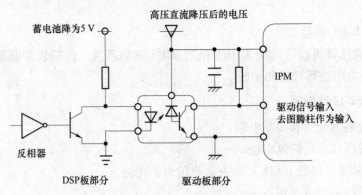

图 3-9　IPM 模块典型栅极隔离电路

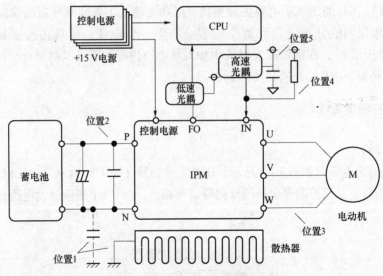

图 3-10　IPM 的电动机驱动电路

在 IPM 使用中高压主回路和低压回路中的一些注意事项：
(1) 低速光耦可用于故障输出端和制动输入端。
(2) 位置 1 散热器可能和 N 侧一样接地。
(3) 位置 2 平滑电容和薄膜电容应放在 IPM 附近。
(4) 位置 3 三相输出不能接电容。
(5) 位置 4 输入端子和光耦间配线尽量短。
(6) 位置 5 为了光耦稳定动作应输入加电解电容或陶瓷电容。

从图 3-10 可看出高压和低压电路之间的信息交换全采用光隔离。

第三节 IGBT 和 IPM 保护电路

一、IGBT 的失效机制

IGBT 的失效机制包括以下四点：

(1) MOS 绝缘栅结构在高温情况下会失去绝缘能力。

(2) 由于硅芯片与铝导线之间热膨胀系数的差异，在输出电流剧烈变化时，铝导线与硅芯片之间的接触面会形成热应力，从而造成裂纹并会逐步导致铝线断裂。

(3) 由于处于芯片和散热铜底板间的陶瓷绝缘/导热片的热膨胀系数和散热铜底板的热膨胀系数不同，在底板温度不断变化时，连接两种材料的焊锡层会形成裂纹，从而导致散热能力下降，进而导致 IGBT 温度过高而失效。

(4) 由于振动，可能造成陶瓷片破裂，从而降低散热能力和绝缘能力。

上述失效机制是综合影响而发生的。例如：在 IGBT 输出大电流时，铝线会受到热应力[机制（2）]；同时芯片温度会上升，将热传导到底板，造成底板温度上升，从而激发机制（3）；当温度过高时，会直接导致机制（1）的发生。汽车运行工况所带来的颠簸振动，导致机制（4）的发生。

汽车级电力电子模块重点改善功率循环和温度循环（温度冲击）所引起的失效机制。IGBT 的最大结温是 150℃，在任何情况下都不能超过该值。

二、IGBT 失效原因分析

1. 过热损坏

集电极电流过大引起的瞬时过热及其他原因，如散热不良导致的持续过热均会使 IGBT 损坏。如果器件持续短路，大电流产生的功耗将引起温升，由于芯片的热容量小，其温度迅速上升，若芯片温度超过硅本征温度（约 250℃），器件将失去阻断能力，栅极控制就无法保护，从而导致 IGBT 失效。实际运行时，一般最高允许的工作温度为 130℃左右。

2. 超出关断安全工作区

超出关断安全工作区引起擎住效应而损坏。擎住效应分静态擎住效应和动态擎住效应。

IGBT 为 PNPN 四层结构，体内存在一个寄生晶闸管，在 NPN 晶体管的基极与发射极之间并有一个体区扩展电阻，P 型体内的横向空穴电流在此扩展电阻上会产生一定的电压降，对 NPN 基极来说，相当于一个正向偏置电压。在规定的集电极电流范围内，这个正偏置电压不大，对 NPN 晶体管不起任何作用。

当集电极电流增大到一定程度时，该正向电压足以使 NPN 晶体管开通，进而使 NPN 和 PNP 晶体管处于饱和状态。于是，寄生晶闸管导通，门极失去控制作用形成自锁现象，这就是所谓的静态擎住效应。IGBT 发生擎住效应后，集电极电流增大，产生过高功耗，导致器件失效。

动态擎住效应主要是在器件高速关断时电流下降太快，dv/dt 很大，引起较大位移电流，流过扩展电阻，产生足以使 NPN 晶体管开通的正向偏置电压，造成寄生晶闸管自锁。

3. 瞬态过电流

IGBT 在运行过程中所承受的大幅值过电流除短路、直通等故障外，还有续流二极管的反向恢复电流、缓冲电容器的放电电流及噪声干扰造成的尖峰电流。这种瞬态过电流虽然持续时间较短，但如果不采取措施，将增加 IGBT 的负担，也可能会导致 IGBT 失效。

4. 过电压

过电压会造成集电极-发射极间击穿，也会造成栅极-发射极间击穿。

三、IGBT 保护方法

IGBT 是电压控制型器件，在它的栅极-发射极间施加十几伏的直流电压，只有微安级的漏电流流过，基本上不消耗功率。但 IGBT 的栅极-发射极间存在着较大的寄生电容（几千至上万皮法），在驱动脉冲电压的上升及下降沿需要提供数安的充放电电流，才能满足开通和关断的动态要求，这使得它的驱动电路也必须输出一定的峰值电流。额定值是 IGBT 和 IPM 模块运行的绝对保证，所谓最大值是器件的极值，在任何情况下都不能超过其范围。

1. 封锁栅极电压

封锁栅极电压即不再控制 IGBT 导通。IGBT 作为一种大功率的复合器件，存在着过流时可能发生锁定现象而造成损坏的问题。在过流时如采用一般的速度封锁栅极电压，过高的电流变化率会引起过电压，为此需要采用软关断技术，因此掌握好 IGBT 的驱动和保护特性是十分必要的。

IGBT 的过流保护电路可分为两类：一是低倍数的（1.2~1.5 倍）的过载保护；二是高倍数（可达 8~10 倍）的短路保护。

2. 过载（过流）保护

IGBT 能承受很短时间的短路电流，能承受短路电流的时间与该 IGBT 的导通饱和压降有关，随着饱和导通压降的增加而延长。如饱和压降小于 2 V 的 IGBT 允许承受的短路时间小于 5 μs，而饱和压降 3 V 的 IGBT 允许承受的短路时间可达 15 μs，饱和压降在 4~5 V 时可达 30 μs 以上。存在以上关系是由于随着饱和导通压降的降低，IGBT 的阻抗也降低，短路电流同时增大，短路时的功耗随着电流的平方加大，造成承受短路的时间迅速减小。

对于过载保护不必快速响应，可采用集中式保护，即检测输入端或直流环节的总电流，当此电流超过设定值后比较器翻转，封锁所有 IGBT 驱动器的输入脉冲，使输出电流降为零。这种过载电流保护，一旦动作后，要通过复位才能恢复正常工作。

1) 过流保护措施

通常采取的保护措施有软关断和降栅压两种。

(1) 软关断。

软关断指在过流和短路时，直接关断 IGBT。但是，软关断抗干扰能力差，一旦检测到过流信号就关断，很容易发生误动作。为增加保护电路的抗干扰能力，可在故障信号与起动保护电路之间加一延时，不过故障电流会在这个延时内急剧上升，大大增加了功率损耗，同时还会导致器件的 di/dt 增大，所以，往往是保护电路起动了，器件仍然坏了。

(2) 降栅压。

降栅压指在检测到器件过流时,马上降低栅压,但器件仍维持导通。降栅压后设有固定延时,故障电流在这一延时内被限制在一较小值,降低了故障时器件的功耗,延长了器件抗短路的时间,而且能够降低器件关断时的 di/dt,对器件保护十分有利。

若延时后故障信号依然存在,则关断器件;若故障信号消失,驱动电路可自动恢复正常的工作状态,因而大大增强了抗干扰能力。

上述降栅压的方法只考虑了栅压与短路电流大小的关系,而在实际过程中,降栅压的速度也是一个重要因素,它直接决定了故障电流下降的 di/dt。慢降栅压技术就是通过限制降栅压的速度来控制故障电流的下降速率,从而抑制器件的 di/dt 和 U_{ce} 的峰值。

2) 短路检测方式

一般的短路检测方式是电流传感法或 IGBT 欠饱和法保护。欠饱和法在 IPM 模块保护中讲解。

如图 3-11 所示,图中 6 个二极管为电动机斩波发电时的续流二极管,总线(直流母线)电流传感器一般为霍尔式或互感器式。当过流电流超过比较器设定电流时,锁存器工作,向栅极控制电路的停止功能(Disable)端发送关闭 6 个 IGBT 的 6 路正弦波信号(PWM Signals),使 6 个 IGBT 锁止不输出电流,直到锁存器内的存储内容被 Clear 信号清除。

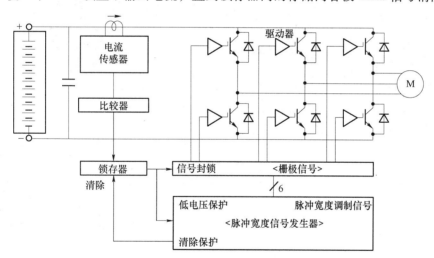

图 3-11 电流传感法短路保护

四、IPM 的保护方法

图 3-12 所示为两单元 IPM 内部工作原理。如果 IPM 其中有一种保护电路工作,IGBT 就关断并输出一个故障信号 FO。

1. 控制电源欠压(UV)保护

UV = Under Voltage,译为欠(低)电压。如果某种原因导致控制电压符合欠压条件,该功率器件会关断 IGBT 并输出故障信号。如果毛刺电压干扰时间小于规定的 T_d(UV)则不会出现保护动作。

2. 过热（OT）保护

OT = Over Temperature，译为过温（过热）。在绝缘基板上安装有温度探头或测温二极管，如果超过数值 IPM 会截止栅极驱动，直到温度恢复正常（应避免反复动作）。

3. 过流（OC）保护

OC = Over Current，译为过流。如果 IGBT 的电流超过数值，并大于时间 T_{off}（OC），典型值为 10 μs，IGBT 被关断。超过 OC 数值，但时间小于 T_{off}（OC）的电流，并无大碍，故 IPM 不予处理。当检测出过电流时，IGBT 会被有效地软关断。

4. 短路（SC）保护

SC = Short Circuit，译为短路。当发生负载短路或上下臂直通时，IPM 立即关断 IGBT 并输出故障信号。

注意：过流采样和短路采样采用同一回路。

新型 IPM 采用了实时电流检测技术（Real Time Current Control Circuit，RTC），使响应时间小于 100 ns。

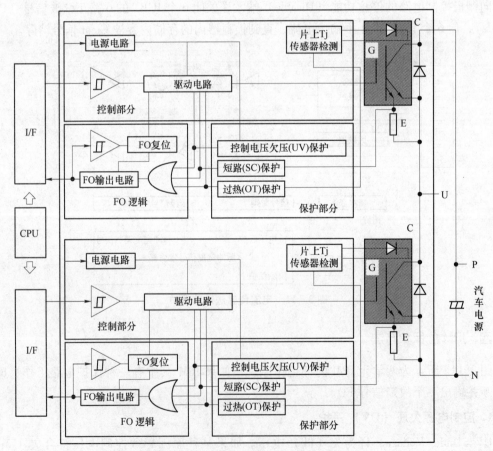

图 3-12 两单元 IPM 内部工作原理

必须避免重复故障而导致结温升高损坏 IPM。系统可通过检测 t_{FO} 时间长度来确定是过流还是短路引起（1.8 ms），过热时间会长一些。过热复位要等基板冷却到过热限值以下，一般需要几十秒。

第四节 IGBT 的使用和检修

一、使用中的注意事项

IGBT 是逆变器中最容易损坏的部分。由于 IGBT 模块为 P－MOSFET 结构，IGBT 的栅极通过一层氧化膜与发射极实现电隔离。由于此氧化膜很薄，其击穿电压一般仅能承受到 20～30 V。因此，因静电而导致栅极击穿是 IGBT 失效的常见原因之一。

使用中要注意以下几点：

在使用模块时，尽量不要用手触摸驱动端子部分，当必须要触摸模块端子时，要先将人体或衣服上的静电用大电阻接地进行放电后再触摸；在用导电材料连接模块驱动端子时，在配线未接好之前请先不要接上模块；尽量在底板良好接地的情况下操作。在应用中有时虽然保证了栅极驱动电压没有超过栅极最大额定电压，但栅极连线的寄生电感和栅极－集电极间的电容耦合，也会产生使氧化层损坏的振荡电压。为此，通常采用双绞线来传送驱动信号，以减少寄生电感。在栅极连线中串联小电阻也可以抑制振荡电压。

此外，在栅极－发射极间开路时，若在集电极与发射极间加上电压，则随着集电极电位的变化，由于集电极有漏电流流过，栅极电位升高，集电极则有电流流过。这时，如果集电极－发射极间存在高电压，则有可能使 IGBT 发热及至损坏。

在使用 IGBT 的场合，当栅极回路不正常或栅极回路损坏时（栅极处于开路状态），若在主回路上加上电压，则 IGBT 就会损坏，为防止此类故障，应在栅极－发射极间串接一只 10 kΩ 左右的电阻。

在安装或更换 IGBT 模块时，应十分重视 IGBT 模块与散热片的接触面状态和拧紧程度。为了减少接触热阻，最好在散热器与 IGBT 模块间涂抹导热硅脂，如图 3－13 所示，安装时应受力均匀，避免用力过度而损坏。一般逆变器的底部为水道，当水循环泵损坏或发动机舱前部的冷却风扇不转时将导致 IGBT 模块发热，而发生故障，逆变器的过热保护措施会使电动机工作电流时有时无。

图 3－13 散热器和 IGBT 间使用导热硅脂

IPM 和散热器间请涂抹使用温度范围大且具有长期稳定、优良的热传导率的硅脂。为了填补 IPM 和散热器间弯曲的缝隙，请均匀涂抹，厚度标准为 150 μm（推荐的厚度范围为 100 ~ 200 μm）。

二、IGBT 极性测量

判断极性首先将万用表拨在 $R \times 1\ k\Omega$ 挡，用万用表测量时，若某一极与其他两极阻值为无穷大，调换表笔后该极与其他两极的阻值仍为无穷大，则判断此极为栅极（G）。其他两极再用万用表测量，若测得阻值为无穷大，调换表笔后测量阻值较小。在测量阻值较小的一次中，则判断红表笔接的为集电极（C），黑表笔接的为发射极（E）。

三、如何检测判断 IGBT 的好坏

IGBT 的好坏可用指针万用表的 $R \times 1\ k\Omega$ 挡来检测，或用数字万用表的"二极管"挡来测量 PN 结正向压降进行判断。检测前先将 IGBT 三个引脚短路放电，避免影响检测的准确度；然后用指针万用表的两支表笔正反测 G、E 两极及 G、C 两极的电阻，对于正常的 IGBT（正常 G、C 两极与 G、E 两极间的正反向电阻均为无穷大；内含阻尼二极管的 IGBT 正常时，E、C 极间均有 4 kΩ 正向电阻），上述所测值均为无穷大；最后用指针万用表的红笔接 C 极，黑笔接 E 极，若所测值在 3.5 kΩ 左右，则所测管为含阻尼二极管的 IGBT，若所测值在 50 kΩ 左右，则所测 IGBT 内不含阻尼二极管。对于数字万用表，正常情况下，IGBT 的 C、E 极间正向压降约为 0.5 V。

综上所述，内含阻尼二极管的 IGBT 除上述检测以外，其他连接检测的读数均为无穷大。测得 IGBT 三个引脚间电阻均很小，则说明该管已击穿损坏；维修中 IGBT 管多为击穿损坏。

若测得 IGBT 三个引脚间电阻均为无穷大，说明该管已开路损坏。

四、电压型逆变器引起短路故障的原因

1. 直通短路桥臂

某一个器件（包括反并联的二极管）损坏或由于控制或驱动电路的故障，以及干扰引起驱动电路误触发，造成一个桥臂中两个 IGBT 同时开通。

直通保护电路必须有非常快的速度，在一般情况下，如果 IGBT 的额定参数选择合理，10 μs 之内的过流就不会损坏器件，所以必须在这个时间内关断 IGBT。母线电流检测用霍尔传感器，响应速度快，是短路保护检测的最佳选择。检测值与设定值比较，一旦超过，马上输出保护信号封锁驱动，同时用触发器构成记忆锁定保护电路，以避免保护电路在过流时的频繁动作。

2. 负载电路短路

在某些升压变压器输出场合，副边短路。

3. 逆变器输出直接短路

在逆变器输出的三相交流电压供电线间直接短路。

第四章 电动汽车电动机

第一节　电动汽车电动机简介

一、电动机种类

电动机按电源是否控制分为驱动电动机和控制电动机两种。

二、驱动电动机

电动机的端电压 $u = A\sin(\omega t + \varphi)$，在我国有三相电动机和单相电动机两种，我国工频电为 50 Hz，$\omega = 100\pi$，线电压为 380 V，相电压为 220 V。

因此有

三相电动机

$$u = 380\sqrt{3}\sin(100\pi t + \varphi) \qquad (4-1)$$

单相电动机

$$u = 220\sqrt{2}\sin(100\pi t + \varphi) \qquad (4-2)$$

由于电压幅值 A 不变，工频的角频率 ω 不变，初始角 φ 不确定，整个电动机的机械特性取决于电动机的负载大小，这就是驱动电动机。

三、控制电动机

控制电动机的端电压仍为 $u = A\sin(\omega t + \varphi)$，电动汽车为三相电动机，电动机端电压随以下参数变化而变化。

(1) 电压幅值 A：幅值 A 是变值。
(2) 角频率 ω：ω 也可以从零赫兹调节到几百赫兹。
(3) 初始角 φ：φ 为确定值。

整个电动机的机械特性取决于电动机控制目标的大小，这就是控制电动机。

汽车上典型的控制电动机应用有三处：电动汽车或传统汽车采用的电动转向电动机、电动汽车驱动电动机和空调驱动电动机。

四、电动汽车对电动机要求

用于电动汽车的驱动电动机与常规的工业驱动电动机不同。电动汽车的驱动电动机通常要求频繁地起动/停车、加速/减速，低速或爬坡时要求高转矩，高速行驶时要求低转矩，并要求变速范围大；而工业电动机通常优化在额定的工作点。

因此，电动汽车驱动电动机比较独特，应单独归为一类。对它们在负载要求、技术性能和工作环境等方面有着特殊的要求：

（1）电动汽车驱动电动机需要有4~5倍的过载，以满足短时加速或爬坡的要求；而工业电动机只要求有2倍的过载就可以了。

（2）电动汽车的最高转速要求达到在公路上巡航时基本速度的4~5倍；而工业电动机只需要达到恒功率是基本速度的2倍即可。

（3）电动汽车驱动电动机需要根据车型和驾驶员的驾驶习惯设计；而工业电动机只需根据典型的工作模式设计。

（4）电动汽车驱动电动机要求有高功率密度（一般要求达到1 kg/kW以内）和好的效率（在较宽的转速范围和转矩范围内都有较高的效率），从而能够降低车重，延长续驶里程；而工业电动机通常对功率密度、效率和成本进行综合考虑，在额定工作点附近对效率进行优化。

（5）电动汽车驱动电动机要求工作可控性高、稳态精度高、动态性能好；而工业电动机只有某一种特定的性能要求。

（6）电动汽车驱动电动机被装在机动车上，空间小，工作在高温、雨天及频繁振动等恶劣环境下；而工业电动机通常在某一个固定位置工作。

第二节　电动汽车永磁电动机

电动汽车电动机中，永磁无刷电动机因其效率高（在95%以上），远大于感应电动机，被高、中、低档电动轿车中优先采用。

一、永磁无刷电动机的优点

（1）电动机转子由高磁能永磁材料制成，对于给定的输出功率，它的质量和体积能够大大减小，使得功率密度提高。

（2）转子为永磁体，铁损小于感应电动机的转子，其效率远高于感应电动机。

（3）电动机发热主要集中在定子上，易于采取散热措施。

（4）永磁体没有其他励磁制造缺陷、过热或机械损坏的限制，因而可靠性较高。

汽车永磁电动机按有无换向电刷可分为有刷永磁直流电动机和无刷永磁直流电动机两种。

根据输入电动机接线端的交流波形，永磁无刷电动机可分为永磁同步电动机（正弦波）和永磁无刷直流电动机（矩形波）。

1. 永磁同步电动机

输入的是交流正弦或近似正弦波，采用连续转子位置反馈信号来控制换向。正弦波产生的转矩基本是恒转矩，这与绕线转子同步电动机相同。

2. 永磁无刷直流电动机

输入的是交流方波，采用离散转子位置反馈信号控制换向。由于方波磁场与方波电流之间相互作用而产生的转矩比正弦波大，所以，永磁无刷直流电动机的功率密度大，但是由功率器件的换向电流引起的转矩脉动也大。

二、有刷直流电动机工作原理

有刷直流电动机的工作原理如图4-1所示。若在A、B之间外加一个直流电源，A接正极，B接负极，则线圈中有电流流过。当线圈处于图4-1所示位置时，有效边ab在N极下，cd在S极上，两边中的电流方向为a→b、c→d。由安培定律可知，ab边和cd边所受的电磁力为

$$F = BLI$$

式中，I为导线中的电流，单位为安（A）。

根据左手定则知，两个F的方向相反，如图4-1所示，形成的电磁转矩驱使线圈逆时针方向旋转。当线圈转过180°时，cd边处于N极下，ab边处于S极上。由于换向器的作用，使两有效边中电流的方向与原来相反，变为d→c、b→a，这就使得两磁极对应的有效边电流的方向保持不变，因受力方向和电磁转矩方向都不变，电动机转子得以顺利转动。但abcd中线圈的电流方向是变化的，所以通过abcd线圈的是交变电流。

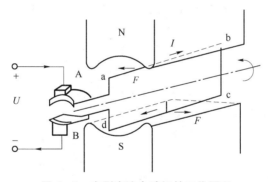

图4-1 有刷直流电动机的工作原理

由于换向器和电刷的存在，换向时因换流容量过大，会烧毁换向器和电刷，严重时换向器上出现环火，有刷电动机功率一般在10 kW以内，换向器引起转矩波动，并限制了电动机的转速，而电刷带来摩擦与射频干扰（RFI），由于磨损和断裂，换向器和电刷需定期维护。这些缺点使其可靠性低且不适合于免维护工作，从而限制了它们在电动汽车驱动领域的广泛应用。

对于电动汽车功率需要从几十千瓦到几百千瓦，只能采用电力电子换向的永磁直流无刷电动机或永磁直流同步无刷电动机，由于同步无刷扭矩输出更平稳，轿车使用同步无刷电动机。

[技师指导] 直流电动机之所以称为直流电动机是因为电源是直流电，交流电动机之所以称为交流电动机是因为电源是交流电，无论是直流电动机还是交流电动机，线圈内部电流方向都是变化的。

[完成任务] 在图4-1所示直流电动机工作原理中，外接电源是直流，还是交流？_____；线圈abcd的电流方向是否发生了改变？_____；说明线圈内是交流电，还是直流电？_____。

[技师指导] 可见有刷电动机工作的条件是：线圈能在换向点处把电流换向，电动机就能顺利转动下去。现在把电动机转子采用永磁体，定子线圈采用电子换向，在转子上增加位置传感器，电动机变频器根据转子位置，通过控制开关管的导通与截止，实现对线圈电子换向，这个传感器通常称为电动机解角传感器。

三、三相直流无刷电动机工作原理

永磁无刷直流电机是近年随着稀土永磁材料和电力电子技术的迅速发展而发展起来的一种新型电动机，具有调速范围宽、体积小、起动迅速、运行可靠、效率高、寿命长等优点。随着电力电子器件和变频器的发展，无刷直流电动机在汽车电气设备中的应用受到越来越多的重视。对于电动汽车行驶用的电动机多数为永磁直流无刷电动机，少数客车或货车采用感应式电动机。

[教学方法] 为了降低难度我们采用了对比叙述法，以便于理解和记忆，使用后效果较好。

1. 三相原始电动机和单缸发动机

如图 4-2 和图 4-3 所示，三相直流无刷电动机是在最简单的电动机基础上将定子和转子同步加倍做成的，这就相当于多缸发动机是在单缸发动机的基础上罗列出来的。这里极数 P 相当于活塞个数，而一个活塞的配气机构相当于三个定子磁极。

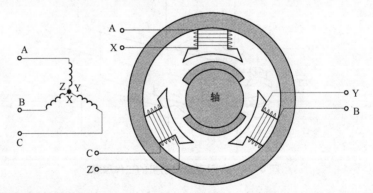

图 4-2 最简单的原始三相直流无刷电动机（槽数 $Z=3$，极数 $2P=2$），相当于单缸发动机

2. 双缸发动机和双缸电动机

在两倍（相当于两缸发动机）原始电动机 A 相中，A_1X_1 和 A_2X_2 是串在一起构成 A 相，通电时会同时产生磁通。

永磁体给电动机提供长久励磁，常用材料有铁氧体、铝镍钴、钐钴、钕铁硼。

永磁材料的特性通常与温度有关，一般永磁体随温度的增加而失去剩磁，如果永磁体的温度超过居里温度，则其磁性为零。退磁特性曲线也随温度变化，在一定温度范围内，其变化是可逆的，且近似线性。

1. 热退磁机制

温度的变化会引起磁钢磁性能的变化，钕铁硼永磁材料在高温下磁性能会损失。在升到一定温度时，材料磁性能将沿退磁曲线逐渐降低，而当温度恢复后，磁钢剩磁也会沿退磁曲线恢

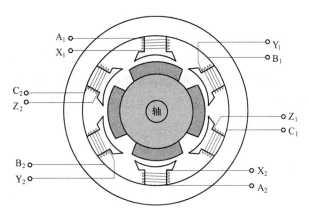

图 4-3　定子极数和转子极数加倍，相当于两缸发动机（槽数 $Z=6$，极数 $2P=4$）

复，但并不能回到原有值，而是发生了一部分损失，这部分不可逆的损失，会造成磁钢的失磁。

因此，在设计永磁电动机时，必须考虑电动机运行过程中温度的变化范围，合理设计散热器的流量和风扇的转速。实践中出现过电动汽车因水泵不转动，温度监测失效导致转子温度太高而退磁的现象。

2. 振动退磁机制

磁钢在受到剧烈振动之后，有可能引起其内部磁畴发生变化，磁畴的磁矩方向发生变化后，磁钢磁性能会变差，就会造成磁钢退磁甚至失磁。

四、无刷直流电动机的基本原理

图 4-4 所示为无刷直流电动机的基本工作原理。电动机的定子绕组为三相星形连接，位置传感器与电动机转子同轴，控制电路对位置信号进行逻辑变换后产生驱动信号，驱动信号经驱动电路放大后控制变频器的功率开关管，使电动机的各相绕组按一定的顺序工作。三相原始电动机转子相当于指南针，N 极 F_d 总是力图指向合成磁场 F_a，F_a 的大小以及 F_a 和 F_d 的夹角是控制系统要控制的内容，这就相当于发动机喷油量和喷油提前角控制。

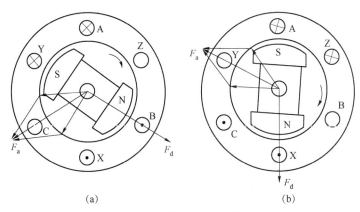

图 4-4　无刷--直流电动机的基本工作原理

(a) AX 和 BY 同时通电；(b) AX 和 CZ 同时通电

[完成任务] 在图 4-4 中，一次是两个线圈通电，还有一次是一个线圈通电？＿＿＿＿＿＿；F_d 的方向是力的方向，还是磁场方向？＿＿＿＿＿＿；F 是 Fieled 的缩写吗？＿＿

_____；永磁体的磁场 F_d 总是力图指向定子合成磁场方向 F_a 吗？_____。

图4-5所示为电动汽车电动机"逆变"控制原理，数字信号处理器（DSP）接收逆变变压器信号，信号经DSP的三个信号捕捉端口进入，经过控制策略的处理后，再传给DSP内部的ePWM模块（ePWM模块是DSP内部专门为驱动电动机开发输出多段脉冲波的模块）形成六路PWM脉冲波，脉冲波经光电隔离电路和反相驱动电路后传至开关管 $V_1 \sim V_6$ 的控制栅极（G）。

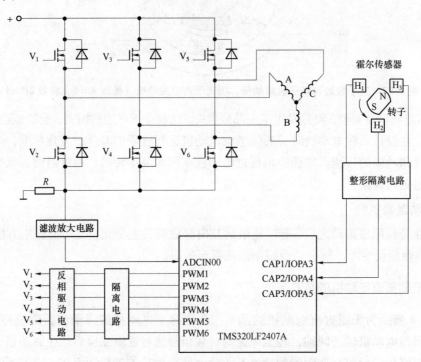

图4-5 电动汽车电动机"逆变"控制原理

[技师指导]"整流"是把交流变换为直流；"逆变"是把直流变换为交流。汽车上的电动机控制器本质就是逆变器或者称变频器。

[完成任务]在图4-5所示电动汽车电动机"逆变"控制原理中，低速电动车的小功率电动机，$V_1 \sim V_6$ 可以采用图4-5中的场效应管换流；若是高速汽车的大功率电动机，$V_1 \sim V_6$ 要采用_____或智能功率模块（IPM）。

五、电动机转动控制

目前，电动汽车无刷直流电动机驱动方式为全桥驱动方式，由 $V_1 \sim V_6$ 六只功率管构成的全桥可以控制三相绕组U、V、W（有的书写为A、B、C三相绕组）的通电状态。按照功率管的通电方式可分为"两两导通（120°导通）"和"三三导通（180°）"两种控制方式。

1. "两两导通"和"一进一排"

在两两导通方式下，每一瞬间有两个功率管导通，每隔1/6周期即60°电角度换相一次。每次换相一个功率管，每只功率管持续导通120°电角度。每个绕组正向通电、反向通电各120°电角度。对应每相绕组持续导通120°电角度，在此期间对于单相绕组电流方向保持不变。假设流入绕组的电流产生正的转矩，流出绕组的电流产生负的转矩，每隔60°电角度换相一次意味着每隔60°电角度合成转矩方向转过60°电角度，大小保持为$\sqrt{3}$倍的扭矩。

"两两导通"要比"三三导通"好理解，为了便于说明以"两两导通"为例，电动机转动以60°出现一次换流，图4-6所示为电动机定子的"两两导通"控制方式。

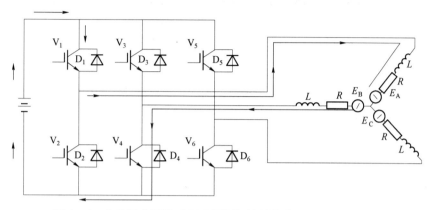

图4-6 电动机定子的"两两导通"控制方式（IGBT管换流）

"两两导通"工作原理如下：

以电动机转子在0°为始点，先让V_1导通120°电角度，在这期间V_4先导通60°，电流先经$V_1 \to U$相$\to V$相$\to V_4$流至蓄电池负极。控制V_4截止，再控制V_6导通60°电角度，电流先经$V_1 \to U$相$\to W$相$\to V_6$流至蓄电池负极，电动机转动120°，距始点为120°。

以电动机转子在120°为始点，让V_3导通120°电角度，在这期间V_2先导通60°，电流先经$V_3 \to V$相$\to U$相$\to V_2$流至蓄电池负极。控制V_2截止，再控制V_6导通60°电角度，电流先经$V_3 \to V$相$\to W$相$\to V_6$流至蓄电池负极，电动机转动120°，距始点为240°。

以电动机转子在240°为始点，让V_5导通120°电角度，在这期间V_2先导通60°，电流先经$V_5 \to W$相$\to U$相$\to V_2$流至蓄电池负极。控制V_2截止，再控制V_4导通60°电角度，电流先经$V_5 \to W$相$\to V$相$\to V_4$流至蓄电池负极，电动机转动120°，距始点为360°，完成一个圆周运动。

只要根据磁极的不同位置，以恰当的顺序去导通和阻断各相出线端所连接的可控晶体管，始终保持转子线圈所产生的磁动势领先磁极磁动势一定电角度的位置关系，便可使该电动机产生一定方向的电磁转矩而稳定运行。

另外，通过借助逻辑电路来改变功率晶体管的导通顺序，即可实现电动机正反转。

电动机的"两两导通"方式有些类似于发动机的两气门"一进一排"方式。

[完成任务] 在图4-5电动汽车电动机"逆变"控制原理中，描述"两两导通"方式中开关管的一个循环。

2. "三三导通"和"一进两排"

每一瞬间有三只功率管通电，每60°电角度换相一次（见图4-7），每只功率管通电180°电角度。每隔60°电角度换相一次意味着每隔60°电角度合成转矩方向转过60°电角度，合成转矩大小为1.5倍的扭矩。

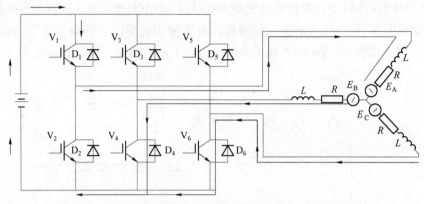

图 4-7 电动机定子的"三三导通"控制方式（IGBT 管换流）

电动机的"三三导通"方式有些类似于发动机的三气门"一进两排"和"两进一排"方式。

六、电动机扭矩控制

电动机的扭矩控制本质是两个要素的控制：第一是什么时间控制开关管导通，这个问题相当于发动机的配气正时问题；第二是开关管导通持续的时间（电角度）是多少。

导通时间和电角度：因电动机转速是变化的，所以导通相同的电角度所用时间是变化的。即在这个 60°电角度内通过控制多段脉冲波的宽度（比如 18 段），即可控制电流大小（扭矩大小）。

母线电压：当正弦调制波和基波相交确定的多段脉冲输出的宽度很小时，母线电压低于蓄电池电压；当多段脉冲输出的宽度为最大时，电动机的端电压达到了蓄电池电压，这时电动机的工作特性就又体现传统有刷电动机的工作特性，即工作电流取决于汽车的车速（或电动机的转速），电动机转速越高，电流越小。

七、初始角 φ

功率管的换相信号需要从电动机转子位置传感器的状态得出，换相时刻也就是相序信号状态改变的时刻。因此，位置传感器和三相绕组对应关系的确定对于电动机的正确运行非常重要。

电动机位置传感器分为有位置传感器型和无位置传感器型，电动机位置传感器也是电动机转子转速传感器，一般称为解角传感器。

1. 有位置传感器型

永磁直流无刷电动机位置传感器是组成无刷直流电动机系统的三大部分（电动机、逆变器、位置传感器）之一，也是区别于有刷直流电动机的主要标志。其作用是检测电动机转子在运动过程中的位置，将转子磁极的位置信号转换成电信号，为逻辑开关电路提供正确的换相信息，以控制功率管的导通与截止，使电动机电枢绕组中的电流随着转子位置的变化按次序换向，形成气隙中的旋转磁场，驱动永磁转子连续不断地旋转。

安装时转子位置传感器有偏差，可能造成不正确的导通角，不正确的导通角偏差会引起电动机额外的损耗。

通常位置和速度类传感器的种类一般有霍尔式、电磁式、光电式、磁敏式、旋转变压器式五种。但从抗温度影响、抗污染、抗振动方面，目前霍尔式和旋转变压器式传感器有着广泛的应用，特别是旋转变压器式传感器的应用更广泛。

2. 无位置传感器型

电动机静止时的转子停留的位置决定了逆变器第一次应触发哪两个功率管，而在没有位置传感器时判断转子初始位置很复杂。可以先让逆变器任意两相导通，并控制电动机电流，通电一段时间后，转子就会转到与该导通状态相对应的一个预知位置，完成转子的定位。转子定位后，根据驾驶员换挡杆的位置（D 或 R），就可知道接下来应触发的逆变器功率器件。

基于以上这种想法人们提出了三段式起动法。三段式起动法是信号发生器控制同步电动机的运行状态从静止开始加速，直至转速足够大产生可识别的反电势信号，再切换至反电势法控制无刷电动机运行状态，实现电动机起动。这个过程包括转子定位、加速和运行状态切换三个阶段，所以也称"三段式起动法"。

其他方法有预定位起动法、升频升压同步起动法、短时检测脉冲转子定位起动法等。

第三节　电动汽车感应电动机

汽车变频感应电动机因其效率低（一般效率在 75%～80%）、体积大、质量大的缺点一般只应用在电动卡车或客车上，这句话不能倒过来理解。其实感应电动机的优点也是有的，比如成本低和可靠性高。

一、感应电动机种类

交流感应电动机有两种类型，绕线转子式感应电动机和鼠笼式感应电动机。

由于绕线转子式感应电动机成本高、需要维护、缺乏坚固性，因而没有鼠笼式感应电动机应用广泛，或者说是在电动汽车的电力驱动中根本无法应用。

鼠笼式感应电动机简称为感应电动机。感应电动机驱动除了具有无换向器电动机驱动的共同优点外，还具有成本低、坚固等优点。这些优点超过了其控制复杂的缺点，推动了感应电动机在电动汽车驱动中的广泛应用。

二、感应电动机结构

用于电动汽车的感应电动机在原理上与工业中用的变频感应电动机结构基本相同，但是这种电动机结构需要专门设计，不能直接使用工业电动机。

交流感应电动机的结构分为定子结构、转子结构、接线端子结构三部分，有的还加入风扇。

1. 定子结构

（1）如图 4-8 所示，定子铁芯采用更薄的硅钢片叠成，电动机定子线圈的绝缘等级要高，电动机的电压等级需合理地采用高电压和低电流的电动机设计，以减少功率逆变器的成本和体积。

图4-8 感应电动机定子结构

（2）铸铝或铸铁机壳内部采用水套，制成水冷电动机。采用铸铝机座来减小电动机总质量，定子壳体密封要好，防止进水。

2. 转子结构

（1）转子铁芯也由薄硅钢片叠加而成，以减少铁损。

（2）由于电动机转速较工业电动机高，所以要求转子的动平衡度要高，同时轴承质量要好。

电动汽车电动机在爬坡时要求低速高转矩，巡航时要求高速低转矩，车辆超车时要求具有瞬时超负载能力。

3. 接线端子结构

感应电动机接线端子如图4-9所示，感应电动机的接线端子有星形和三角形两种，接线盒内无传统工业电动机的壳体接地保护。电动机壳体与车身间为等电位，即两者的金属导通，电动机定子线圈和车身间采用绝缘检测，一旦三相定子和壳体间漏电，仪表绝缘报警，同时电池上电继电器断开。

图4-9 感应电动机接线端子

三、汽车变频电动机铭牌

图 4-10 所示为三相异步电动机铭牌。

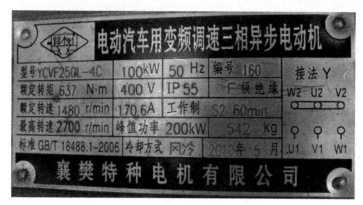

图 4-10 三相异步电动机铭牌

1. 型号

型号是指表示产品性能、结构和用途的代号。例如 YCVF250L-4C 中"Y"表示 Y 系列鼠笼式异步电动机（YR 表示绕线式异步电动机），"VF"为变频电动机，"250"表示电动机的中心高为 250 mm，"L"表示长机座（M 表示中机座，S 表示短机座），"4"表示 4 极电动机。

2. 额定功率

在额定运行（指电压、频率和电流都为额定值）情况下，电动机轴上所输出的机械功率为电动机的额定功率。

3. 额定电压

电动机在额定运行情况下的线电压为电动机的额定电压。一般规定电动机的电压不应高于或低于额定值的 5%。

例如，三相定子绕组可有两种接法时，就标有两种相应的额定电压值。假如电压高于额定值时，励磁电流将增大，铁损增加，绕组有过热现象。电压低于额定值时，在电动机满载的情况下，会引起转速下降，电流增加，使绕组过热。电压低时，电动机最大转矩也会显著降低。

4. 额定电流

额定电流是电动机在额定电压、额定频率和额定负载下运行时，三相定子绕组中通过的线电流，单位为 A。由于定子绕组的连接方式不同，额定电压不同，电动机的额定电流也不同。

例如，一台额定功率为 10 kW 的三相异步电动机，其绕组做三角形连接时，额定电压为 220 V，额定电流为 68 A。其绕组做星形连接时，额定电压为 380 V，额定电流为 39 A。也就是说，铭牌上标明三角形/星形接法，额定电压为 220 V/380 V 和额定电流为 68 A/39 A。

5. 额定频率

额定频率是电动机所接交流电源的频率。频率降低时，转速降低，定子电流增大。我国发电厂所生产的交流电频率为 50 Hz。

6. 额定转速

额定转速是电动机在额定电压、额定频率和额定负载下运行时，转子每分钟的转数，单位为 r/min，其值略低于同步转速。

7. 接法

接法是电动机在额定电压下定子绕组的接线方式，一般有星形和三角形两种接法。当电压不变时，如将星形连接改为三角形连接，线圈的电压为原线圈的 $\sqrt{3}$ 倍，这样电动机线圈的电流过大而发热；如果把三角形连接改为星形连接，电动机线圈的电压为原线圈的 $\frac{\sqrt{3}}{3}$，电动机的输出功率就会降低。因此必须按铭牌规定的接线方式接线，否则，电动机将烧毁。

注意：图 4-10 所示名牌中 U2、V2、W2 已经接在一起，外接时只能接 U1、V1、W1。

8. 绝缘等级

绝缘等级是指根据绕组所用的绝缘材料，按照它的允许耐热程度规定的等级。中小型异步电动机的绝缘等级有 A、E、B、F 和 H 级。电动机的工作温度主要受绝缘材料的限制。若工作温度超出绝缘材料所允许的温度，绝缘材料就会迅速老化，其使用寿命将大大缩短。修理电动机时，所选用的绝缘材料应符合铭牌规定的绝缘等级。电动汽车电动机更多是直接更换。

9. 温升

温升是指电动机长期连续运行时的工作温度比周围环境温度高出的数值。我国规定周围环境的最高温度为 40 ℃。例如，若电动机的允许温升为 65 ℃，则其允许的工作温度为 65 ℃ +40 ℃ =105 ℃。电动机的允许温升与所用绝缘材料等级有关。电动机运行中的温升对绝缘材料的使用寿命影响很大，理论分析表明，电动机运行中绝缘材料的温度比额定温度每升高 8 ℃，其使用寿命将缩短一半。

10. 工作定额

工作定额是指电动机的工作方式，即在规定的工作条件下运行的持续时间或工作周期。根据发热条件，电动机运行可分为三种基本运行方式：连续运行、短时运行和断续运行。

连续运行（代号为 S1）：按铭牌上规定的功率长期运行，如水泵、通风机和机床设备上电动机的使用方式都是连续运行方式。

短时运行（代号为 S2）：每次只允许规定的时间内按额定功率运行，而且再次起动之前应有符合规定的足够停机的冷却时间。

断续运行（代号为 S3）：电动机以间歇方式运行，如吊车和起重机等设备上用的电动机就是断续运行方式。

11. 额定功率因数

额定功率因数是指电动机在额定输出功率下，定子绕组相电压与相电流之间相位角的余弦，一般为 0.70~0.90。电动机空载运行时，功率因数约为 0.2。功率因数越高的电动机，发配电设备的利用率越高。

12. 额定效率

对电动机而言，输入功率与输出功率不等，其差值等于电动机本身损耗功率，包括铜损、铁损和机械损耗等。效率是指输出功率与输入功率的比值，通常为 75%~92%。电动机的损耗越小，效率越高。

13. 转子电压

仅对绕线式异步电动机，定子绕组上加有额定电压、转子不转动时两个滑环间的电压。

14. 转子电流

仅对绕线式异步电动机，使用在额定功率时的转子电流。

15. 起动电流

起动电流是指电动机在起动瞬间的电流，常用它与额定电流之比的倍数来表示，一般是额定电流的 4~7 倍。

16. 起动转矩

起动转矩是指电动机起动时的输出转矩，常用它与额定转矩之比的倍数来表示，一般是额定转矩的 1~1.8 倍。

17. 质量

质量是指电动机本身的体重，以供起重搬运时参考。

第五章

汽车电动机功率电子装置

第一节　逆变器

一、什么是逆变器

整流和逆变是一个互逆的过程。整流器是把交流变成直流的装置，种类有单管单相半波整流器、四管单相全桥整流器、六管三相全桥整流器。逆变器是把直流变成交流的装置，种类有单管单相逆变器、四管单相全桥逆变器、六管三相全桥逆变器。电动汽车电动机为三相全桥逆变器，按导通控制分为两两导通和三三导通两种。

二、逆变器组成

1. 汽车逆变器的组成

电动汽车电源为直流电源，所以逆变器内部元件主要功能是逆变功能，即把直流变成三相交流。为了降低成本，同时提高蓄电池组的可靠性，设计上通常要减少蓄电池串联的数目，导致蓄电池总电压降低，电动机效率下降。为了提高电动机的效率，通常要采用升压DC/DC转换器将低电压升压为高电压，再经逆变器把高压直流电变成三相交流电。

2. 汽车逆变器内部元件

混合动力汽车没有12 V发电机，需要通过降压DC/DC转换器将蓄电池由高压等级降压为12 V等级为12 V蓄电池充电，12 V蓄电池为全车电气系统供电。

降压DC/DC转换器的功率元件为了共用散热器装在驱动电动机的逆变器内部，也有汽车将降压DC/DC转换器的功率元件布置在逆变器外部，这样的冷却系统是将逆变器、电动机、DC/DC转换器、电动冷却液循环泵和散热器等串联。

电动汽车空调压缩机采用电动机驱动，一般直接用高压蓄电池电压，不用再像驱动电动机那样升压。

三、丰田普锐斯逆变器

图5-1所示为丰田普锐斯逆变器总成内部的逆变器和DC/DC转换器。图5-2所示为丰田普锐斯逆变器总成内部的3块电容器。图5-3所示为丰田普锐斯逆变器总成内部的结构原理，逆变电路主要由智能功率模块（IPM）构成的逆变桥组成，IPM内部的核心是电动汽车换流的绝缘栅双极型晶体管，也称IGBT。逆变器总成内升压DC/DC转换器和两套逆变器

担负着向 MG_1 和 MG_2 电动机提供交流电的功能。

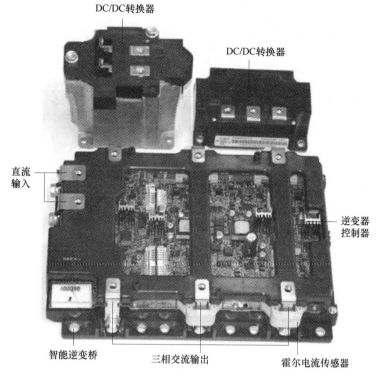

图 5-1 丰田普锐斯逆变器总成内部的逆变器和 DC/DC 转换器

图 5-2 丰田普锐斯逆变器总成内部的 3 块电容器

空调压缩机逆变器和降压 DC/DC 转换器分别隶属空调系统和电源系统。逆变器 U、V、W 三相输出中的 V、W 相设计有霍尔电流传感器。

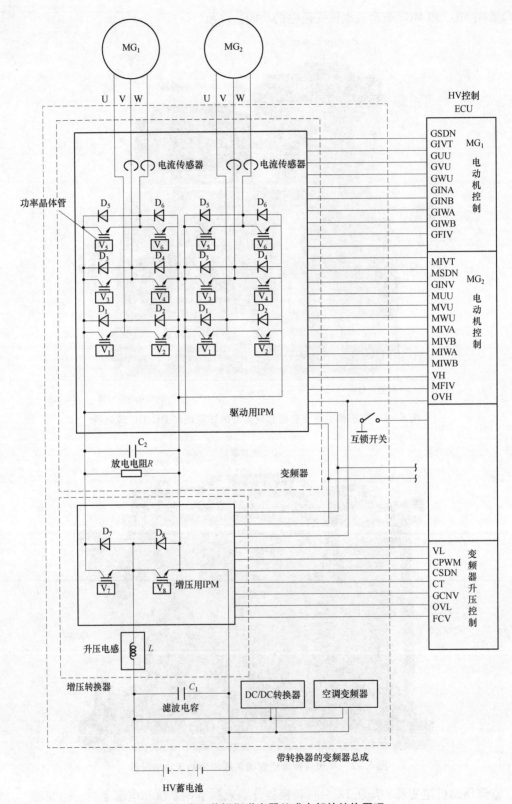

图 5-3 丰田普锐斯逆变器总成内部的结构原理

[**技师指导**] 正、负母线间的电解电容和薄膜电容在蓄电池放电时起无内阻电源的作用，在充电时有滤波稳压作用，电容对蓄电池充电和放电都有好处。但导致继电器开关触点在充电时容易烧结开关，因为蓄电池向电容器充电电流很大，因此高压电设计上采用缓冲电阻来减小充电时的电流。

四、逆变器控制器

图 5-4 所示为丰田普锐斯逆变器总成，逆变器控制器的核心是数字信号处理器（Data Signal Processor，DSP），逆变器控制器的作用是从混合动力控制 ECU（HV-ECU）或纯电动汽车控制 ECU（EV-ECU）接收发送过来的扭矩信号，数字信号处理器根据汽车电动机反馈的转速和相电流信号，输出控制电动机达到控制目标的控制脉冲来驱动智能逆变器。

图 5-4 丰田普锐斯逆变器总成

若智能功率逆变器出现故障，IPM 通过串行故障输出端口将欠电压保护、过电压、过流保护、过热保护、短路保护等信号传送给逆变器控制器。

图 5-5 所示为一汽 B50 EV 纯电动汽车逆变器总成。

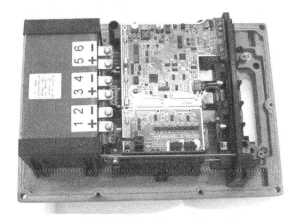

图 5-5 一汽 B50 EV 纯电动汽车逆变器总成

五、混合动力控制 ECU

图 5-6 所示为丰田普锐斯混合动力控制 ECU（HV-ECU），其作用是实现发动机扭矩控制和电动机扭矩控制。混合动力控制 ECU（HV-ECU）接收驾驶员操纵加速踏板的信号形成

一个扭矩需求，同时根据发动机和电动机的状态，确定给发动机 ECM 和电动机逆变器控制器（ICU）分别发送扭矩的数值。

图 5-6　丰田普锐斯混合动力控制 ECU（HV-ECU）

若为纯电动汽车，通常由整车控制器向电动机逆变器控制器（ICU）分别发送扭矩数值。

第二节　电动机和逆变器冷却系统

电动汽车冷却技术是车辆辅助系统的核心技术之一，是动力、传动装置正常工作的重要技术保证，其技术水平及实车工况状态如何，将直接影响车辆性能指标的实现。电动汽车的性能特别是高温环境下的最大速度、最大爬坡度，在很大程度上取决于冷却系统的热负荷特性。

一、热量的产生

1. 电动机生热

汽车电动机的工作电流大，铜线因电阻生热多，加之变化电流产生的磁场会在定子硅钢片内和转子硅钢片内感应出电流生热，所以应合理控制温度，否则会出现绝缘下降、电动机退磁和效率降低等现象。要采用专门的冷却介质，一般采用油或防冻液作为冷却液。图 5-7 所示为汽车感应电动机冷却液流向是先流经定子、转子中心再回到定子。

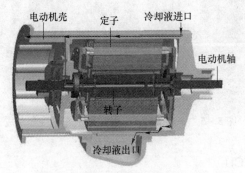

图 5-7　汽车电动机冷却液流向

注：现在已研制出一种新型的蒸发式冷却电动机，这种电动机是根据相变传热原理在液

体—气体转变过程中实现高效传热。它的重量较相同功率普通电动机要减轻40%左右。

2. 逆变器生热

电动汽车的电动机逆变器和电动机在工作中会有大量的热产生，特别是逆变器内的IGBT模块生热和热集中情况严重。

例如，某电动机和电动机驱动器一体化系统，电动机额定输出功率24 kW，电动机最大输出功率60 kW，电动机驱动器额定输入电压312 V，电动机驱动器额定母线电流86 A，最大母线电流236 A。在电动机额定输出功率下，电动机驱动器发热损耗约为1.0 kW，电动机发热损耗约为1.53 kW，因而电动机和电动机驱动器在额定输出功率下的总功耗为2.53 kW，这个功率是很大的，会很快升高冷却液温度的，所以应尽快散热，防止温升。

电动机驱动系统的功率限制因素：整个机电系统的功率转换以串联的形式实现，所以系统功率由转换过程中功率最小的环节决定，电池功率由电池的电压和电流能力决定，逆变器的功率由功率半导体器件（IGBT或P-MOSFET）的电压和电流能力以及散热能力决定，电动机的功率由电动机和散热能力决定。

3. DC/DC转换器生热

除了电动机逆变器和牵引电动机外，还有小功率的DC/DC转换器或DC/AC逆变器。逆变器产生的交流电用来驱动空调压缩泵电动机。控制装置一般允许最高温度为60 ℃~70 ℃，而最佳工作环境温度在40 ℃~50 ℃。周围环境的温度较高时，很容易达到其上限温度，所以，必须采取专门的冷却装置，对其温度进行控制。

发动机冷却系统可称为第一冷却系统，由逆变器、电动机或DC/DC转换器等组成的冷却系统可称第二冷却系统。

对于客车，没有空间上的要求，冷却较简单。对于轿车，空间是电动车的一个重要问题，所以要有一套完整的散热机构，从热交换材料、结构、冷却介质、电控风扇到水泵电动机。另外，冷却控制方法上轿车要比客车设计复杂和精确得多。目前，已经生产的电动汽车中电动机驱动控制系统的冷却方式主要有强迫风冷和液冷两种。液冷效果较好，其中油冷的相对冷却能力为强迫风冷的20倍以上，水冷的冷却能力为强迫风冷的50倍以上，采用液冷系统的电动机和电动机驱动系统是适合于电动汽车冷却的必然趋势。

二、逆变器、电动机串联冷却系统

图5-8所示为丰田普锐斯第二冷却系统。普锐斯冷却系统用于逆变器总成（丰田称变频器总成）、MG$_1$和MG$_2$，采用了配备有电动水循环泵的冷却系统。电源状态转换为IG（点火）时此冷却系统工作。冷却系统的散热器集成在发动机的散热器中，这样散热器的结构得到简化，空间也得到有效利用。

注意：这种是增压和降压DC/DC转换器、辅助蓄电池DC/DC转换器、MG$_1$和MG$_2$电动机逆变器集成在一体进行冷却。

[完成任务] 在图5-8中找出这个冷却系统的循环路径。

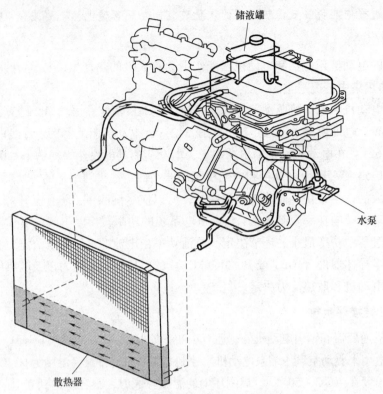

图 5-8 丰田普锐斯第二冷却系统

三、发动机、逆变器和电动机冷却系统

图 5-9 所示为奥迪 Q5 混合动力汽车冷却系统。为了冷却电驱动功率和控制电子装置 JX1 中的逆变器,增设一个低温冷却循环回路。在冷却液循环和温度管理方面引入了发动机控制系统 MED.17.1.1,它有三个处理器,可以实现创新温度管理。使用这种控制单元的目的是通过改进车辆热平衡,来进一步降低油耗和 CO_2 排放。

所谓改进热平衡,是指将所有生热部件和需要加热部件连接,比如发动机和变速器上的温度保持功能将能使发动机工作在效率最佳的范围内。

奥迪 Q5 hybrid quattro 车上的冷却系统分为低温循环和高温循环两部分。在发动机不工作时,冷却液是由电动冷却液泵来循环的。

发动机冷却系统为高温循环部分,组件包括:暖风热交换器、冷却液截止阀 N82、电动机 V141、高温循环冷却液泵 V467、冷却液泵、废气涡轮增压器、发动机油冷却器、冷却液温度传感器 G62、特性曲线控制的发动机冷却系统节温器 F265、冷却液续动泵 V51、高温循环散热器、变速器机油冷却器。

电动机驱动为低温循环部分,组件包括:电驱动装置的功率和控制电子装置 JX1、低温循环冷却液泵 V468、低温循环散热器。

注意:(1)由电驱动装置的功率和控制电子装置 JX1 来控制。

(2)由发动机控制单元 J623 来控制。

(3)由空调控制单元 J255 经空调冷却液截止阀 N422 来间接控制。

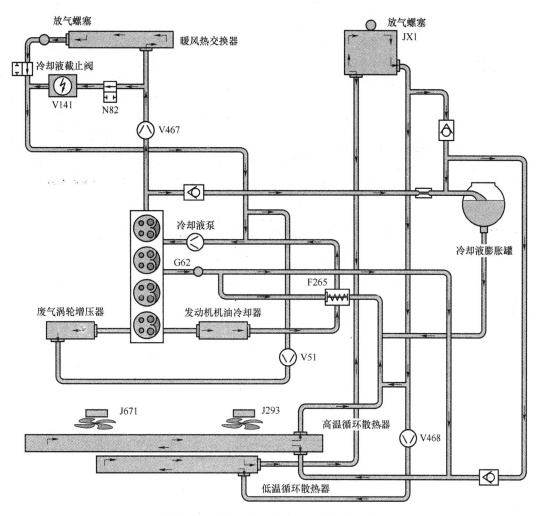

图 5-9 奥迪 Q5 混合动力汽车冷却系统

F265—特性曲线控制的发动机冷却系统节温器（开启温度 95 ℃）；G62—冷却液温度传感器；J293—散热器风扇控制单元；J671—散热器风扇控制单元；JX1—电驱动装置的功率和控制电子装置；N82—冷却液截止阀（在热的一侧）；V51—冷却液续动泵；V141—电动机；V467—高温循环冷却液泵；V468—低温循环冷却液泵

[**完成任务**] 在图 5-9 中找出这个冷却系统工作的发动机高温循环部件和电动机驱动的低温循环部件，并写出发动机高温循环和电动机驱动的低温循环路径。

发动机高温循环路径：_____

_____。

电动机驱动的低温循环路径：_____。

四、奔驰 400 混合动力功率系统的冷却

图 5-10 所示为奔驰 400 混合动力汽车的冷却系统管路。

这是 DC/DC 转换器和电动机功率控制器分体时的冷却，也称串联冷却。

混合动力汽车发动机的冷却和电动机冷却从设计上是可以设计在一起，但功率电子元件则必须选择独立冷却或与电动机组成独立冷却系统。这种冷却在仪表上不设计电动机的水温

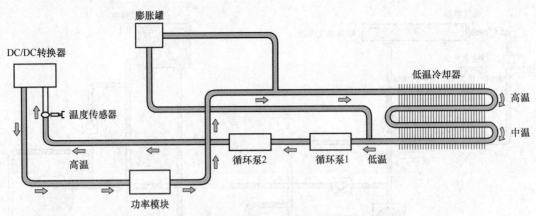

图 5-10 奔驰 400 混合动力汽车的冷却系统管路

表,而是用电动机温度过高的符号表示。

国外由于电动汽车发展比较成熟,电动汽车中的电子功率热源电动机逆变器和 DC/DC 转换器通常集中在一个散热片上,这时有电动机和功率电子两部分热源。

[**完成任务**] 根据图 5-10 写出奔驰 400 混合动力功率系统的冷却循环路径。

五、双面冷却技术

过去,丰田汽车的普锐斯、皇冠 Hybrid 等车型一直利用单面水冷冷却 PCU 内的功率半导体。混合动力车雷克萨斯 LS600h 的功率半导体从两面进行冷却,单面冷却半导体元件流过 200 A 电流,采用双面冷却后,可流过 300 A 以上的电流,使单位体积的输出功率比原来提高了 60%。在相同的输出功率情况下,体积则可比原来减小约 30%,质量减小约 20%。

六、增加输出功率的办法

增加 PCU 的功率半导体元件数量或使元件比原来流过更大电流时 PCU 存在散热问题。现在的车载用功率半导体最高可耐 150 ℃高温,因此,需要采用始终将温度保持在 150 ℃以下的冷却结构。

1. 多面冷却技术

单面冷却不足以解决大电流功率半导体的散热问题,因此采用了双面冷却结构。

2. 耐热半导体

功率半导体的耐热性得到彻底解决。比如,现在使用的是 Si(硅)晶圆,而用 SiC(碳化硅)材料做的话,耐热性将大幅提高,同时还能够通过更大的电流。

第六章
电动汽车传动系统

第一节　电动汽车传动系统组成

一、混合动力汽车传动系统结构

电动机传动系统的作用是将电动机的驱动力矩通过车轮变成对地面的作用力，驱动车轮转动。

油电混合动力汽车中由于有发动机，所以传统电控机械自动变速器（AMT）、液力自动变速器（AT）、机械无级自动变速器（CVT）仍可使用，同时引入了电力无级变速器。

发动机前置后驱的车辆驱动桥包括主减速器、差速器、半轴三个部件。发动机前置前驱，变速器因含有驱动桥也称变速驱动桥，包括变速器、主减速器、差速器、半轴四个部件。

主减速器和变速器可以在不改变功率的前提下，大大降低峰值力矩，从而减小电动机的体积和降低其成本，所以应根据实际应用需要配置变速器或主减速器。

二、纯电动汽车结构形式

采用不同的电力驱动系统可构成不同结构形式的电动汽车。

（1）发动机换为电动机结构：把传统汽车的发动机简单地换为电动机即可，后部的离合器、变速器和差速器不变。

（2）电动机纵置后驱结构：电动机后用固定速比的减速器，由电动机、固定速比的减速器和差速器组成电力驱动系统，没有离合器和可选的变速挡位，转矩大小由逆变器控制输出。

（3）电动机横置前驱结构：在传统发动机横置前驱的燃油汽车上把发动机换为电动机，将变速器换为多级主减速器，并将这个多级主减速器和差速器集成为一个整体，两根半轴连接驱动车轮，这种结构在电动轿车上应用最普遍。

（4）双电动机结构：采用两个电动机通过固定速比的减速器分别驱动两个车轮，每个电动机的转速可以独立地调节，实现车轮电子差速，不必装有差速器。

（5）高速轮毂电动机结构：采用高转速电动机驱动行星齿轮的太阳轮，内齿圈固定，行星架减速输出。

（6）低速轮毂电动机结构：采用低速外转子电动机，取消行星齿轮减速，电动机的外转子直接安装在车轮上。

第二节　纯电动汽车传动系统

一、小型、中型卡车和轿车

由于电动机扭矩大，在小型、中型卡车和轿车上取消了变速器，减速机构只有主减速器。

1. 小型、中型电动货车

主减速器多为两级式主减速器，总主减速器的传动比是两级速比的乘积。单电动机时差速器仍是必要的部件。图 6-1 所示为使用在小型、中型面包车上的电动减速驱动桥。

图 6-1　小型、中型面包车上的电动减速驱动桥

由于电动机的低速扭矩大、工作转速范围宽的特点，倒车只需电动机反转即可，因此，变速器的前进挡 D 和倒挡 R 只是电动机正转和反转的控制信号。

2. 乘用车

图 6-2 所示为两级主减速器电动车电力驱动系统。把电动机、减速器、差速器和功率逆变器集成在一起，外部只有强电、弱电线束和冷却水管。

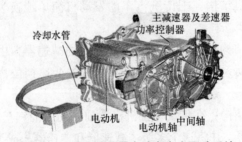

图 6-2　两级主减速器电动车电力驱动系统

若采用前后轴各一台这样的动力驱动系统则是很好的四轮驱动。

二、客车和货车传动系统

1. 客货车使用变速器的必要性

电动机拥有很宽的工作转速范围，但和发动机一样，电动机也有最佳工作转速区间，高于或低于这一区间效率都会下降。

1) 无变速器的电动机效率

一台 40 kW 电动机在刚起动时效率仅有 60%～70%。随着速度提高效率逐步提高，在 3 300～6 000 r/min，效率能够达到 94% 以上；而在接近极限转速 10 000 r/min 时，效率又降到 70% 左右。可以看出，合理利用变速器，让电动机工作在最佳转速区，对于提高效率十分有意义。

2) 无级变速器的效率

电动汽车若采用无级变速器会比采用固定速比的减速器时能耗降低 5%～7%，噪声也减小很多。

3) 货车和客车的变速器

轿车变速器取消了，客货车变速器结构简化了。在客货车上，无变速器时，电动机低速电流大、最高车速噪声大、耗电量过大。固定速比输出就不能充分随路况变化改变扭矩，结果造成对电动机、蓄电池及控制器的严重破坏。所以，客货车仍要采用变速器。

4) 货车和客车采用几挡的变速器

在电动客货车上配装变速器，主要是为解决电动机驱动力不足的问题。装变速器可以改变电动机扭矩，提升电动机动力。纯电动客车配装的变速器比燃油车型上的变速器结构大大简化，变速器挡数由传统多挡简化成 2 挡或 3 挡，电动机和变速器之间可配有离合器，也可不配离合器。

2. 无同步器 AMT 应用

传统变速器换挡条件是要有离合器切断动力，同步器使从动齿轮和主动齿轮同步。新的设计理念是在无离合器条件下要实现自动换挡，同步器无法实现同步。为此，设计出电动机主动调速适应从动齿轮转速的自动换挡变速器。图 6-3 所示为电动机调速齿轮同步的自动换挡动力总成。

图 6-3 电动机调速齿轮同步的自动换挡动力总成

电动机调速齿轮同步自动换挡的工作原理是自动变速器 ECU 接收变速器输出轴转速传感器信号，同时也接收电动机转速信号，在换挡前，先调节电动机转速至从动齿轮的转速，然后采用电控气动、液动或电动三种装置之一推动拨叉，由于主、从动齿轮的转速相等，拨叉推动接合套直接挂入相应的主动齿轮。

第三节 轮毂电动机

新能源汽车现在已经成为汽车行业颇具前瞻性的领域,而新能源车型的驱动技术和传统内燃机汽车有着很大的区别,而其中有一类驱动技术有着很大的发展前景,这就是轮毂电动机技术。

一、轮毂电动机简介

毂是轮的中央部分,轮毂电动机是轮中央部分放置电动机,有时也叫电动轮。轮毂电动机技术的最大特点就是将动力、传动和制动装置都整合到轮毂内,因此将电动车辆的机械部分大大简化。

轮毂电动机技术并非新生事物,早在1900年,保时捷就首先制造出了前轮装备轮毂电动机的电动汽车,在20世纪70年代,这一技术在矿山运输车等领域得到应用。

电动汽车传动装置的作用是将电动机的驱动转矩传给汽车的车轮,当采用电动轮驱动时,传动装置的多数部件常常可以忽略。图6-4所示为采用轮毂电动机技术的福特F-150的宣传片,一辆四轮轮毂电动机驱动的福特F-150后车厢满载着传统的发动机、变速器、传动轴、驱动桥、油箱、排气管行驶在象征绿色环保的蓝天白云下。

图6-4 采用轮毂电动机技术的福特F-150

因为电动机可以带负载起动,所以电动汽车上无须传统内燃机汽车的离合器。因为驱动电动机的旋向可以通过电路控制实现变换,所以,电动汽车无须内燃机汽车变速器中的倒挡。当采用电动机无级调速控制时,电动汽车可以忽略传统汽车的变速器。在采用轮毂电动机驱动时,电动汽车还可以省略传统内燃机汽车传动系统的差速器。

二、轮毂电动机种类和结构

轮毂电动机驱动系统根据电动机转子形式主要分成电动机高速内转子式和电动机低速外转子式两种。

图6-5所示为通用开发的为150 t重型卡车设计的高速内转子轮毂电动机。高速内转子转毂电动机,配备固定传动比的行星减速器(也称轮边减速器),为获得较高的功率密度,电动机的转速可高达10 000 r/min。内转子式轮毂电动机在功率方面比低速外转子式更具竞争力。

电动机的最高转速主要受线圈损失、摩擦损失以及变速机构的承受能力等因素的限制，所选用的行星齿轮变速机构的速比一般为10∶1，而车轮的转速范围则降为0~1 000 r/min。

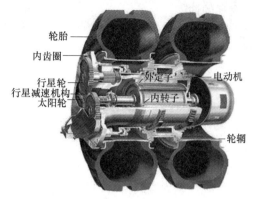

图6-5　通用开发的为150 t的重型卡车设计的高速内转子轮毂电动机

低速外转子轮毂电动机，如图6-6所示，电动机的最高转速在1 000~1 500 r/min，无减速装置，车轮的转速与电动机相同。若采用低速外转子电动机，则可以完全去掉变速装置，外转子就安装在车轮轮缘上，而且电动机转速和车轮转速相等，因而就不需要减速装置。

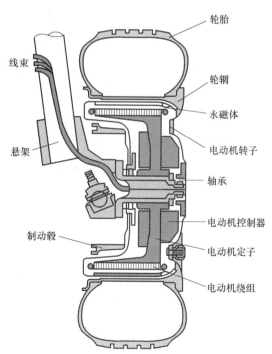

图6-6　低速外转子式轮毂电动机结构

内、外转子这两种轮毂电动机在现代电动汽车上都有应用。

对于电动汽车，如果采用双电动机或者四个电动机驱动，由于每个电动机的转速可以有效地独立调节控制，实现电子差速，在这种情况下，电动汽车可以不用机械差速器。

人们对是否选用机械差速器的意见不一致，如果电动汽车采用单电动机驱动就必须装机械差速器，而多电动机系统就采用电子差速器。电子差速器的优点是在汽车转弯时可以实现精确的电子控制，提高电动汽车的性能。

三、轮毂电动机的优点

1. 省略大量传动部件，让车辆结构更简单

对于传统车辆来说，离合器、变速器、传动轴、差速器乃至分动器都是必不可少的，而这些部件不但质量大、让车辆的结构更为复杂，同时也存在需要定期维护和故障率高的问题。轮毂电动机很好地解决了这个问题。除了结构简单之外，采用轮毂电动机驱动的车辆可以获得更好的空间利用率，同时传动效率高。

采用轮毂电动机驱动后，传统汽车为容纳传动轴和排气管在车厢内地板上的纵向凸起在电动车上会消失，为乘员腾出更大的空间。

2. 可实现多种复杂的驱动方式

由于轮毂电动机具备单个车轮独立驱动的特性，因此无论是前驱、后驱还是四驱形式，它都可以比较容易实现，全时四驱在轮毂电动机驱动的车辆上实现起来非常容易。同时轮毂电动机可以通过左右车轮的不同转速甚至反转实现类似履带式车辆的差动转向，大大减小车辆的转弯半径，在特殊情况下几乎可以实现原地转向（不过此时对车辆转向机构和轮胎的磨损较大），对于特种车辆很有价值。

采用轮毂电动机之后，很容易实现两轴的四轮驱动、三轴六轮或四轴八轮驱动。

轮毂电动机的两轴四驱形式非常有利于实现底盘集中控制，实现底盘集中控制后，底盘可实现如下功能：

（1）电动轮转向，靠外侧车轮加驱动力而自动转向，不用单独设计电动转向机。

（2）转弯时的轮间差速也可靠左、右电动轮来实现，轴间差速可靠前轴、后轴电动轮来差速，实现前后轴根据地面附着条件动态实现四驱的四轮最大抓地驱动。

（3）实现驱动和制动都能与地面附着力相匹配。汽车在低附着路面起步和爬坡时，智能牵引力控制自动实现驱动防滑和转弯时的车身动态稳定控制。

3. 便于采用多种电动汽车技术

轮毂电动机可以匹配于纯电动汽车、混合动力汽车和燃料电池汽车的全部三种类型。

纯电动汽车、燃料电池汽车、串联式混合动力汽车（增程式电动汽车）都可以用轮毂电动机作为主要驱动力。

电动汽车的很多技术，比如制动能量回收也可以很轻松地在轮毂电动机驱动车型上得以实现。

一轴轮毂电动机驱动，另一轴由传统发动机驱动，或一轴采用轮毂电动机驱动，另一轴采用混合动力驱动时，这两种混合动力构型很有意义。这时轮毂电动机可作为起步或者急加速时的助力，也可作为纯电动动力使用。

四、轮毂电动机的缺点

虽然轮毂电动机有很多优点，但是也存在一些缺点，这对于它的应用也多少有些影响。

1. 操控性下降

对于普通轿车来说，常常会使用一些轻质的材料（如铝合金）来制作悬挂部件，以减轻簧下质量，提升悬挂的响应速度。可是轮毂电动机恰好较大幅度地增大了簧下质量，同时也增加了轮毂的转动惯量，这对于车辆的操控性能是不利的。不过考虑到电动车型大多限于代步而非追求动力性能，这一点不构成严重缺陷。

在控制上，合理控制起步电流和地面附着力的平衡关系，以及转向时驱动轮的差速问题，还是技术问题。与一个电动机集中驱动相比，轮毂电动机对密封和散热要求高。

2. 初始成本和控制难度增加

由于增加了电动机和功率转换器的数目，会增加初始成本，而且在不同条件下对两个电动机进行精确控制的可靠性需要进一步的改进。近年来，由于电子控制器具有的容错能力，其可靠性得到了很大的改善。如由三个微处理器组成的电子控制器，其中两个分别控制左右两个电动机，另一个用于控制与协调，通过监测器来监视彼此的工作情况以改善其可靠性。

第四节　AMT在新能源汽车上的应用

一、电动客车AMT变速器的应用

部分混合动力客车是在不改变原车机械变速器主体结构的基础上，通过加装AMT电控单元控制装置取代原机械变速器由人工操作完成的离合器切换、选挡和换挡动作，实现变速器内部换挡过程的自动化。国内AMT自动变速系统技术具有自主知识产权，经过10多年的研究开发已基本成熟，在大客车上应用越来越广泛，能够有效地改善车辆的制动效能和制动时的方向稳定性，减轻了车辆制动器的工作负荷，从而降低制动器故障率，延长制动器配件的使用寿命，提高了公交营运的经济效益。另外，城市混合动力客车行驶速度低，其中的超载、起步、加速、减速和停车非常频繁，平均每天踩离合器的次数在2 000~3 000次，驾驶员劳动强度大，AMT的使用会大大减轻驾驶员的工作强度。

多挡的AMT变速器主要是设计给发动机用，电动汽车电动机正常驱动不会设计太多挡位（一般为2~3挡），混合动力电动汽车若电动机采用变速器前部输入，会使用多挡的变速器，这时电动机的效率会更高。

目前，自动变速器AMT已经开始广泛地应用在混合动力车上，并在许多公司的实际应用中显示出其相当的优越性，尤其以舒适的驾驶性受到广大驾驶员的欢迎。但自动变速器价格昂贵，过早出现大修且维修费用较高，耗油量过大（在城市中行驶的耗油量比手动箱高30%），公交公司出现了"买得起，用不起"的局面。使用AMT自动换挡变速器便可以解决上述问题，带有AMT的混合动力系统如图6-7所示。

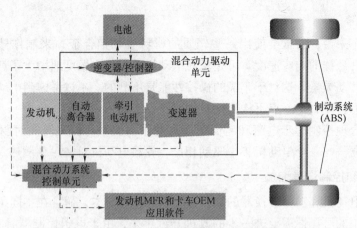

图 6-7 带有 AMT 变速器的混合动力系统

二、AMT 自动换挡变速系统组成

AMT 自动换挡变速系统包括：传感器、AMT ECU 和执行器。

传感器包括：离合器位置传感器、选挡换挡位置传感器、操纵手柄位置传感器、发动机转速传感器、车速传感器等主要传感器。

执行器包括：选挡换挡执行机构、离合器执行机构、加速踏板执行机构、制动执行机构、动力源执行机构。

目前，市场上的 AMT 操纵机构有电控液动、电控气动和电控电动三种结构形式。其中电控液动和电控电动这两种是应用较多的形式。图 6-8 所示为 AMT 换挡混合动力客车部件组成。

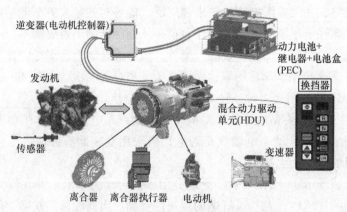

图 6-8 AMT 换挡混合动力客车部件组成

三、AMT 基本工作原理

AMT 控制结构如图 6-9 所示，在电控液动中换挡油压源来自蓄能器，当蓄能器的油压低时，压力继电器接通电路，电动油泵开始泵油，当蓄能器中的压力高过一定值后，压力继电器断开，停止供油。

控制过程是当转动钥匙通电后,系统首先给变速器顶部的选挡和换挡油缸加油压,这样可促使变速器进入空挡,确认后,发动机起动系统方可起动发动机。驾驶员挂挡后,系统先向离合器油缸供入油液,离合器分离,选挡油缸的一端加压选挡,换挡油缸一端加压换挡。换挡完成后系统控制离合器油缸脉冲阀开始泄油,以保证离合器接合平顺。

电控气动与电控液动换挡控制过程相同,区别是工作介质是压缩空气,采用气压制动的客车,压缩空气储存在储气筒里,所以不用再设供能装置。直流电动机控制是采用三个电动机控制分别完成离合器离合动作,选挡换挡轴的选挡动作、换挡动作。

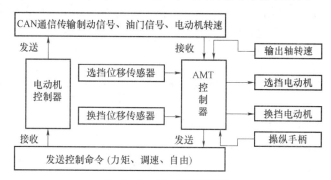

图 6-9 AMT 控制结构

AMT 取消了传统变速器与变速器之间的机械连接而采用线控,这促使变速器的操纵手柄更像游戏机的手柄。它的挡位设置类似于手动变速器,但不同于手动变速器传统的"H"型挡位结构,其换挡手柄只能前后移动进行升挡或降挡(以"+"和"-"表示),或是通过方向盘后方的换挡手柄实现升挡和降挡。AMT 变速器挡位设置保留了自动变速器的 N 挡(空挡)和 R 挡(倒车挡),在驾驶时有自动模式(Auto 自动)、手动模式 M 或运动模式 S 选择,模式开关在使用时可以自由切换。使用手动模式起步时,如果不拨动换挡手柄升挡,即使加速踏板踩到底变速器也不会自动升挡。

注意:AMT 通常会有坡路起步辅助功能,坡路起步辅助功能是当驾驶员脚从制动踏板上抬起时,制动系统延时 1 s 再松开制动,防止车辆后溜,给驾驶员控制右脚从制动踏板移向加速踏板留够时间。

AMT 的缺点是换挡时稍有动力损失,导致换挡加速不是十分好,另外,变速器无失效保护模式,比如换挡执行器失效或离合器执行器失效将导致汽车无法起步或无法换挡。

长春一汽生产的 B50PH EV 轿车也采用了 AMT 变速器,其离合器执行器采用了电控伺服电动机控制离合器液压缸推杆动作,换挡和选挡也采用了伺服电动机实现。

第七章

典型电动汽车

电动汽车分为纯电动汽车、混合动力汽车、燃料电池汽车三种，但每种的不同种类也对应不同的具体结构。

电动汽车是蓝色车标（Blue Way 节能技术），新能源汽车本质是节能汽车或并非完全绿色节能（Green Line 绿色环保行业）产品。

绿色环保行业主要应用风能、太阳能等，而电动汽车充电不一定是风能或太阳能，因为在世界范围内电能还是以火电为主，特别是中国更是以火电为主。当电动汽车充电的电能取自风能或太阳能，燃料电池汽车的氢气取自环保电解水制氢时才能称得上完全的绿色汽车。不过火电成本也很低，同时污染可集中处理，所以购买和使用电动汽车相比传统燃油汽车要远远节能和环保。

目前，由于电池能量密度的限制，电动汽车的行驶里程无法与燃油汽车相比，行驶里程还是主要制约电动汽车普及的因素。只有当电动汽车的电池能量密度技术有所突破，价格降低后，电动汽车才会普及。一般电动汽车是同级汽油车价格的 2 倍以上，一般为 3（国家补贴 6 万元）~4 倍（国家不补贴）。

第一节 日产聆风（LEAF）

一、日产 Leaf 简介

日产 Leaf 这款电动车采用现款日产骐达车型的基础上开发新一代电动车平台，具有电动车特殊设计的底盘布局，采用锂离子电池驱动电动机，提供超过 160 km 的续驶距离，以满足一般消费者的驾车需求。

二、基本参数

日产 Leaf 整车基本参数是：交流电动机最大功率为 80 kW、最大扭矩为 280 N·m、复合锂离子电池 24 kW·h、最大输出功率为 90 kW、能量密度为 140 W·h/kg、功率密度为 2.5 kW/kg、电池单体数目 48 个，并具有电动车特殊设计的底盘，锂离子电

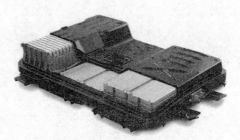

图 7-1 日产 Leaf 底盘电池箱

池设置在底盘下方,如图7-1所示。

[消费指导] 纯电动汽车的车身一定是电池在两轴之间布置的,这样有利于汽车重心位置降低和有利于转向、制动和驱动。目前,国内许多电动汽车以燃油汽车的车身改造,电池布局在后备厢内,这样的布置易导致转向和制动的稳定性下降。

三、充电方式

如图7-2所示,为了提升电动车的实用性,日产Leaf电动车提供两种充电插槽和两种充电方式(位置位于前机舱盖下部)。其中快速充电插槽可在30 min内充电80%,不过快速充电需要专用的充电设备;而利用一般家庭220 V电源进行充电,则约8 h完成充电。日产Leaf在车头前方布置两组充电插槽,可分别就一般220 V电压或快速充电系统进行充电;而在前挡玻璃处也具备充电电量显示。

图7-2 日产Leaf快速充电接口和慢速充电接口

[消费指导] 充电口是经常插拔的部件,在强度上要求一定要高,现在国内许多电动汽车的充电口在开启外保护罩和充电口座的支架上存在强度不够,使用几十次就损坏了,给客户带来了不便。

四、系统结构和功能

日产Leaf的整车主要部件位置1如图7-3所示,整车主要部件位置2如图7-4所示,整车主要部件功能见表7-1。

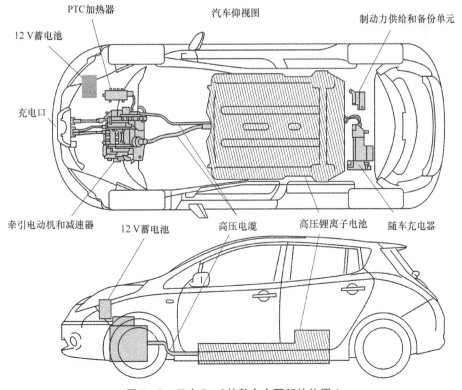

图7-3 日产Leaf的整车主要部件位置1

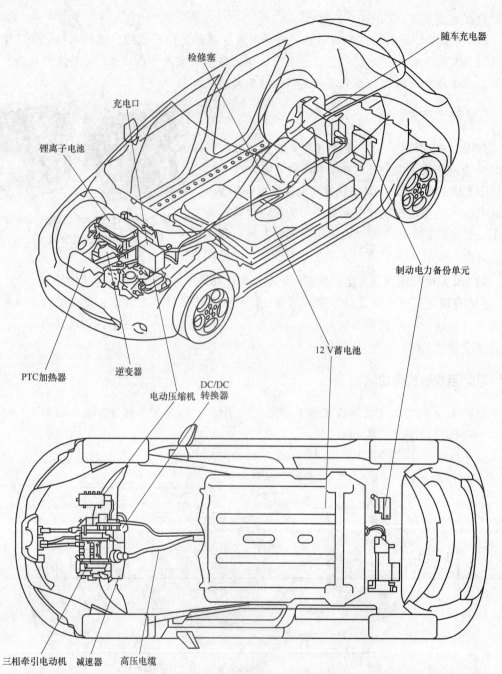

图 7-4 日产 Leaf 的整车主要部件位置 2

表 7-1 日产 Leaf 整车主要部件功能

序号	名称和功能	序号	名称和功能
1	三相牵引电动机：用于驱动汽车	3	减速器：国家速比的减速器
2	DC/DC 转换器：将锂离子高压直流转换为低压 12 V 直流给 12 V 铅酸蓄电池充电	4	锂离子电池：400 V 电压

续表

序号	名称和功能	序号	名称和功能
5	逆变器：将蓄电的高压直流转换为三相交流	10	高压电缆：用于连接高压部件
6	电动压缩机：采用逆变控制电动机转速来驱动压缩机	11	维修塞：用于断开高压
7	PTC加热器：用正温度系数电阻制成，采用高压为驾驶员取暖	12	随车充电器：将家用220 V交流转成220 V直流，再转换成直流标称电压403.2 V
8	充电口：直流快充和交流慢充	13	电力备份单元：内置电容器组，在12 V蓄电池出现故障时，耗放电能
9	12 V蓄电池：用于全车控制系统和汽车电路		

第二节 一汽奔腾 B50 EV

一、奔腾 B50 EV

一汽 B50 EV 电动车是在现款 B50 车型的基础上开发的新一代电动车平台，以满足一般消费者的驾车需求。

二、基本参数

采用三元锂离子（MnNiCoLi）电池，能量为 22 kW·h，电动机类型为交流异步电动机，额定功率为 45 kW，峰值为 81 kW，最高车速为 140 km/h，夏季纯电动里程为 150 km，北方冬季由于电池加热和大功率暖风的原因，行驶里程在 90 km 以上。

三、充电方式

为了提升电动车的实用性，一汽 B50 EV 电动车提供两种充电插槽和两种充电方式，交流慢充充电口在前部进气格栅中部，快充充电口位于原车的左侧后面的原油箱加油位置。其中快速充电插槽可在 30 min 内充电 80%；而利用一般家庭 220 V 电源进行充电，则需 7～8 h 完成充电。在汽车前部的车头前方布置两组充电插槽，可分别就一般 220 V 电压或快速充电系统进行充电；而在前挡玻璃处也具备充电电量显示。

四、主要零部件功能

一汽 B50 EV 电动汽车主要部件位置如图 7-5 所示。

1. 充电机

充电机本质是交流/直流/直流（AC/DC/DC）转换器（见图 7-6），是将交流 220 V 整流为 220 V 直流，220 V 直流再升压为高压蓄电池直流电压，充电

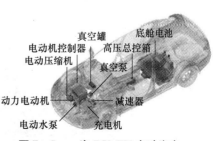

图 7-5 一汽 B50 EV 电动汽车主要部件位置

机输出直流电压高于标称蓄电池电压的 10%~15%。

2. 逆变器

逆变器的本质是直流/交流（DC/AC）转换器（见图 7-6），工作过程是将蓄电池直流电压逆变为三相交流电压，为电动机供电。

图 7-6　前舱内的充电机和逆变器

3. 上电、下电继电器箱

上电、下电继电器箱位于车身下部，原车排气管位置。

4. 制动系统

制动系统仍采用原传统真空助力形式的电控制动系统，真空源采用了电动真空泵，用真空度传感器对真空泵继电器进行控制，一旦真空度下降，真空泵起动。真空度传感器线路出现开路时，真空泵将正常工作，如图 7-7 所示。

图 7-7　电动真空泵、真空传感器和真空罐

5. 冷却系统

由于逆变器、充电机、电动机工作时生热，冷却系统设计采用原车的双风扇散热器，冷却液循环采用了一个电动循环泵，如图 7-8 所示。

图 7-8　电动循环泵

第八章

典型混合动力汽车

第一节　混合动力汽车为什么节油

一、发动机节油四原则

1. 小排量发动机

小排量发动机以提高发动机的负荷率，达到节油，降排量可对比一下传统发动机的断缸控制，断缸控制就是利用小负荷工况采用少数气缸工作，提高发动机负荷以达到节油，如果能用电动机在急、大扭矩助力，小排量发动机足够汽车使用，主要原因是汽车行驶时发动机的功率实际很低，一般不足发动机最大功率的1/3。

2. 急速停起技术

消除急速工况对节油和降低排放非常有力。

3. 工作在经济区

调节发动机载荷使发动机多数工作在经济区，发动机负荷小时让发动机发电以提高负荷率，这时多余机械能量转化为电能，发动机负荷大时为降低负荷率由电动机助力。

4. 制动能量回馈

制动时充分回馈制动时的能量，因此汽车制动系统要有较大改进，比如ABS/ESP系统开发商要开发与电动汽车相适应的制动系统电控单元和液压调节器。

[技师指导] 以上四点称为"发动机节油四原则"，发动机节油四原则是发动机节油设计的四个方向，不过，这只是从发动机角度来说的。

从整车角度节油讲，整车轻量化、减少风阻、提高发动机效率和减少传动系统能量损失是整车节油四原则，混合动力技术只是从提高发动机效率角度出发的一种方法。

二、节油贡献率

混合动力汽车的节油控制策略见表8-1。

表 8-1 混合动力汽车的节油控制策略

序号	控制策略	功能具体描述	节油贡献度/%
1	发动机停起	消除停车时的发动机怠速,降低油耗	3~5
2	纯电动驱动	车辆低速行驶时,电动机驱动,解决发动机小负荷运动的低效率问题; 发动机停机,达到零油耗和排放	5~10
3	电动机助力	急加速、大加速踏板行驶时,电动机助力,保证必需的加速性; 利于发动机维持在经济区运行; 后置电动机可以保持动力无中断,改善平顺性	5~8
4	发动机单独驱动	正常行驶发动机单独驱动	5~10
5	发动机驱动并充电	发动机驱动,同时,发电机发电,维持发动机工作在经济区; 电池充电,维持电量平衡	5~7
6	再生制动	滑行、制动时,电机按比例再生发电,充分回收制动能量 对轿车,更需要与 ABS/EBS 协调控制	7~10

三、混合动力汽车工况控制

1. 起动纯电动行驶工况

从发动机和电动机的转速 - 转矩特性图可知,初始起动阶段,发动机的转速和转矩成正比趋势。在转速较低时,发动机输出转矩较小,而电动机的转速和转矩成反比,在低转速下具有良好的转矩特性。为了克服传统轿车起动时,发动机在较大负荷下由静止达到稳定转速的过程中燃油经济性和排放都较差的问题,一般情况下都由电动机起动整车进入纯电动驱动工况;而当电池 SOC 低于设定的下限值时,由发动机起动整车。

2. 低速小负荷行驶工况

在轻载或低速行驶工况,若电池 SOC 低于设定下限值 SOC-low,发动机起动工作,并恒定工作在设定的某一转矩,在驱动汽车行驶的同时,驱动电动机给电池组充电直到 SOC 达到设定下限值 SOC-low 与上限值 SOC-hi 的平均值 SOC-ave;若 SOC 不低于设定下限值 SOC-low,发动机处于关闭状态,电动机单独工作驱动汽车行驶工况。通过设定合理的发动机最小工作转矩和发动机最低工作转速,可在满足驾驶员行驶意图的同时,避免发动机工作于怠速与低转矩运行工况,从而大大改善了整车燃油经济性能和排放性能。

3. 中速中负荷行驶工况

中速中负荷行驶工况即巡航工况,是行驶的主要工况,该工况汽车的行驶功率全部由发动机提供。若电池 SOC 低于设定下限值 SOC-low,发动机在驱动汽车行驶的同时,驱动电动机给电池组充电;若 SOC 不低于设定的平均值 SOC-ave,电动机处于关闭状态,发动机单独工作驱动汽车行驶。

4. 加速和高速行驶工况

在加速和高速行驶工况，发动机和电动机必须联合协调工作，才能让汽车获得良好的动力性能。当电池 SOC 小于下限值 SOC-low 时，发动机功率仅用于驱动汽车行驶；当电池 SOC 大于下限值 SOC-low 时，电动机和发动机共同工作驱动汽车行驶。

5. 减速制动行驶工况

在减速制动工况下，根据电池 SOC 和整车制动转矩需求，电动机再生制动系统和机械制动系统可单独工作或同时工作。

6. 人为纯电驱动行驶工况

为了节油，纯电动行驶模式按钮被按下时，整车进入纯电动驱动工况，尽最大努力以纯电动行驶。或当油箱燃油量无法供应时（比如油箱无油），为了满足移动车辆，防止阻碍交通的需要，使用最后的能量进行纯电动行驶。

第二节　混合动力汽车分类

混合动力汽车通常按串并联、混合度和是否能充电进行分类。

一、按串并联分类

传统的混合动力电动汽车分为串联式和并联式。近年来出现了一种同时具有串并联特征的混合动力电动汽车，因而其分类延伸为三种：串联式、并联式和混联式，2000 年混合动力电动汽车的类型进一步延伸增加了复合式电动车，至今共有四种。

1. 串联式

串联式混合动力汽车也称为"增程式"电动汽车。图 8-1 所示为串联式混合动力汽车基本结构和简化结构，串联就是与车轮直接机械连接的仅是电动机。串联式混合动力汽车的工作形式就是用传统发动机直接通过发电机为电池充电，然后完全由电动机提供的动力驱动汽车，其目的在于使发动机长时间保持在最佳工作状态，从而达到减排的效果。具体说发动机输出的机械能首先通过发电机转化为电能，转化后的电能一部分用来给蓄电池充电，另一部分经由电动机和传动装置驱动车轮。和燃油车比较，它是一种发动机辅助型的电动车，主要是为了增加车辆的行驶里程。由于在发动机和发电机之间的机械连接装置中没有离合器，因而它有一定的灵活性。尽管其传动结构简单，但它需要三个驱动装置：发动机、发电机和电动机。如果串联混合型电动车设计时考虑爬长坡，为提供最大功率，三个驱动装置的尺寸就会较大；如果用作短途运行如当通勤车用或只是用于购物，相应的发动机、发电机装置应采用低功率的。这种形式的好处是发动机可以不受行驶状态的影响，一直处于最佳工作状态，对于改善排放大有好处，但转换效率偏低。

串联式结构特点：

（1）车载电能源环节的混合。

（2）单一动力生成装置。

（3）发动机转速解耦。

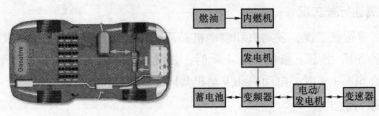

图 8-1　串联式混合动力汽车基本结构和简化结构

(4) 结构简单，布置方便。
(5) 控制策略简单。
(6) 效率低，造价高。

串联混合动力车辆其驱动系间的联合是车载电能源环节的联合。

2. 并联式

图 8-2 所示为并联式混合动力汽车基本结构和简化结构，所谓并联式混合动力，就是说电动机和发动机并行排布，动力可以由两者单独提供或是共同提供。在并联混合动力系统中，电动机同时也是发电机，其作用是让发动机尽量接近最有效率状态，从而达到节油效果。并联式混合动力汽车受电动机和电池能力的限制，仍然要以发动机为主要动力。但由于保留了常规汽车的动力传递形式，效率更高。

具体说，与串联式混合动力电动汽车不同的是，并联式混合动力电动汽车采用发动机和电动机两套独立的驱动系统驱动车轮。发动机和电动机通常通过不同的离合器来驱动车轮，可以采用发动机单独驱动、电力单独驱动或者发动机和发电机混合驱动三种工作模式驱动。从概念上讲，它是电力辅助型的燃油车，目的是为了降低排放和燃油消耗。当发动机提供的功率大于驱动电动车所需的功率或者再生制动时，电动机工作在发电机状态，将多余的能量充入电池。与串联式混合动力电动汽车比较，它只需两个驱动装置发动机和电动机，而且，在蓄电池放完电之前，如果要得到相同的性能，并联式比串联式混合动力电动汽车的发动机和电动机的体积要小。即使在长途行驶时，发动机的功率可以达到最大，而电动机的功率只需发出一半即可。

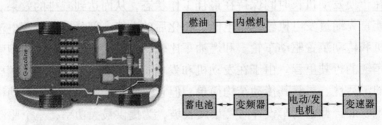

图 8-2　并联式混合动力汽车基本结构和简化结构

并联式结构特点：
(1) 机械动力的混合。
(2) 两个或两个以上动力生成装置。
(3) 每个动力系统都有独立的车载能源。
(4) 动力系统效率高。

并联式混合动力其驱动系统之间的联合是车辆动力传递系统环节的联合,通过对不同的动力生成装置输出的动能的联合或耦合,满足车辆行驶要求。

3. 混联式

图 8-3 所示为混联式混合动力汽车基本结构和简化结构,混联式也称功率分流式,混联式顾名思义就是结合了并联和串联两种形式的优点。其在并联的基础上,将发电机和电动机分离开,这样电动机在运转过程中也能进行充电,使车辆能以串联和并联两种形式工作。目前,混合动力汽车基本属于这种模式。具体说:混联式混合动力电动汽车在结构上综合了串联式和并联式的特点,与串联式相比,它增加了机械动力的传递路线;与并联式相比,它增加了电能的传输路线。尽管混联式混合动力电动汽车同时具有串联式和并联式的优点,但其结构复杂、成本高,随着控制技术和制造技术的发展,现代混合动力电动汽车更倾向于选择这种结构。

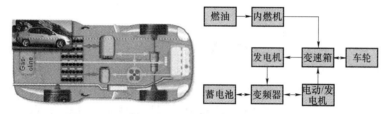

图 8-3 混联式混合动力汽车基本结构和简化结构

功率分流式混联式结构特点:
(1) 转速与转矩混合耦合方式。
(2) 发动机转速解耦工作平稳。
(3) 实现 ECVT 功能结构紧凑。

开关式混联式结构特点:
(1) 转矩耦合方式。
(2) 工况适应性强。
(3) 节能潜力大。
(4) 技术难度小。

为优化驱动系统的综合效率和充分发挥车辆的节能、低排放潜力,在实际的应用中,混合动力车辆驱动系统并非单纯是简单的串联式结构或并联式结构,而是由串联式结构和并联式结构复合组成的串并联综合式结构,即所谓的混联式结构。并联式与混联式是如今混合动力车的主流。

4. 复合式

图 8-4 所示为复合式混合动力汽车简化结构,复合式混合动力电动汽车结构更复杂,难以把它归于上述三种中的哪一种。其结构似乎与混联式混合型电动车相似,因为它们都有起发电机和电动机作用的电机,两者的主要区别在于复合式中的电动机允许功率流双向流动,而混联式混合型中的发电机只允许功率流单向流动。双向流动的功率流可以有更多的运行模式,这对于采用三个驱动动力装置的混联式混合动力电动汽车而言是不可能达到的。复合式混合动力电动汽车同样具有结构复杂、成本高的缺点,不过,现在有些新型的混合动力

电动汽车也采用这种双轴驱动的复合式系统。

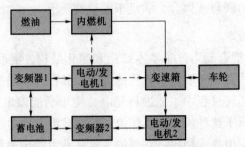

图 8-4　复合式混合动力汽车简化结构（两个虚线箭头在实车中只能选用 1 种）

为了实现混联式以及复合式的混合驾驶模式，发动机与发电机/电动机之间以及电动机与变速器之间必须进行机械连接，其中机械连接装置可以选择行星齿轮机构。

复合式结构特点：

（1）地面附着性能好。

（2）具有两套或两套以上独立驱动系统。

（3）整车布置方便。

复合式结构的机械动力的混合是在车辆驱动轮处通过路面实现的，由于具有两套独立的驱动系统直接驱动车辆，在充分利用地面附着力方面具有优势，通过合理的控制，可大大改善车辆的动力性能。

复合结构车辆拥有一台发动机和两台电机。发动机和电机 1 安装于前桥上。电机 2 则安装于后桥上。这种方案适用于四轮驱动车辆。发动机和电机 1 通过行星齿轮组连接至车辆变速器。同样，在这种情况下，各动力源输出的动力并不全部传递给车轮。后桥上的电机 2 会在需要时起动。由于这样的设计，高压蓄电池通常安装在车辆前、后桥之间。

二、按混合度分类

混合度指电机功率占动力系统总功率的百分比（动力系统总功率为蓄电池给电机的功率和发动机的功率和），分为微混、轻混、中混、重混四种。

1. 微混

混合度小于等于 5% 的称为微混合动力，"微混"也称"停起（Stop-Start）式"，一般情况下电动机的峰值功率和发动机的额定功率比小于等于 5% 的为微混合动力，在交通拥堵的城市，可以实现节油率 5%~10%。微混合动力车型的电动机基本不具备驱动车辆的功能，一般是用作迅速起动发动机，实现 Stop/Start 功能，例如 Smart fortwo mhd 就属于这种类型，优点是：汽车结构改变很小、成本增加很少、易于实现；有可能成为乘用车的标准设置。主要缺点是：当停车需要空调时，不起作用。

2. 轻混

混合度在 5%~15% 的为轻度混合动力。在这种类型中，发动机依然是主要动力，电动机不能单独驱动汽车，只是在爬坡或加速时辅助驱动，平时主要使用发动机动力，电池电机在汽车加速爬坡时提供辅助动力，同时具有制动能量回收和"停起"功能；发动机排量可减少 10%~20%，节油率可达到 10%~15%；技术难度相对小，成本增加不多。别克君越

ECO-Hybrid 就属于这种轻混类型。

轻混合动力汽车的特性：车辆停止时，关闭发动机。起步和加速时电动机起辅助发动机作用。减速/制动时，发动机依据传统电控发动机系统控制而执行断油模式，并将获得的再生制动能量充入蓄电池。具有技术结构较简单、成本低、应用广泛的优势。

3. 中混

电动机的峰值功率和发动机的额定功率比在 15% ~ 40% 的为中度混合动力。

4. 重混

混合度在 40% 以上的为重混合动力。中混和重混这两类车型可由电动机或发动机单独驱动，丰田普锐斯就属此类。重混动力汽车的电动机和发动机可以分别独立或联合驱动车辆，低速起步、倒车和低速行驶时可以纯电动驱动，同时具有制动能量回收和"停起"功能；电动机的功率约为发动机功率 50%，节油率可达到 30% ~ 50%；技术难度较大，成本增加多。典型车型是丰田普锐斯（Prius）。

[完成任务] 混合度的定义是_____。
按混合度分类，微混的混合度为：_____；轻混的混合度为：_____；
中混的混合度为：_____；重混的混合度为：_____。

三、按是否能充电分类

按是否能充电，分为混合动力 HEV（Hybrid Electric Vehicle）和插电式混合动力 PHEV（Plug–in Hybrid Electric Vehicle）两种（见图 8–5）。

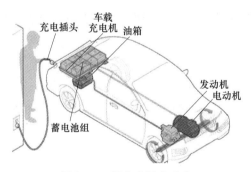

图 8–5　插电式混合动力

1. 混合动力系统

混合动力系统不能外接充电，蓄电池的电能在下降一定数值，比如 60% 时，由发动机工作带动高压发电机给蓄电池充电，这种充电大多数是在发动机处于高效率工况时。

2. 插电式混合动力系统

插电式混合动力系统是根据欧美驾车习惯而来，能外接充电更有利于节能减排。国外研究机构根据资料统计得出结论，法国城镇居民 80% 以上日均驾车里程少于 50 km，美国汽车驾驶者也有 60% 以上日均行驶里程少于 50 km，80% 以上日均行驶里程少于 90 km。因此，在车辆上安装一套巨大的电池组，使其电量足以撑过这一里程，就可以在大部分日常行驶中达到零排放。

插电式混合动力的特征是可由电能单独驱动,并配备一个大容量的可外部充电的蓄电池组,显著的特性是可通过停车场的 380 V 或家庭 220 V 电源进行充电,也可通过充电站的直流充电桩进行充电。插电式混合动力汽车电动机的功率接近发动机,可实现较长距离的纯电动行驶,电池容量依纯电动行驶里程来选定,电池成本增加很多,节油率在不计电能时最大可达到 100%。

比亚迪 F3DM 和雪佛兰 VOLT,以及长春一汽新能源汽车公司下线并投入市场的奔腾 B50 插电式混合动力轿车都属于这种类型。

[**完成任务**] 按是否能充电,分为混合动力 HEV (_____) 和插电式混合动力 PHEV (_____) 两种。

第三节 "微混型"混合动力汽车

一、传统汽车怠速停起

1. 怠速停起功能

STOP-STOP 为停车怠速停机功能。在交通拥堵的城市,停车怠速时间超过总行驶时间的 30% 以上,消耗能量较多,停车停机功能可节省汽油。操作上驾驶员不关点火开关,将变速器换为空挡,实现发动机真正怠速一定时间以上,若停车条件满足,发动机自动熄灭。当然,限制发动机停机也有很多条件,比如制动系统真空度不足、电池容量不足和空调打开等是不允许停机的。

STOP-START 为停机的再起动功能。操作上是驾驶员将变速器换行驶挡,实现发动机变为非怠速工况,发动机自动起动。

2. 传统汽车的停起操作

因停起功能操作方式与普通电喷控制汽油机有一定的差异。

停起模式开启:在驾驶室操作面板上有停起功能开关,当起动车辆后,按下该开关,功能开关上的指示灯 SS 常亮,表示停起模式开启。

停起系统出现故障:当 SS 闪烁时,表示停起系统出现故障。

停起模式关闭:若再次按下开关指示灯 SS 熄灭,表示停起模式关闭。

车辆行驶中,在组合仪表 SS 常亮情况下,用户只需将车速降至系统限定的安全车速,将挡位挂到空挡并完全松开加速踏板或离合器踏板,发动机便自动熄火。当发动机自动熄火后,用户若要起动发动机,只需轻踏加速踏板或离合器踏板,发动机将自动起动。

为保证用户使用安全,停起功能系统设置了相应保护措施,具体如下:发动机自动熄火后,若无法自动起动,请检查车门是否开启或未紧闭;发动机自动熄火后,若故意多次踩制动踏板会导致车辆制动真空度不足;为保证车辆行车安全,发动机将自动起动;车辆出现溜坡现象,车速超过 2.5 km/h,发动机自动起动;发动机自动起动后,用户不挂挡和不踩加速踏板或离合器踏板,10 s 内发动机自动熄火。

二、怠速停起和微混的区别

怠速停起目前有两种方式:强化起动机起动和强化的电动/发电机起动,但只有其中一种为微混型混合动力车型,如图8-6所示。

急速停起分类 { 采用12 V起动机起动(非微混):仅有起动功能

采用36 V或更高压电动/发电机起动(微混):具有起动、辅助加速和能量回收功能。电动机功率大,还可能进入轻混行列。

图8-6 急速停起分类

三、微混型混合动力典型形式

采用36 V或更高电压的ISG(Integrated Starter & Generator 集成起动/发电)电机,如图8-7所示皮带式怠速停起系统,也称BSG(Belt Starter & Generator 皮带传动起动/发电)电机,是一种采用皮带传动方式进行油电混合,具备怠速停机和起动的弱(微)混合动力技术,若此电动机有辅助加速功能就称为混合动力,若仅有起动和能量回收功能则不称为微混。

图8-7 皮带式怠速停起系统

第四节 "轻混型"混合动力汽车

一、轻混合度的形式

1. 皮带式起动/发电机

ISG是集成的具有起动机功能的发电机的缩写,将ISG电机放在传统汽车发电机的位置,通过ISG电机驱动皮带来驱动发动机曲轴帮助发动机实现停起或加速助力,也可利用此ISG电机在发动机小负荷时发电,无法实现纯电驱动。

上面的这种结构也通常被称为Belt Alternator Starter或Belt Starter Generator系统,即BAS或BSG混合动力系统。

2. 工作过程

(1)燃油供给阶段:指发动机正常工作,消耗燃油。

（2）加速电动机助力：当驾驶员踩下加速踏板比较深时，通过电机对车辆进行电动助力。

（3）智能充电阶段：指电机由发动机带动旋转，电池组尽可能地从发动机小负荷工作过程中通过发电增加发动机负荷而发电。

（4）减速断油阶段：指当车辆进入滑行阶段或停下来后，发动机被切断燃油供应，在某些滑行期间，为了保证扭矩的平顺性，电机也将转动。

（5）再生制动阶段：指当车辆减速时，发动机停止供油，变矩器锁止，车辆带动发动机转动，电机此时作为发电机进行发电，发电机相当于车辆的负载，对车辆有制动作用（类似于发动机制动），系统进入再生制动阶段。

二、君越 BAS 混合动力系统

1. 主要部件简介

如图 8-8 所示，君越 BAS 混合动力系统结构：起动/发电机总成（Motor/Generator Unit，MGU）、起动机/发电机控制模块（Starter/Generator Control Module，SGCM）、电池组控制模块（Battery Pack Control Module，BPCM，也叫能量存储控制模块 ESCM）、镍氢电池组（Ni-MH）、12 V 铅酸电池、为双向皮带张紧而配的两个张紧器。

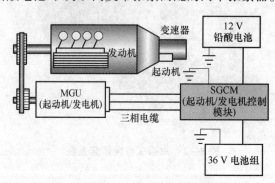

图 8-8　君越 BAS 混合动力系统结构

图 8-9、图 8-10 所示为君越 BAS 混合动力主要零部件。

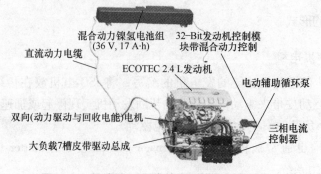

图 8-9　君越 BAS 混合动力系统主要零部件 1

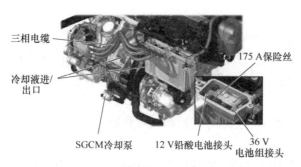

图 8 – 10　君越 BAS 混合动力系统主要零部件 2

君越混合动力车仍然有传统起动机,每次上车时的初次起动发动机的任务仍旧是依靠传统起动机电机来进行。三相电缆安装在起动机/发电机控制模块（SGCM）的顶部,是同轴屏蔽电缆,内部是中间过渡电压,电缆包括内部导线和外层接地屏蔽。

2. 双皮带张紧器

为了适应所产生的高扭矩,在驱动皮带上装有两个皮带张紧器,张紧器带有液压减振杆。张紧器的作用是双向的,可以在被动驱动和主动驱动两种情况下对驱动皮带起到张紧的作用。

3. 燃油喷射

在起动时的燃油电子喷射系统经调校较传统燃油电子喷射系统可节能约 15%,尾气排放更低。

4. 辅助冷却泵

起动机/发电机控制模块（SGCM）的冷却泵安装在自动变速器机体上,如图 8 – 11 所示,由 SGCM 进行驱动,保证发动机停机时 SGCM 仍然可以进行冷却,水管在 SGCM 上连接的管路上面是进水口,下面是出水口。辅助冷却泵主要功能在于将冷却水循环不断提供到 SGCM 进行散热,使得模块保持最佳冷却效能。

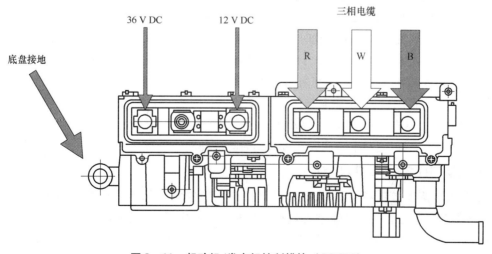

图 8 – 11　起动机/发电机控制模块（SGCM）

5. 镍氢电池组（Ni-MH）

30 个单体镍氢电池（Ni-MH）分成三组，每组电压为 12 V，共输出 36 V 电压。在电池组上有通风装置和一个电池组分离控制模块（Battery Disconnect Control Module，BDCM）用于控制 36 V 电池电压是否输出。电池组分离控制模块通过通用的局域网（GMLAN）通信。电压传感器监测 10 块一组 12 V 电池的电压变化，信号提供给电池组分离控制模块，三组电池上各有一个电压传感器，电池组分离控制模块分别监测每一块蓄电池的工作状态及电压变化情况。

电池组冷却风扇给电池组持续冷却，冷却风扇只能作为总成进行维修。电池组分离控制模块通过脉宽调制信号控制风扇的转速。

6. 12 V 铅酸电池

12 V 铅酸电池是直接由 MGU 来充电或由 36 V 电池组来为其充电。12 V 铅酸电池是由起动机/发电机控制模块（SGCM）来管理充电。

7. 自动变速器和辅助油泵

如图 8-12 所示，4 速变速器是特地为君越油电混合动力车开发的，搭配 ECO 智能发动机，能很好地适应混合动力系统的特性，做到智能停机。除此之外，它还具有限挡功能，以帮助车辆在爬坡、冰面等需要大扭矩输出的路况下，顺利起步，提高主动行驶安全性。

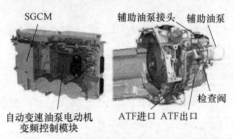

图 8-12　自动变速器采用电动辅助油泵

当挡位进入 M 挡时，仪表盘上就会出现"D、3、2、1"的最高挡位显示，用户可以根据路况选择不同的挡位范围。需要特别指出的是，一旦挡位离开 D 挡，车辆将无法实现智能停机，因此，建议在一般道路行驶时，使用 D 挡帮助车辆更加节油，更加环保。

为了保证前进离合器的压力，自动变速器辅助油泵驱动器电动机控制信号是 PWM 信号，控制模块安装在 SGCM 上，其内部有油泵驱动器。SGCM 与该模块进行通信，控制辅助油泵的工作。此自动变速器基本与传统车型相同，因为要满足混合动力系统的"AUTO STOP"自动停机模式的恢复运行，特增加一个辅助油泵，以确保内部元件在停机时仍与差速器/车轮保持接合，以便在下一次发动机起动后的行驶动作没有任何迟滞。

8. 自动停机模式 AUTO STOP

发动机转速表指针停留在 AUTO STOP 和 OFF 位置时，起动发动机的形式不同，例如 AUTO STOP 位置表示车辆已经进入自动停机模式并等待发动机重新起动的状态；OFF 位置表示发动机已经正常关闭，驾驶员需要通过点火钥匙重新起动发动机，如图 8-13 所示。

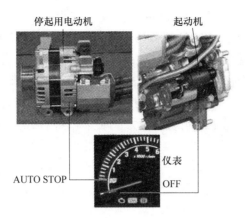

图 8-13 AUTO STOP 智能停起和 OFF 起动机起动

9. 制动系统

因为在制动踏板松开后到发动机重新起动之间有一个时间上的延迟,所以与传统车辆相比,混合动力车辆在发动机熄火后进行重新起动的过程中更容易产生溜车现象,SGCM 对坡路保持阀(Hill Hold Valve,HHV)进行 PWM 控制。在车辆从自动停止到发动机重新起动的过程中,SGCM 控制坡路保持阀打开,以缓慢降低制动压力的泄放,这样可以避免车辆起步前溜车的危险和车辆起步后制动拖滞的发生。在坡路保持阀总成内有两个电磁阀,主要控制 2 个驱动轮(前轮)压力。

10. 空调模式

空调有 3 个模式:OFF、ECO 和 Normal。

1)空调关闭(OFF)

空调关闭(OFF)时,允许智能停机。

2)经济模式(ECO)

在传统车辆上,车辆停止,发动机处于关闭状态,空调压缩机停止工作,车厢内的制冷功能逐渐减弱,乘员可能会感到不舒服,按下 ECO 键,即可进入 ECO 经济模式空调运行,允许智能停机。当车辆处于怠速停机时,空调压缩机停止运转,空调系统依靠系统内残留的制冷剂工作。

但当车外温度很高时,发动机会保持运转来带动空调压缩机以保证车内制冷舒适,即此时不会智能停机。当使用前风挡除霜/除雾功能时,空调将自动切换至 A/C 模式,此时,将不能智能停机。

3)标准模式(Normal)

在 A/C 正常制冷时,混合动力系统禁止进入自动停机模式,在 ECO 下 A/C 系统允许自动停机,根据 A/C 设置条件的不同,在自动停机模式 30~120 s 后自动起动。当发动机处在自动停机模式下,由于冷却液无法进行循环,车内的空调加热器无法进行热量交换,为了提供如同一般内燃机车型的空调热效能,在混合动力车辆上安装了一个电动的空调加热器水泵。该水泵在发动机进入自动停机模式时,根据需要由 SGCM 进行控制。

11. 智能停机

智能停机指发动机不供油,但电动机待命,踩下制动踏板至车辆停止,发动机自动停转。松开制动踏板瞬间，发动机自行起动并恢复至怠速状态。

发动机自动停止工作后，SGCM 将 36 V 电池组电源转换成 12 V 的电源，用来给 12 V 蓄电池充电及车内其他用电器和负载使用。如果蓄电池的充电能力太低，发动机将自动重新起动。空调加热器冷却液泵循环冷却液。SGCM 冷却泵工作，确保足够的冷却液流过 SGCM。自动变速器辅助油泵工作，保持工作压力，确保发动机和变速器的连接。坡路保持阀（HHV）关闭，保证制动管路中的制动液压力，减少车辆后溜的趋势。

智能停机（AUTO STOP）条件：君越仪表如图 8-14 所示，在 D 挡、空调在 OFF 或 ECO 模式下、电池电量（SOC）指示表高于 L、踩紧制动踏板、第一次 AUTO STOP 之前最高车速要大于 20 km/h。如果不满足智能停机条件，发动机将正常怠速。混合动力车在停车时会实现智能怠速停机。驾驶员行车时只需把脚离开制动踏板发动机即会平顺起动。如果智能怠速停机时间较长，达到了标定的最长停机时间（2 min），发动机也会起动。这是智能控制以保持动力电池电量，非驾驶员主动行为。这时驾驶员对发动机起动会比较敏感。

图 8-14 智能停机（AUTO STOP）仪表盘

1）自动停机模式 AUTO STOP 启用条件一
(1) 车辆速度超过 6.4 km/h（初始）。
(2) 环境温度高于 -15 ℃。
(3) 混合动力蓄电池温度在 10 ℃ ~ 50 ℃。
(4) 变速器储油槽温度在 25 ℃ ~ 110 ℃。
(5) 发动机冷却液温度在 60 ℃ ~ 121 ℃（环境温度低于约 12 ℃）。
(6) 发动机冷却液温度在 82 ℃ ~ 121 ℃（环境温度高于约 12 ℃）。
(7) 挡位在 D。

2）自动停机模式 AUTO STOP 启用条件二
(1) 空调压缩机系统未请求发动机起动。
(2) 足够的制动真空。
(3) SOC 状态大于自动停机要求（70%）。
(4) 蓄电池放电电源容量大于自动起动要求的最小值（6.2 kW）。
(5) 可接受的 12 V 蓄电池状态（电压、电流、温度）。
(6) 车轮滑移（防抱死制动系统或牵引力控制）未起动。
(7) 燃油箱蒸发系统（EVAP）没有运行轻微泄漏测试。
(8) 发动机舱盖关闭。

3）自动停机后重新起动

制动踏板松开后，车辆开始进入重新起动/加速模式，发动机重新起动。在 30 s 至

2 min 之内，起动机/发电机自动起动发动机，这要视电池组的充电状态和车辆附件的用电情况而决定。ECO 模式 A/C 工作状态下，系统会在自动停机模式起用后 30 s 至 2 min 内重新起动发动机。车辆在重新起动开始加速时，坡路保持阀打开。自动变速器辅助油泵由混合动力辅助油泵驱动器通过 PWM 进行控制。

君越 ECO-Hybrid 油电混合动力车的仪表盘上没有水温表，如果发动机过热，将和原君越一样，在仪表盘上显示发动机冷却液温度警告灯。

12. 减速模式

当加速踏板被释放后，燃油供应停止，车辆进入减速断油状态。在车辆滑行减速期间，变矩离合器会尽早地锁止，车辆从发动机推动（燃油消耗）到能量再生（制动发电）的过程中，扭矩的变化比较平稳。车辆进入再生制动状态。当车速接近零时，如果驾驶员想要快速起动发动机，混合动力电池组将作为电源带动起动机/发电机通过驱动皮带使发动机转动，燃油重新起用。

减速断油时的能量回收：当车速降低（未踩加速踏板，车辆靠惯性滑行时，或在车辆制动时），燃油供应自动切断，同时，部分能量回收。当车辆降低至一定车速或再次踩下加速踏板，发动机将自动起动，恢复至正常燃油状态。

13. ECO 指示灯点亮条件

当车辆的燃油经济性小于 EPA（美国环保署）规定的标准（百公里 4 L）后，ECO 指示灯会点亮。

在车辆进入自动停机模式后，因为发动机停止工作，没有了燃油的消耗，所以 ECO 指示灯亮起。车辆滑行进入再生制动模式时，该指示灯点亮。充电指示表上标有一个蓄电池的符号及 Hybrid 文字标志，表示混合动力 36 V 电池组的电压状态。当混合动力电池组处在充电的状态时（电压较高），指针偏向"H"方向；当电池组处在耗电状态时（电压较低，如加速助力时），指针偏向"L"方向。

如图 8-15 所示，当电池充电时，电池充电状态（SOC）指示表指针从 L→H 慢慢移动。起动机/发电机控制模块（SGCM）控制智能充电。匀速行驶或重踩加速踏板时，产生的多余能量被回收。车辆需要大功率输出时，电动机辅助驱动车辆。混合动力蓄电池会在能量回收和智能充电这两种情况下自动充电。一般的城市驾驶，只要有小段的行驶距离（约 100 m）就可以提供充电的机会来维持持续的智能停机。建议在路况好的情况下，尽量多使用自动巡航，匀速行驶将帮助车辆更加节油。

图 8-15 电池充电状态（SOC）指示表

14. 电控车速感应转向助力系统

电液助力根据需要来提供助力,既降低能耗又使得转向顺畅。停车或低速时需要的转向助力最大,这时电液助力可以快速提供较大的转向助力,随之也会产生相应于转向速率的正常声响。不要无谓地转动方向盘,否则会消耗蓄电池的电量,导致车辆智能停机的时间缩短。

电动液压助力转向系统(EHPS)有故障时,仪表故障灯点亮(见图8-16)。当高速行驶时,方向盘助力作用减小或者消失,路感增强,保障操控稳定。当速度降低,如转弯、倒车时,方向盘助力作用增大。优点是转向轻便灵活,提高主动行驶安全性,节省动力,降低2%~3%油耗,利于环保。

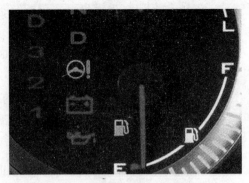

图8-16 电动助力转向系统EHPS故障指示灯

三、奔驰400轻混型混合动力系统

轻混型混合动力系统的车辆主要功能有怠速停起、再生制动、辅助驱动、发电四种功能。

混合动力控制单元(Hybrid Control Unit,HCU)会根据驾驶员请求(加速踏板踏下深度)、电池箱能量存储单元的状态(能允许放出的电池)、电驱动系统状态(停车、行车)以及整车车辆状态等控制ISG电动机的工作模式,自动实现以上四种功能。

奔驰400代表了轻混合动力的高端水平,其主要零部件如图8-17所示。由高压锂离子电池模块、电动机功率模块、电动机组成电动助力系统;DC/DC转换器为直流电压转换系统;转向系统采用了HEPS液压电动转向系统;功率控制器如电动机控制器和DC/DC转换器采用了双电动冷却循环泵的设计;制动系统采用了电动真空泵、真空助力器、ABS控制单元配合电动机实现再生制动;空调采用电控电动压缩机。

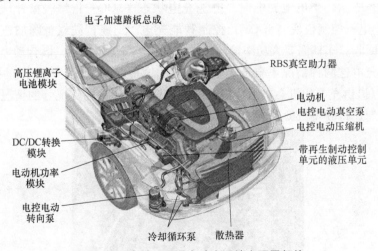

图8-17 奔驰400混合动力系统主要零部件

如图8-18所示,奔驰400的混合动力系统结构由六缸发动机、电动机、七速自动变速器、高压锂离子电池、功率控制模块、12 V交流发电机、DC/DC转换器组成。

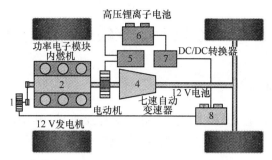

图 8-18 奔驰 400 的混合动力系统结构

如图 8-19、图 8-20 所示,发动机的曲轴位置/转速信号采用与发动机曲轴相连的电动机外转子作为信号轮,电动机的定子和转子采用内定子线圈和外转子永磁的方式,内定子线圈由定子支架支撑,外永磁转子和曲轴位置/转速信号轮相连,信号轮内毂上通孔连接在发动机的曲轴后端。

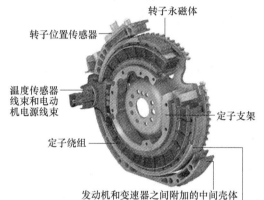

图 8-19 奔驰 400 混合动力汽车电动机结构组合图

图 8-20 奔驰 400 混合动力汽车电动机结构分解图

高档轿车中(如奔驰和宝马等)轻混型混合动力汽车仍采用原车液力自动变速器,为防止变速器内离合器油压过低,在液力自动变速器基础上增加了电动 ATF 油泵。

第五节 比亚迪 F3 双模式混合动力汽车

一、比亚迪 F3DM 简介

图 8-21 所示为比亚迪 F3DM 模式切换按钮。比亚迪 F3DM 中的 DM（Dual Mode）是双模式的意思，意味着该车有两种主要工作模式，即电动车模式（EV）和混合动力模式（HEV）。

图 8-21 比亚迪 F3DM 模式切换按钮

比亚迪 F3DM 的动力由一台与排量 1.0 L 的 F0 发动机型号相同的 371QA 全铝汽油发动机和主副两台稀土永磁同步电动机 M_1 和 M_2（额定功率 37 kW）组成，主电动机 M_2 峰值功率 50 kW、副电动机 M_1 峰值功率 25 kW，三者的功率总和达 125 kW。从数据上看，F3DM 的动力堪比传统 2.4 L 自然吸气发动机。F3DM 的最高时速为 150 km/h，纯电动模式的续驶里程达到 60 km，这样的距离已经足以满足日常城市生活的需要。

二、比亚迪 F3DM 工作过程

比亚迪 F3DM 的混合动力模式，有四种工作状态，如图 8-22、图 8-23 所示。

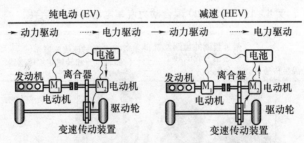

图 8-22 比亚迪 F3DM 纯电动工况和减速工况

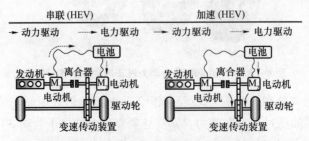

图 8-23 比亚迪 F3DM 串联工况和加速工况

1. 纯电动驱动方式

在中短途、中低速行驶的路况下，主要采用纯电动驱动方式，仅仅靠电池供电，电动机 M_2 提供动力。如果电量充足，也可以纯电动方式高速行驶一段时间。

2. 减速模式

带挡滑行或者刹车等减速工况下，电动机 M_2 不再消耗电能、提供动力，相反，电动机反转，回收一部分损失的动能，为电池充电。在温柔驾驶、反复停起的城市路况中，大约可以降低 1/8 的能量消耗。

3. 串联模式

在纯电动模式电池电量接近耗尽的情况下，为保护电池，放电到 20% 发电机自动起动。

发动机起动，带动 M_1 为电池充电。然后通过 IGBT 逆变器，为 M_2 电动机供电，驱动 F3 行驶。

如果跑长途，长期处于混合动力模式，M_1 在电池电量只剩 50% 的时候就将起动发电，充电到 70% 停止工作。

在电量充足，超高速行驶或者急加速的情况下，电动机 M_1、电动机 M_2 协同发动机工作，提供加速动力。

4. 加速模式

在节气门全开加速时，发动机、电动机 M_1 和电动机 M_2 三者同时发力，汽车加速能力达到最大。

F3DM 的动力蓄电池采用比亚迪生产的磷酸铁钴锂电池，电池单体标称电压为 3.3 V、容量 45 A·h，由 100 块电池串联而成的电池组标称电压 330 V，最大的蓄电量不到 15 度。在北方低温条件下，性能会大大下降，极端条件下，甚至接近 50%。此电池经过 2 000 个充放电周期后，有效容量会降到 80% 以下。

行驶里程：F3DM 标称的百公里耗电是 15 度，50 km 纯电动工况等速的巡航里程为 100 km。充满电和加满油后，综合行驶里程达到 580 km。炎热的夏季开启空调和寒冷的冬季热风加温座舱，对本车电能损耗很大。

比亚迪在充电站只需 10 min 即可充满 50% 电量，我国多地充电站基础设施建设尚未开展。家用充电桩需要有固定的专用车位或者车库，充电桩约 2 000 元，220 V 慢充，需要 9 h。

纯电动模式，只能支持城市短途使用，中长途时大部分时间工作在混合动力模式下。

第六节　雪佛兰 VOLT 串联式混合动力汽车

雪佛兰 VOLT 是通用汽车雪佛兰品牌的增程式电动汽车，它是目前世界最有影响力的串联式混合动力车型。在中国称为沃蓝达，技术先进。

增程式纯电驱动汽车（Extended-Range Electric Vehicle，E-REV），也就是串联式混合动力汽车，因其只有电动机驱动，有时也被称为纯电动汽车。

一、"串联混合动力"基本结构

串联式混合动力汽车的化学能、电能、机械能传递示意图如图 8 – 24 所示。

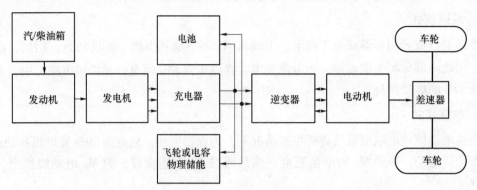

图 8 – 24　串联式混合动力化学能、电能、机械能传递示意图

二、VOLT 动力系统结构

美国通用公司的 VOLT 增程式电动汽车于 2010 年 7 月在北美上市，是世界首款量产增程式汽车，其结构示意图如图 8 – 25 所示。增程器由 1.4 L 汽油发动机和永磁直流发电机组成。在 VOLT 中，主驱动电机和发电机与行星齿轮机构集成设计，称之为 Voltec 系统。两台电机之间通过行星齿轮机构驱动车辆。与前述基本结构不同的是，VOLT 还包括两个离合器 C_1、C_2 和一个制动器 B。根据车辆不同的行驶模式，通过控制这些离合器和制动器使得发电机处于不同的工作状态。

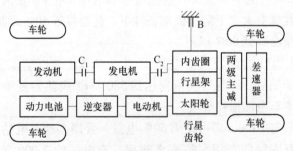

图 8 – 25　VOLT 结构示意图

三、工作模式

1. 模式 1（低速纯电力驱动）

在该模式下，齿圈被制动器 B 锁止，而离合器 C_1 与离合器 C_2 均处于脱开状态。故而发电机与发动机以及行星齿轮均无接触，两者都不工作。太阳轮通过行星齿轮减速后将动力传输给行星齿轮架和输出轴驱动车轮，因而车辆仅由主驱动电机驱动。

2. 模式 2（高速纯电力驱动）

随着车速提升，主驱动电机的转速也随之加快。考虑到保护主驱动电机 MG_2，为降低转速，就不适合再仅仅由单电机驱动。因此，这一模式被设计成离合器 C_1 分离，离合器 C_2 接合，发电机与齿圈连接，电机 MG_1 和电机 MG_2 合力驱动车辆。此时电机 MG_1 从动力电池中获取能量以输出动力。而双电机驱动，使得电机转速从 6 500 r/min 降低至 3 250 r/min。但是，内燃机没有参与到提供动力的进程中来。

3. 模式 3（低速增程）

当 VOLT 的电池组达到其设定的电量剩余临界点时，第三种模式将起动。离合器 C_1 和制动器 B 工作，此时内燃机就会直接去驱动电机 MG_1 进行发电，而由于齿圈固定不转，车辆仍然是由主驱动电机 MG_2 驱动。主驱动电机从电池以及由发动机带动发电机产生的电力组合中获取电能，从而驱动车辆。

4. 模式 4（高速增程）

与模式 2 一样，双电机驱动模式将再次启用。制动器 B 脱开，离合器 C_1、C_2 同时接合。车辆的驱动力来自电动机和发动机的动力耦合。

四、发动机

VOLT 的动力总成（见图 8-26），四气缸内燃机带动发电机可输出 53 kW 的充电功率，为蓄电池充电和行驶时提供能量。

图 8-26　VOLT 的动力总成

五、T 形电池箱

VOLT 的 T 形电池箱（见图 8-27）内部有超过 288 包电池（96 组），电压 386.6 V，总重大约 170 kg，可提供 16 kW·h 电量，不过电池实际可放能量约为 8.8 kW·h。VOLT 内含 16 kW·h 锂电池和车载充电机，控制器显示电池电量充到 SOC=85% 时认为电池饱和，随车会配置 120~240 V 住宅式的交流插头和电缆。这样设计是为了防止电池过充和过放，而在 SOC=85% 荷电状态认为电池已充满，在 SOC=30% 荷电状态认为电量放光。汽油发动机监测到电量低于 30% 这个水平时会自动起动发动机拖动发电机发电，将电量维持在 SOC=30% 以上，即不再允许电池放电，适时可以给电池充电或等待回家充电。

图 8-27 VOLT 的 T 形电池箱

VOLT 最终上市的电池包质量应该在 375 磅①，电池运行的最低温度在 0 ℃ ~ 10 ℃ 的范围内，当 VOLT 在寒带地区使用时，会考虑在插电充电前，先加热电池然后再进行充电和工作。因为，锂电池低温充电易损坏，也很难充入电能。

电力控制单元（ECU）依靠电池电量表（SOC）的存量来控制何时起动汽油引擎，加一次油发出的电能加充在蓄电池中的能量和可让这台电动机在纯电动状态下行驶 640 英里②。

通用将 VOLT 定位为增程式电动汽车 E - REV（见图 8 - 28），它由车载充电机、锂电池组、汽油机带动的发电机、电动机组成。

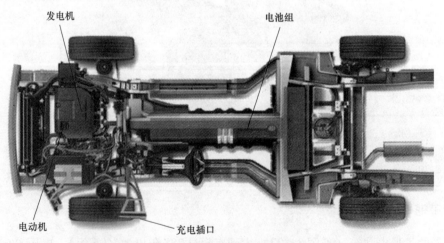

图 8-28 VOLT 增程式电动汽车

---

① 1 磅 = 0.453 592 37 千克。
② 1 英里 = 1 609.344 米。

第七节　丰田普锐斯混联式混合动力汽车

一、丰田普锐斯品牌简介

丰田普锐斯是史上第一款量产的混合动力汽车，1997 年量产上市，不过中国区域普锐斯是在 2001 年上市第一代，到 2004 年推出第二代，2009 年 4 月丰田第三代普锐斯上市。丰田普锐斯是史上第一款销售量超 100 万辆的混合动力汽车，自 1997 年量产上市以来，10 年时间在全球 40 多个国家的销售数量接近 120 万辆，其中美国、日本分别超过 70 万辆、30 万辆，美国市场的月销量都接近于 1.5 万辆，占美国同期混合动力汽车市场一半。普锐斯是丰田混合动力车的主力车型，为丰田集团贡献七成以上的混合动力车销量，而丰田系的凯美瑞、汉兰达、雷克萨斯 RX400h、LS600hl、GS450h 五个混合动力车型的总销量也不及普锐斯的一半。

二、丰田普锐斯部件

1. HV 蓄电池

第二代普锐斯的 HV 蓄电池有 168 个蓄电池（1.2V×6 单体×28 组），额定电压为 DC 201.6 V。通过这些内部改进，蓄电池具有结构紧凑、质量小的特点。蓄电池—蓄电池间为双点连接，这样的改进使蓄电池的内部电阻得以降低。变频器总成中配有增压转换器。它可以将 HV 蓄电池输出的额定电压 DC 201.6 V，增压到最大值 DC 500 V。MG_1、MG_2 桥电路和信号处理器/保护功能处理器已集成在 IPM（集成动力模块）中以提高车辆性能。集成在变频器总成中的空调变频器为空调系统中的电动变频压缩机提供电能。将变频器散热器和发动机散热器整合为一，更加合理地利用了空间资源。

2. 电机

通过提高 MG_1 转子的强度，使其最大可输出转速为 10 000 r/min，从而提高了充电能力。MG_2 转子内的永磁铁变为 V 形结构，使扭矩和输出功率增大。

对于 MG_2 控制，在 MG_2 的中速范围内引入了新研制的过调控制系统。

3. 控制系统

HV ECU 中的 CPU 由 16 位变为 32 位，提高了处理信号的速度。发动机 ECU 中的 CPU 由 16 位变为 32 位，提高了处理信号的速度。蓄电池 ECU 优化结构后，蓄电池 ECU 更加紧凑。蓄电池 ECU 中的 CPU 由 16 位变为 32 位，提高了处理信号的速度。制动防滑控制 ECU 中的 CPU 由 16 位变为 32 位，提高了处理信号的速度。通信上与 THS-Ⅱ 控制系统相连的主要 ECU（HV ECU、蓄电池 ECU、发动机 ECU 和制动防滑控制 ECU）间采用了 CAN（控制器局域网）通信网络来建立通信。

4. 发动机

第二代丰田普锐斯采用的是 1.5 L 小型发动机，集合了各式混合动力系统的优势，发动机和发电机可根据行驶状况共同驱动或分开单独使用；停驶时自动停止发动机，减少能量浪费；更有效地控制发动机和电动机，加速反应快。

三、电池箱

图 8-29 所示为电池箱内通风系统，当电池组工作时，肯定会产生热量，热量不及时散去必定会影响电池组的正常工作以及其使用寿命，所以 HV 具备了电池散热系统，包括以循环冷却水和散热片的形式辅助电池冷却，当 ECU 检测到电池组过热时就会启动冷却系统，维持电池组处于正常工作状态。

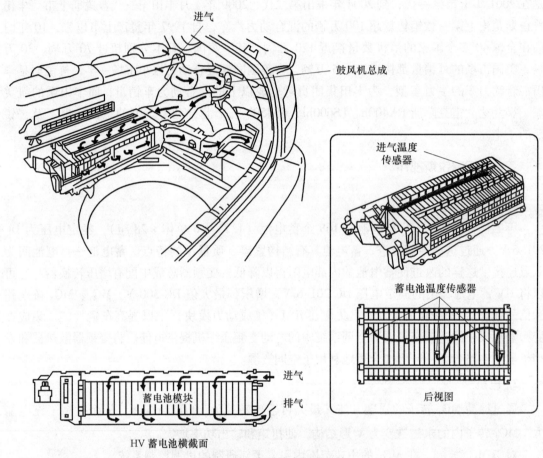

图 8-29 电池箱内通风系统

四、上、下电继电器

图 8-30 所示为高压系统主继电器（System Main Relay），SMR_2、SMR_1 为正极主继电器，SMR_3 为系统负极主继电器，三个继电器的线圈部分由 HV ECU 控制，图中继电器线圈省略，为防止大的电流冲击采用缓冲电阻，工作过程如下。

1. 电源打开

电源打开的特征是仪表的绿色"READY"灯亮。

电路连接时 SMR_1 和 SMR_3 工作；而后 SMR_2 工作而 SMR_1 关闭，如图 8-31 所示。由于这种方式可以控制流过电阻器的电流，因此电路中的触点受到保护，避免受到强电流造成的损害。

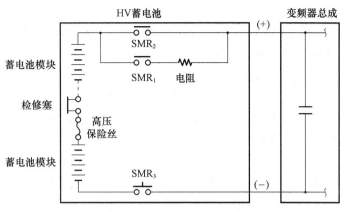

图 8-30 高压系统主继电器

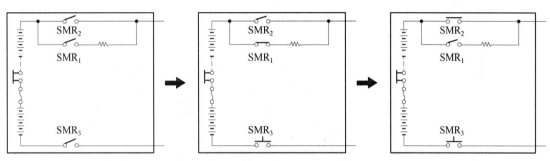

图 8-31 点火开关（一键起动开关）打开时 HV ECU 对三个继电器的控制

2. 电源关闭

电源关闭的特征是仪表的绿色"READY"灯灭。

电路断开时 SMR_2 和 SMR_3 分步相继断开，如图 8-32 所示。然后 HV ECU 确认各个继电器是否已经断开。这样 HV ECU 可通过确定流过 SMR_1 的电流判断 SMR_2 是否卡住。

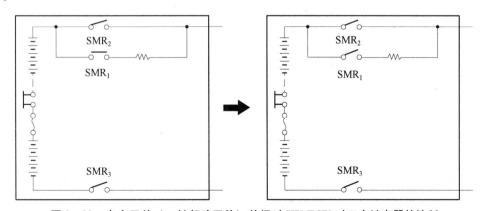

图 8-32 点火开关（一键起动开关）关闭时 HV ECU 对三个继电器的控制

注意: 对于电动汽车或混合动力汽车,系统主继电器(高压上电继电器)控制是根据充电电容的充电斜率或蓄电池的电压差进行控制的。另外,为防止分断继电器时出现爬电,采用高压灭弧技术(如惰性气体灭弧技术等)。

五、电力无级变速驱动桥结构

混合动力变速驱动桥由电机 MG_1、电机 MG_2 和行星齿轮组成。普锐斯混联混合动力系统结构如图 8-33 所示,混联式是串并联相结合的系统,这种混合动力系统是由点燃式发动机和两台采用永久磁铁的三相交流异步电动机组成。三相交流异步电动机也可以作为发电机运行(电动机发电机 MG_1 和 MG_2)。内燃机与两台电动机通过行星齿轮机构相互连接。MG_2 和驱动轮的差速器通过传动链条和齿轮连接在一起。通过行星齿轮组传输的发动机输出功率分为三部分,即太阳齿轮→MG_1、环齿轮→MG_2、行星齿轮架→发动机输出轴。

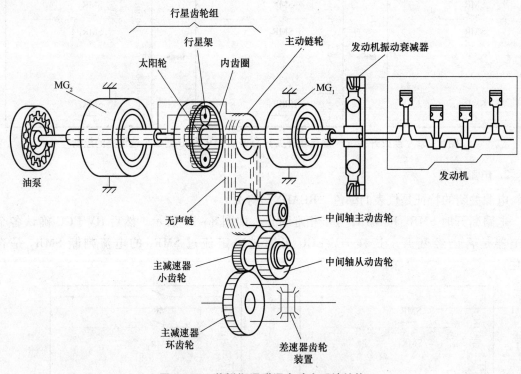

图 8-33 普锐斯混联混合动力系统结构

变速驱动桥主要包括变速驱动桥阻尼器(带扭转减振的飞轮)、MG_1、MG_2 和减速装置(包括链、中间轴主动齿轮、中间轴从动齿轮、主减速器小齿轮和主减速器环齿轮),行星齿轮组、MG_1、MG_2、变速驱动桥阻尼器和主动链轮都安装在同心轴上,动力从主动链轮传输到减速装置。

六、工作模式

动力系统工作切换过程如下。

1. MG_1 作电动机时的发动机起动和 MG_1 的发电工况

HV ECU 起动 MG_1 从而起动发动机。运行期间,为了防止环齿轮转动并驱动车轮,MG_2 处于电动状态以施加制动,这个功能叫作"反作用控制"或叫"起动控制",如图 8-34 所示起动控制行星齿轮速度。起动控制时,行星齿轮中太阳轮、内齿圈、行星架三者的速度关系如图 8-33 所示,三者的速度关系永远满足 $n_1 + \alpha n_2 = (1 + \alpha) n_3$,$\alpha = z_2/z_1$,$n_1$ 为太阳轮转速,n_2 为行星架转速,n_3 为内齿圈转速,z_2/z_1 为内齿圈齿数和太阳轮的齿数比,通常用 α 表示,是一个大于 1 的数。

注意: 图 8-34 中行星排的运动状态是从 MG_2 向 MG_1 方向看的运动状态。

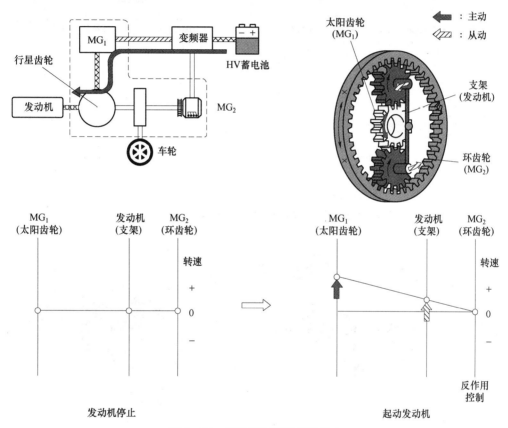

图 8-34 起动控制行星齿轮速度

图 8-35 所示为发动机拖动 MG_1 发电时的行星齿轮速度。在行驶中发动机转动带动太阳轮转动,此时 MG_1 作发电机为 HV 蓄电池充电。

2. MG_2 电动时的纯电工况起动

图 8-36 所示为纯电动工况起动时的行星齿轮速度。MG_2 驱动车辆起步后,车辆仅由 MG_2 驱动。这时发动机保持停止状态,MG_1 以反方向旋转而不发电。

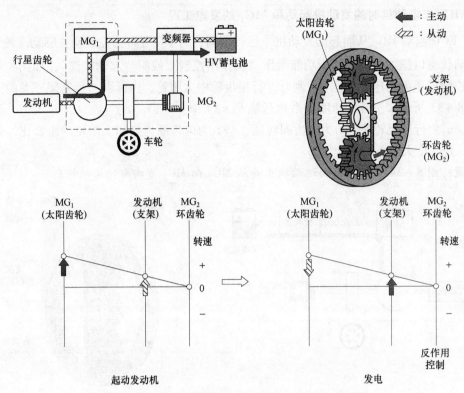

图 8-35 发动机拖动 MG_1 发电时的行星齿轮速度

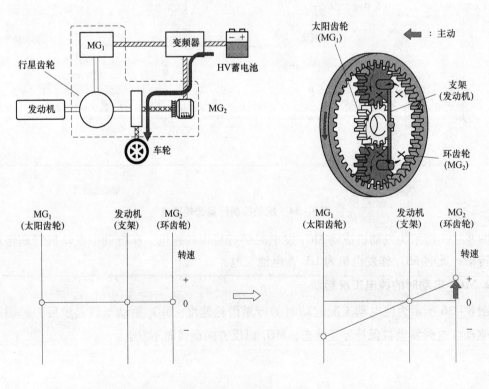

图 8-36 纯电动工况起动时的行星齿轮速度

3. 纯电动转混合动力时的发动机起动控制

图 8-37 所示为纯电动转混合动力时的发动机起动控制行星齿轮速度。纯电动工况只有 MG_2 工作时，如果增加所需驱动扭矩，MG_1 将被起动，此时 MG_1 和 MG_2 共同拖动发动机起动。在纯电动工况不需增加扭矩时，但 HV ECU 监视的项目（如 SOC 状态、蓄电池温度、水温和电载荷状态）与规定值有偏差，MG_1 也将被起动，进而起动发动机。

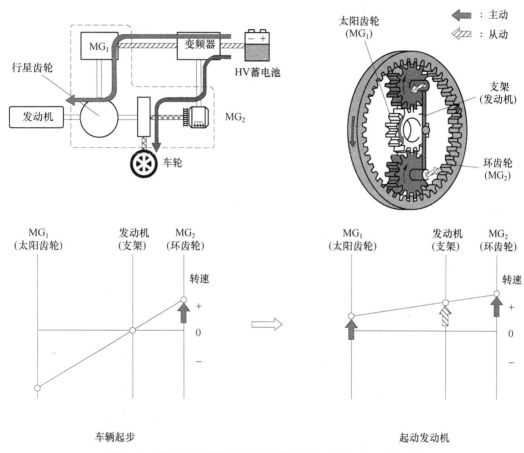

图 8-37 纯电动转混合动力时的发动机起动控制行星齿轮速度

4. MG_1 发电和微加速模式

图 8-38 所示为 MG_1 在小负荷作发电机用时的行星齿轮速度。小负荷时已经起动的发动机将使 MG_1 作为发电机为 HV 蓄电池充电，并向 MG_2 供电。但出现需要增加驱动扭矩时，发动机将起动作为发电机的 MG_1 并转变为电动机，这种工况也叫"发动机微加速"模式。

图 8-39 所示为 MG_1 在微加速模式下作电动机时的行星齿轮速度。发动机微加速时，发动机的动力由行星齿轮分配。其中一部分动力直接输出，剩余动力用于 MG_1 发电。通过变频器的电动传输，电力输送到 MG_2 用于作为 MG_2 的输出动力。

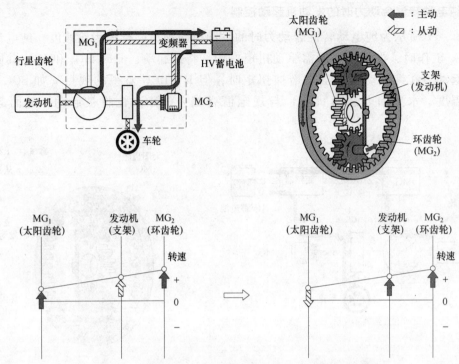

图8-38 MG₁在小负荷作发电机用时的行星齿轮速度

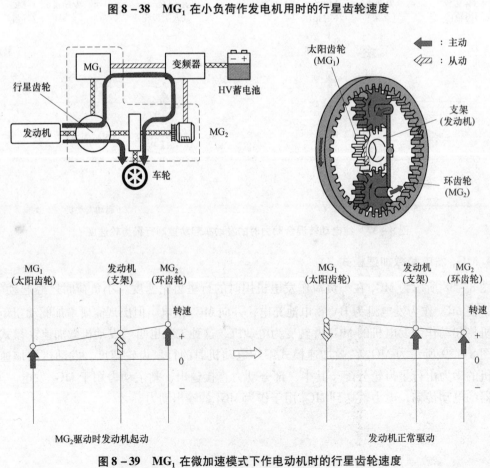

MG₂驱动时发动机起动　　　　　　发动机正常驱动

图8-39 MG₁在微加速模式下作电动机时的行星齿轮速度

5. 低载荷巡航时

图 8-40 所示为 MG_1 在低载荷巡航时的行星齿轮速度。车辆以低载荷巡航时，发动机的动力由行星齿轮分配。其中一部分动力直接输出，剩余动力用于 MG_1 发电。通过变频器的电动传输，电力输送到 MG_2 用于作为 MG_2 的输出动力。

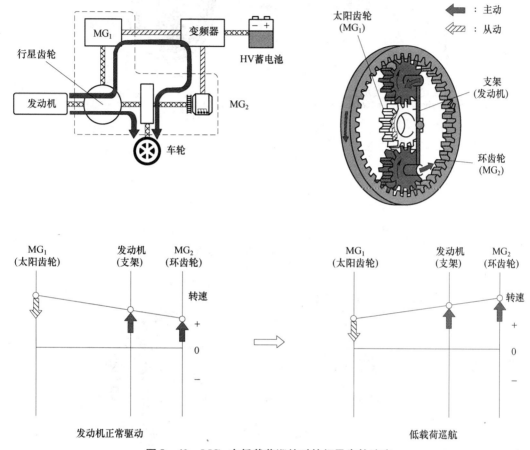

图 8-40　MG_1 在低载荷巡航时的行星齿轮速度

6. 节气门全开加速时

图 8-41 所示为加速工况时的行星齿轮速度。车辆从低载荷巡航转换为节气门全开加速模式时，系统将在保持 MG_2 动力的基础上，增加 HV 蓄电池的电动力，此时发动机、MG_1、MG_2 全部给汽车加力以产生加速扭矩。

7. 减速行驶时

图 8-42 所示为 D 挡减速时行星齿轮速度，其分为"D"挡减速和"B"挡减速行驶两种情况。车辆以 D 挡较低车速减速行驶时，发动机停止工作，动力为零。这时，车轮驱动 MG_2，使 MG_2 作为发电机运行并为 HV 蓄电池充电，太阳轮反转，MG_1 不进行发电控制，从而不发电。另外，当车辆从较高速度开始减速时，发动机以预定速度继续工作保护行星齿轮组防止行星齿轮转速过高烧毁行星轮轴承。

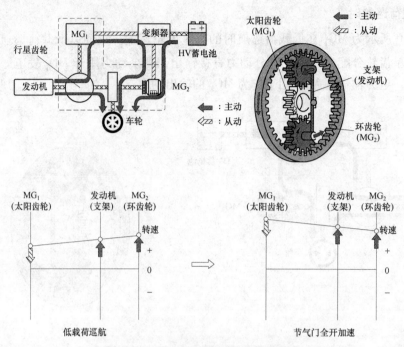

图 8-41 加速工况时的行星齿轮速度

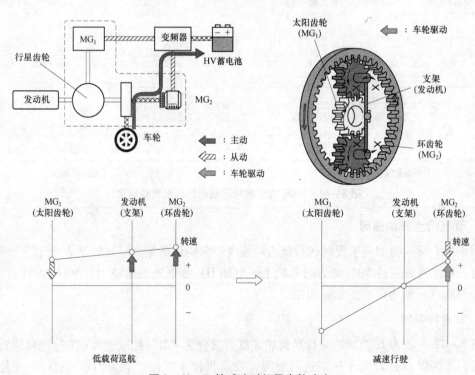

图 8-42 D 挡减速时行星齿轮速度

图 8-43 所示为 B 挡减速时行星齿轮速度。车辆以 B 挡减速行驶时，车轮能量一部分驱动 MG_2，使 MG_2 作为发电机工作并为 HV 蓄电池充电，为 MG_1 供电，这样 MG_1 处于电动机状态带动太阳齿轮正转，齿圈转动能量的另一部分经发动机转速并施加发动机制动。这

时，发动机燃油供给被切断。

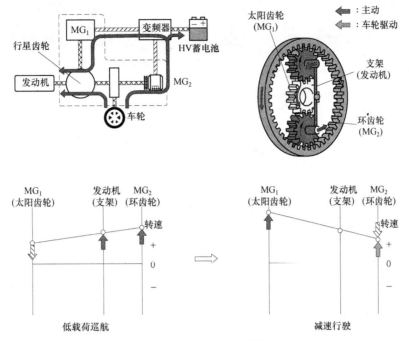

图 8-43　B 挡减速时行星齿轮速度

如果驾驶员踩下制动踏板，制动防滑控制 ECU 计算所需的再生制动力并发送信号到 HV ECU，HV ECU 接收到信号后在符合所需再生制动力的范围内增加再生制动力（详细内容参考摩擦制动和电动机回馈能量制动的混合制动控制）。这样就可以控制 MG_2 产生充足的电量。

8. 倒车工况

MG_2 驱动车辆倒车时，仅 MG_2 为车辆提供动力。这时 MG_2 反向旋转，发动机不工作，MG_1 正向旋转但并不发电。在 MG_2 驱动车辆倒车时需要起动发动机时，如果 HV ECU 监视到如 SOC 状态、蓄电池温度、水温和电载荷状态与规定值有偏差，MG_1 将被电动进而起动发动机。倒车时，发动机带动 MG_1 作为发电机工作为 HV 蓄电池充电。

七、THS-II 系统变频器电路

THS-II 系统变频器总成如图 8-44 所示，主要电路是由电力半导体功率器件绝缘栅双极型晶体管（IGBT）模块组成，变频器总成内的升压转换器、逆变/整流器担负着提供电机 MG_1、MG_2 的电能转换与调控任务，变频器总成有升压、逆变、整流三项功能。

1. 升压转换器

升压直流斩波电路由 HV 蓄电池、电抗器、绝缘栅双极型晶体管、二极管、电容器组成。升压时，HV ECU 导通和关断绝缘栅双极型晶体管的控制极（绝缘栅双极型晶体管起开关作用），使电抗器上的感应电动势与 HV 蓄电池 DC 201.6 V 电压叠加提供高压电源。

降压直流斩波电路由电机 MG_1、逆变/整流器、绝缘栅双极型晶体管 V_7、二极管 D_8、电抗器 L、电容器 C_1 组成。降压时，HV ECU 利用绝缘栅双极型晶体管 V_7 导通，把 DC 500 V 降压为平均值 DC 201.6 V 的直流电压，向 HV 蓄电池充电。

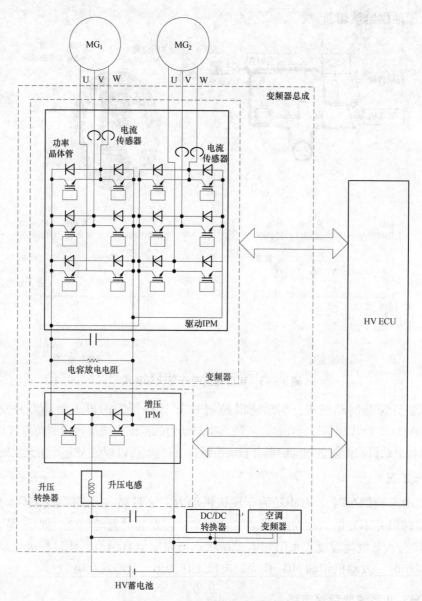

图 8-44 THS-Ⅱ系统变频器总成

2. 逆变/斩波器

以逆变电路（以供给 MG_2）电源为例，由 6 个绝缘栅双极型晶体管 IGBT、6 个续流二极管（与绝缘栅双极型晶体管并联的二极管）和电容器组成电压型三相桥式逆变电路。由 HV ECU 触发绝缘栅双极型晶体管控制极，使六个 IGBT 快速导通和关断，对 DC 500 V 直流电流换流成三相 AC 500 V 交流。如果改变六个 IGBT 的触发信号频率和时间，就能改变逆变器输入电机 MG_2 定子绕组电流空间相量的相位和幅值，以适应电机 MG_2 的驱动需要。反之，电机 MG_2 在车辆减速或制动时产生再生制动电能，经绝缘栅双极型晶体管下桥臂三个 IGBT 并联的二极管的斩波充电方式控制后经上桥臂输出稍高于 500 V 的直流电，经降压后，向 HV 蓄电池充电，这里不能理解为发电机的六管全控桥式整流电路。

（1）升压转换器：将 HV 蓄电池 DC 201.6 V 电压增压到 DC 500 V。反之，从 DC 500 V 降压到 DC 201.6 V。

（2）逆变整流器：将 DC 500 V 转换成 AC 500 V，给电机 MG_2 供电。反之将 AC 500 V 转换成 DC 500 V，经降压后，给 HV 蓄电池充电。

（3）直流转换器：将 HV 蓄电池 DC 201.6 V 降为 DC 12 V，为车身电器供电，同时为备用蓄电池充电。

（4）空调变频器：将 HV 蓄电池 DC 201.6 V 转换成 AC 201.6 V，为空调系统中电动变频压缩机供电。

八、THS-II 系统电动机驱动控制

1. 电动机结构

转子采用稀土永磁材料作为永磁铁，安装在转子铁芯内部（内埋式永磁转子）。转子内的永磁铁为"V"形，如图 8-45 所示。这样永磁体既有径向充磁，又有横向充磁，有效集中了磁通量，提高电动机的扭矩。从永磁转子的磁路特点分析，内埋式永磁转子结构，改变了电动机交、直轴磁路，可以改善电动机的调速特性，拓宽速度范围。新款普锐斯中，在优化结构后，MG_2 转子内的永磁铁变为 V 形结构，使扭矩和输出功率增大。这样在功率输出方面，已经比旧款普锐斯提高了 50%。

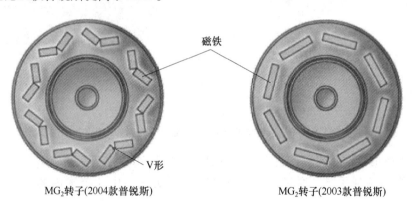

MG_2 转子(2004款普锐斯)　　　　　　MG_2 转子(2003款普锐斯)

图 8-45　永磁体的结构

2. 电动机控制

为了满足电动机静止起动和全转速范围内转矩波动的控制目的，需要利用解角传感器精确地测量 MG_1、MG_2 永磁转子磁极位置和速度。解角传感器是采用电磁感应原理制成的旋转型感应传感器，它由定子和转子组成。椭圆形转子与 MG_1、MG_2 的永磁转子相连接，同步转动。椭圆形转子外圆曲线代表着永磁转子磁极位置。交流伺服驱动系统中，应用的交流永磁驱动电动机有两大类：一类称为无刷直流同步电动机（BDCM），另一类称为三相永磁同步电动机（PMSM），THS-II 系统的电机（MG_1、MG_2）属于 BDCM 类型的驱动电机。BDCM 用装有永磁体转子代替了有刷直流电机的定子磁极。有刷直流电动机依靠机械换向器，将直流电流转换成近似梯形波的交流电流，而 BDCM 是将逆变器产生的方波交流电流直接输入电机定子绕组，省去了机械换向器和电刷。BDCM 定子绕组中通入三相方波交流电流，

定子绕组上会产生感应电动势，生成与永磁转子磁场在空间位置成正交的电枢反应磁场。在转子永磁铁磁场的作用下，电枢反应磁场以反作用电磁力驱动永磁转子同步旋转。

注意：MG_2 电机本身驱动汽车的能量来自于燃油，所以不能使汽车节油，MG_2 在混合动力加速和纯电状态时起电动机作用，当为减速或小负荷高车速时或蓄电池电能不足时，由 MG_2 向蓄电池供电。

永磁电动机结构和改进控制后效率提高如图 8-46 所示，直流换流后的三相交流电经过定子线圈的三相绕组时电机内产生旋转磁场。但只有通过转子旋转位置和转速识别后才能进行起动方向的相序控制和力矩控制。扭矩大小可通过调节每相中的电流进行控制，转速由交流电的频率控制。

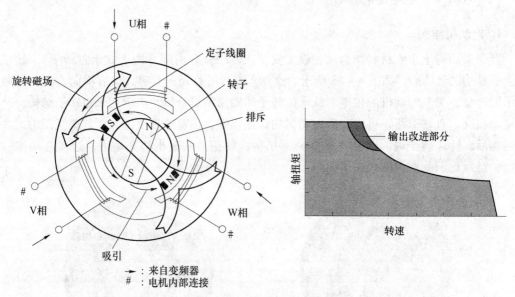

图 8-46 永磁电机的结构和改进控制后效率提高

例如在现有的低速和高速控制方法的基础上，对于 MG_2 控制，在 MG_2 的中速范围内引入了新研制的调控制系统。通过改进脉冲宽度调谐方法，中速范围内的输出功率提高了近 30%。

3. 电动机解角传感器

为进行电动机初始起动方向和运动过程控制，转速传感器和解角传感器原理如图 8-47 所示。传感器的定子包含 3 个线圈，输出线圈 B 和 C 相位交错 90°。由于转子是椭圆形的，定子和转子间的距离随转子的旋转发生变化。这样，交流电通过线圈 A 后，与传感器转子位置相对应的信号由线圈 B 和 C 产生。然后，从这些信号的差异中可检测到其绝对位置。此外，在一定时间内的位置变化量由 HV ECU 计算，使这个传感器起转速传感器的作用。这种结构极其紧凑、具有高稳定性的传感器可精确地检测到磁极位置，这对 MG_1 和 MG_2 的有效控制起到了非常重要的作用。

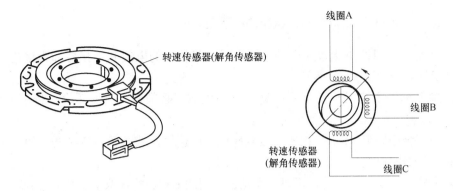

图 8-47 转速传感器和解角传感器原理

九、动力流、信号流、电力流

图 8-48 所示为混合动力普锐斯动力流、信号流、电力流示意图。图中画虚线部分是变频器控制逆变电路的功率电路。HV ECU 储存有电机 MG_1 和 MG_2 的电机效率 MAP 图，HV ECU 对功率模块 IGBT（或 IPM）进行控制，驱动控制电路该信号经过隔离电路后，直接驱动变频器三组逆变电路 IGBT 模块控制栅极，实现快速导通与关断和变频器对直流电流的换流。

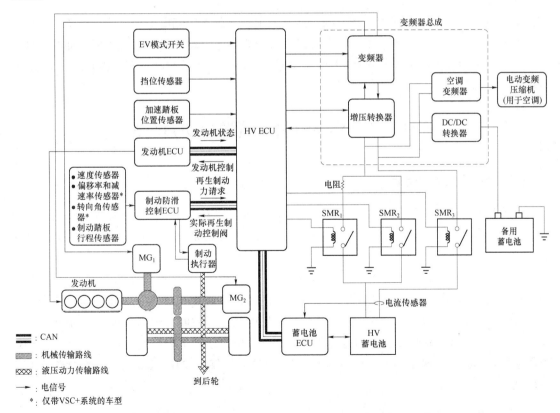

图 8-48 混合动力普锐斯动力流、信号流、电力流示意图

十、维修 THS-Ⅱ 电动机及驱动系统注意事项

（1）首先辨别 THS-Ⅱ 电动机驱动系统高压回路部分的电线和连接器都为橙色，并与其他线路及车身绝缘。

（2）检查 THS-Ⅱ 电动机驱动系统高压电路之前，必须戴上绝缘手套，拆下维修插销，放在技师口袋内。

（3）断开维修插销，5 min 内不要接触任何高压连接器或端子，变频器内的高压电容器需要 5 min 的放电时间。

（4）维修插销无法拆下时，可以将发动机舱内的 HV 保险丝取下，从而达到断开高压线路的目的。

（5）安装插销时，必须确认其分离杆锁止是否牢固，否则将会出现 THS-Ⅱ 系统故障代码。

十一、第三代普锐斯简介

第三代普锐斯依然沿用原双电机设计，电机结构做了一定的改变。同时引入 1.8 L 4 缸发动机，发动机仍采用了 VVT-i 技术，最大功率 73 kW。变速驱动桥的链传动改为齿轮传动。

第三代普锐斯科技性配置中最大的特点是采用了车顶太阳能电池板，这个系统的全称是太阳能通风系统。这个系统采用了一台可以用太阳能发电驱动的风扇来为车辆内部与外部换气，这个系统会在车内温度超过 20 ℃ 时自动起动。但这个系统只有在车辆停止时才会起动，不能替代空调系统。

第八节　一汽 B50 插电式混合动力汽车

一、B50 PHEV 品牌简介

奔腾 B50 PHEV 采用双电机全混合结构，具备混合动力所具有的发动机怠速停机、纯电动、发动机单独驱动、联合驱动、串联驱动、制动能量回收的功能，还具有插拔式可外接充电功能。

奔腾 B50 PHEV，将原型车采用的 1.6 L 发动机改成了 1.5 L 机型，配备输出功率为 40 kW 的永磁同步电动机，以及容量为 30 A·h 的锂离子充电电池。最高车速为 191 km/h，0~100 km/h 加速时间为 12.5 s。以 60 km/h 的速度匀速行驶时，纯电动模式续驶里程可达到 45 km，而以 40 km/h 的速度匀速行驶时，纯电动模式续驶里程可达到 60 km。根据介绍，利用家用电源时，充满电需要 3 h，利用快速充电器时，仅需要 0.3 h。公布的综合模式油耗为每百公里 6 L。

二、B50 PHEV 系统结构

一汽奔腾 B50 PHEV 系统结构与红旗混合动力汽车的结构基本相同，如图 8-49 所示，只不过 B50 PHEV 是采用发动机横置前驱的形式，而红旗混合动力汽车采用了纵置前驱的

结构。

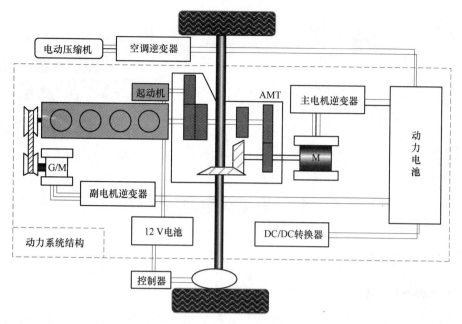

图 8-49 红旗 PHEV 系统结构（横置为 B50 PHEV）

三、B50 PHEV AMT 结构

一汽奔腾 B50 PHEV 系统采用了 AMT 形式的变速器，变速器的特点如下：

（1）离合器控制。控制采用了电控电动机，电控电动机再控制液压离合器的控制。在纯电动阶段时，离合器是分离状态。

（2）变速器控制。变速器的选挡和换挡采用了电控电动机控制。

第九章

氢燃料电池汽车

第一节 氢燃料电池汽车概述

一、燃料电池汽车的优点

1. 对比内燃机汽车

燃料电池汽车路试时可以达到40%～50%的效率,其能量转换效率比内燃机要高2～3倍(普通内燃机汽车只有10%～16%)。燃料电池可节省石油,减小世界对石油的依存度。

2. 对比混合动力汽车

燃料电池汽车对比混合动力汽车效率平均也低于35%,且燃料电池电动汽车仅排放热和水,是高效的清洁汽车。

3. 对比纯电动汽车

目前,燃料电池车的续驶时间为纯电动车5倍左右,一般设计里程为500 km。只有少量杂质可能造成极少量的二氧化碳和氮氧化物排放,制氢过程所用能量可以用太阳能或风能,成为真正绿色环保汽车。

目前,各种燃料的能量密度如下:一般锂聚合物约为600 W·h/kg(实用化),有机锂约为1 200 W·h/kg、汽油约为3 400 W·h/kg、氢氧燃料电池约为3 500 W·h/kg(实用化)、铝空气电池约为4 300 W·h/kg、锂空气电池约为5 400 W·h/kg、锂氟气电池约为6 300 W·h/kg(目前能量密度最高)。

2009年用电解法制备1 kg液氢需要50～60度电(包含压缩制冷耗电),民用电每度0.52元,那么按60度电计算,制备1 kg液氢需要31元。若采用氢气发动机,宝马汽车每百公里需要4 kg氢,百公里燃料费用高达125元,比目前汽油成本还高,是用户很难接受的。如果液氢先通过燃料电池转化为电,按60%的发电效率计算,1 kg氢能发电32度,0.5 kg就够跑百公里了,燃料费用15元,比目前的汽油便宜很多。

二、燃料电池汽车价格

目前,纯电动特斯拉售价为7万美元(国内大约在11万美元),续驶里程为426 km,充电时间相对较长。宝马I3售价为4.1万美元,续驶里程为160 km。比亚迪E6售价为6万美元,续驶里程超 300 km,充电时间也相对较长。

2015 年丰田生产的燃料电池汽车售价 5 万美元,汽车充气只需 3 min,续驶里程为 700 km。

三、典型燃料电池汽车结构

丰田燃料电池汽车 Mirai(未来)的主要部件名称如图 9-1 和图 9-2 所示。

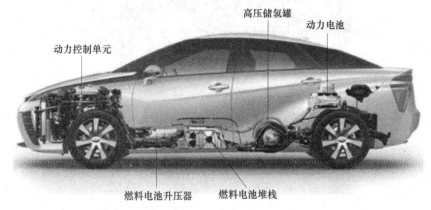

图 9-1 丰田燃料电池汽车 Mirai 主要部件名称 1

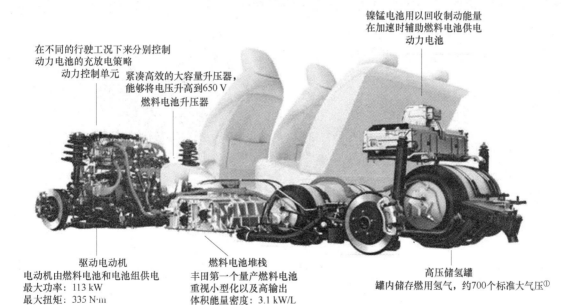

图 9-2 丰田燃料电池汽车 Mirai 主要部件名称 2

图 9-3 所示为丰田 Mirai 的燃料电池堆和升压 DC/DC 转换器。由于燃料电池的功率大,但电压并不高,为了实现驱动电动机要通过 DC/DC 转换器升压后给逆变器(动力控制单元)。在燃料电池内部的氢气循环泵起供氢气的作用。

---

① 1 标准大气压 = 101.325 千帕。

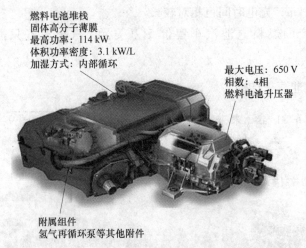

图 9-3 丰田 Mirai 的燃料电池堆和升压 DC/DC 转换器

奥迪 Q5 HFC 电池汽车结构如图 9-4 所示。奥迪 Q5 HFC 配备两个高压气瓶，以 700 巴[①]的压力存储着 3.2 kg 的氢气。汽车的低温氢燃料电池系统可提供 89 kW（120 马力）的动力输出。作为混合驱动系统的另一动力来源，锂离子电池的电量达到 1.3 kW·h。安装在车轮附近的两个电动机负责驱动，并提供 90 kW（122 马力）的最大功率以及高达 420 N·m 的峰值扭矩。奥迪 Q5 HFC 速度从 0~100 km/h 加速时间只要 13.4 s，最高车速 160 km/h。

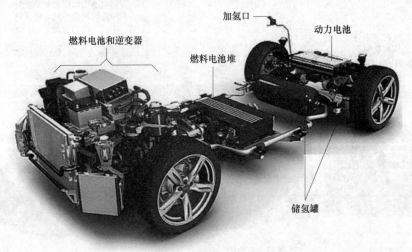

图 9-4 奥迪 Q5 HFC 电池汽车结构

四、燃料电池的简单发电原理

质子交换膜燃料电池工作原理如图 9-5 所示。将化学能转化成电能，但是它的工作方式与内燃机相似。它在工作（即连续稳定的输出电能）时，必须不断地向电池内部送入燃料与氧化剂（如氢气和氧气）；与此同时，它还要排出与生成量相等的反应产物，如氢氧燃

---

① 1 巴 = 10^5 帕。

料电池中所生成的水。目前,燃料电池的能量转化效率仅达到40%~60%,为保证电池工作温度的恒定,必须将废热排放出去。如果有可能,还要将该热能加以再利用,如高温燃料电池可与各种发电装置组成联合循环,以提高燃料的利用率。

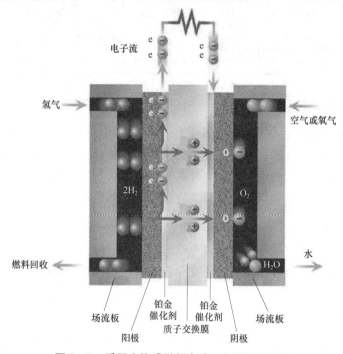

图9-5 质子交换膜燃料电池工作原理示意图

质子交换膜燃料电池的核心是一涂有铂金催化剂的弹性塑料膜。铂金催化剂把氢气转化为质子和电子,只有质子可以通过电解质膜,与膜另一侧的氧结合生成水,而电子在闭合的外电路中形成电流。

第二节 燃料电池分类和发展状况

一、燃料电池的分类

燃料电池依据其电解质的性质而分为不同的类型,每类燃料电池需要特殊的材料和燃料,且用于其特殊的应用。按电解质划分,燃料电池大致可分为五类:质子交换膜燃料电池(Proton Exchange Membrane Fuel Cell,PEMFC)、碱性燃料电池(Alkaline Fuel Cell,AFC)、磷酸燃料电池(Phosphoric Acid Fuel Cell,PAFC)、熔融碳酸盐燃料电池(Molten Carbonate Fuel Cell,MCFC)、固态氧化物燃料电池(Solid Oxide Fuel Cell,SOFC)。表9-1为五种类型燃料电池对比。

表9-1 五种类型燃料电池对比

类型	电解质	导电离子	工作温度/℃	燃料	氧化剂
碱性燃料电池	KOH	OH^-	80	纯氢	纯氧

续表

类型	电解质	导电离子	工作温度/℃	燃料	氧化剂
质子交换膜燃料电池	质子交换膜	H^+	80~100	氢气、重整氢	空气
磷酸燃料电池	H_3PO_4	H^+	150~200	重整气	空气
熔融碳酸盐燃料电池	Na_2CO_3	CO_3^{2-}	650	净化煤气、天然气、重整气	空气
固体氧化物燃料电池	$ZrO_2-Y_2O_3$	O^{2-}	800~1 000	净化煤气、天然气	空气

1. 质子交换膜燃料电池

质子交换膜燃料电池的关键材料与部件为：电催化剂、电极（阴极与阳极）、质子交换膜、双极板。工作时，氢在阳极被转变成氢离子的同时释放出电子，电子通过外电路回到电池阴极，与此同时，氢离子则通过电池内部高分子膜电解质到达阴极。在阴极，氧气转变为氧原子，氧原子得到从阳极传过来的电子变成氧离子，和氢离子结合生成水。

2. 碱性燃料电池

碱性燃料电池是技术发展最快的一种电池，主要为空间任务，包括航天飞机提供动力和饮用水。碱性燃料电池的设计基本与质子交换膜燃料电池相似，但其使用的电解质为水溶液或稳定的氢氧化钾基质。

3. 磷酸燃料电池

磷酸燃料电池是当前商业化发展最快的一种燃料电池。使用液体磷酸为电解质。磷酸燃料电池的工作温度为 150 ℃~200 ℃，但仍需电极上的铂催化剂来加速反应。由于其工作温度较高，所以其阴极上的反应速度要比质子交换膜燃料电池的阴极的速度快，且较高的工作温度也使其对杂质的耐受性较强。磷酸燃料电池的效率比其他燃料电池低，约为 40%，其加热的时间也比质子交换膜燃料电池长，优点是构造简单、稳定、电解质挥发度低等。磷酸燃料电池可用作公共汽车的动力。

4. 熔融碳酸盐燃料电池

熔融碳酸盐燃料电池与其他燃料电池差异较大，这种电池不是使用熔融锂钾碳酸盐就是使用锂钠碳酸盐作为电解质。当温度加热到 650 ℃时，这种盐就会溶化，产生碳酸根离子，从阴极流向阳极，与氢结合生成水、二氧化碳和电子。然后电子通过外部回路返回到阴极，在这过程中发电。

5. 固态氧化物燃料电池

固态氧化物燃料电池工作温度比熔融碳酸盐燃料电池的温度还要高，其工作温度位于 800 ℃~1 000 ℃。在这种燃料电池中，当氧离子从阴极移动到阳极氧化燃料气体（主要是氢和一氧化碳的混合物）便产生能量。阳极生成的电子通过外部电路移动返回到阴极上，减少进入的氧，从而完成循环发电。

二、质子交换膜电池特点

燃料电池种类繁多，其性质和温度范围随所用的电解质的性质而异，对于汽车用燃料电池，质子交换膜燃料电池最为适合，因为其具有以下特点：

1. 能量密度大

PEMFC 的能量密度大，比能量可达到 200 W·h/kg 左右。FCEV 要求采用氢气作为燃料电池的质量比功率不小于 150 W/kg，采用甲醇作为燃料电池的质量比功率不小于 100 W/kg。

2. 易于快速起动

PEMFC 一般在常温条件下运行，当温度在 80 ℃ 左右易于快速起动。减少了温度对燃料电池材料的影响，提高了电池性能，延长了电池的寿命。

3. 适合部分负荷特性

PEMFC 可以连续不断地工作，适合部分负荷特性的要求，这些优越的性能为 PEMFC 在 FCEV 上使用带来了很大便利。

4. 单体电池的电压高

PEMFC 单体电池的电压高，是电动汽车较理想的一种电源，有利于减轻电动车辆的整备质量和降低电动车辆使用费用。

燃料电池的燃料有氢气、甲醇和汽油三种。根据燃料电池的发电原理，氢气是最理想的燃料，原因是氢气可以直接参与电化学反应；氢气燃料电池的产物中只有洁净的水蒸气，对环境不会造成任何污染。

三、燃料电池汽车的问题解决

1. 经济的氢来源问题

获取纯氢、天然气等传统的化石燃料，可通过重整或改质技术转化而来。这样一来，氢作为二次能源，它的制取不仅要消耗大量的能量，而且并没有从根本上摆脱对化石能的依赖，也没有从根本上消除对环境的污染。自然界中，氢能大量存储在水中，虽然取之不尽，但直接使用热分解或是电解的办法从水中制氢，显然经济。因此多数科学家都将目光转向了利用太阳能，但是目前还存在许多技术障碍。目前，他们正在进行太阳能分解水制氢。例如，太阳能发电电解水制氢、阳光催化光解水制氢、太阳能生物制氢等方面的研究。只有到了能以再生性能源廉价地生产出氢燃料，氢燃料电池民用汽车的燃料问题才算得到了根本性解决。

2. 存储和运输问题

氢气储存技术（见图 9-6），通常氢能以三种状态存储和运输：高压气态、液态和氢化物形态。用压缩气体罐储存的氢，只能供燃料电池汽车行驶 150 km，这还不如目前最好的蓄电池驱动的汽车。由于氢气是最小的分子，很容易造成泄漏。哪怕是微量的泄漏，都有可能造成极其可怕的后果。而在 -253 ℃ 的条件下储存液氢的深度制冷技术对于大众市场来说，目前还很不成熟。

目前，高压氢气罐是主流，但液体燃料方面的有机氢化物及水合联氨、固体燃料方面的 Mg 类及 Al 类储氢合金以及将高压罐与储氢合金及液体氢气组合而成的"复合罐"等新方案已相继提出。

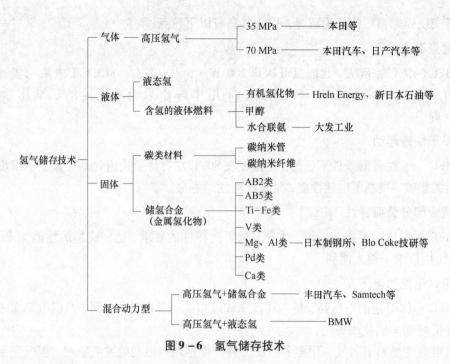

图9-6 氢气储存技术

储氢合金,此前大多采用稀土类元素及Ti(钛)、Cr(铬)等密度大、成本高的金属。AlH_3及MgH_2无论单位体积还是单位质量的氢元素密度均较高,但估计实际配备于车辆时的充填密度将降至50%左右。另外,估计联氨也将在加水后使用,相应地氢元素密度也将下降。液体氢气、高压罐及复合罐的相关数值均包含容器质量。

3. 安全问题

氢气是易燃气体,使用时要防止泄漏、爆炸等危险情况的发生。

4. 成本问题

由于膜的结构、工艺和生产批量等问题的存在,到目前为止,质子交换膜的成本是非常高的,约为600美元/m^2,其中膜的成本占20%~30%,因此,降低膜的成本迫在眉睫。据研究计划报道,其第三代质子交换膜BAM3G,价格为50美元/m^2。阻碍燃料电池推广应用的关键问题还有寿命短、体积大等,归根结底还是技术问题。

四、中国燃料电池汽车发展现状

从20世纪50年代开始,中国一直进行燃料电池相关技术的研究,但直到20世纪90年代,全球环境署支持在中国进行燃料电池公共汽车示范,中国才对其产生了浓厚兴趣。从那时起,中国在此方面有了很大进步。2001年,中国加大了在燃料电池车辆研究方面的投资,保证在五年内每年投资2 000万美元。2002年,中国科学院宣布大约用3年的时间,投资1 200万美元进行氢技术研究,其中包括质子交换膜燃料电池技术,并在2008年北京奥运会(绿色奥运)和2010年上海世界博览会使燃料电池汽车真正投入运营。

目前,在中国有60多个机构在从事燃料电池的研究。这些机构中的大多数为研究所,大多数研究的重点是PEM技术。中国起点较低,但已取得了显著的进步。1998年,清华大学在中国研制出了第一辆燃料电池汽车,该汽车是一辆高尔夫车,它靠一组5 kW的燃料电池提供动力,电池由北京富源世纪燃料电池能源公司提供。1999年该团队展示了电动轿车。这个团队取得的标志性进展是北京富源用于公共汽车发动机的140 kW燃料电池堆。

2001年北京绿能公司与清华大学和北京工业学院合作,研制出了以燃料电池为动力的出租车、客车和12个座位的公共汽车。清华大学也研制了以燃料电池为动力的公共汽车,现在他们与三星和丰田合作进行车辆的研制工作。2001年,泛亚汽车技术中心研制出一款功能型车,冠名为凤凰。它采用了别克的小型货车车身和通用的燃料电池技术。该车采用通用车型Hy-Wire,2002年在中国的一个技术论坛进行展示,通用宣布要增加它在中国的投资。

五、燃料电池汽车的研发进展

上海神力科技有限公司创建于1998年。在短短的时间里它示范了用40 kW燃料电池的小公共汽车、汽车、摩托车和电动自行车。现在正在研究在面包车上装用80 kW的质子交换膜燃料电池发动机。

上海汽车集团与同济大学合作,同济大学参与研制的燃料电池发动机,以桑塔纳2000为基础,在2003年研制出超越1号燃料电池轿车,后续研制出超越2号,如图9-7所示。

图9-7 超越2号

它能在14 s内加速到80 km/h,最高时速达110 km/h,可连续行驶210 km。在后备厢内,放置的是可充气的氢气瓶,燃料氢气从这里沿管道进入反应器,和空气中的氧气结合释放能量,提供汽车前进的动力。为防止氢气从瓶中逃逸,氢气瓶采用了铝板碳纤维的特殊材料,里面层层设防。为安全起见,在后备厢内还安装了监测器,一旦氢气浓度升高,它会及时报警。经测试该车在污染排放、CO_2排放、噪声和燃料经济性方面达到A级水平。

通用汽车氢燃料电池车Sequel(见图9-8)可连续行驶300英里,且能够在10 s内由静止状态加速到60英里/h。Sequel燃料电池系统内的氢能源可以被直接转换为电能。车辆加速时备用高压锂电池系统可向三只驱动电机提供额外动力;车辆制动时锂电池系统可以用来储存制动时回收的能量以提高车辆的连续行驶能力。其电气系统由三个子系统组成,其中高压系统为驱动装置提供动力,42 V系统为一般电气设备供电,12V系统为辅助设备提供电源。

通用Hy-wire氢动三号燃料电池车(见图9-9),由200块相互串联在一起的燃料电池块组成的电池组产生电力,通过68 L的氢气储存罐向燃料电池组提供氢气。电池组所产生的电能输入电动机后,通过功率为60 kW的(82马力)三相异步电动机驱动车辆行驶,并几乎不产生任何噪声,一次充气行驶里程分别可达400 km和270 km。

图 9-8 通用汽车氢燃料电池车 Sequel

图 9-9 通用 Hy-wire 氢动三号燃料电池车

六、国外燃料电池汽车的进展

早在 1994 年,戴姆勒公司就开发出燃料电池汽车"NECAR1",随后又推出它的姐妹车"NECAR2"。1997 年秋在法兰克福汽车展上,戴姆勒展出了"NECAR3"。与前两种相比,"NECAR3"在技术上有很大的进展。它由两个 25 kW 的燃料电池堆驱动,功率密度可达 1 000 W/L,是世界上第一辆使用甲醇重整制氢装置的燃料电池汽车。踩加速器踏板的 2 s 内,可得到 90% 的系统动力。以驱动动力而言,它与传统的汽油和柴油汽车相同。满箱甲醇(40 L)的行程约 250 英里(402.25 km)无尾气排放,不产生氮氧化物或烟灰颗粒,并且由于燃料电池堆效率高,CO_2 的排放量也远远低于柴油汽车。1999 年,戴姆勒-克莱斯勒汽车公司与福特汽车公司联手研制成功的以液氢为动力的"NECAR4"型燃料电池电动汽车已经结束了行驶试验,进入商业化生产的开发阶段。据悉,"NECAR4"可乘坐 5 人。2000 年,戴姆勒-克莱斯勒公司宣布,已经开发出以甲醇为燃料电池汽车"NECAR5"和"Jeep Commander 2"。NECAR5 是基于奔驰 ACLASS 车型改造而成的,而甲醇改质形式也是基于奔驰 ACLASS 车型,是"NECAR3"的后续产品。

丰田汽车公司利用自己独特的燃料电池技术，试制出两种类型的燃料电池样车：一种是使用特殊的合金材料储氢；另一种则是以甲醇为燃料，在车上完成从甲醇转化为氢气燃料的全过程。丰田的 RAV4 汽车使用了 25 kW 燃料电池堆与镍氢电池的混合装置。汽车的最高速度为 80 英里/h（128.72 km/h），50 L 甲醇燃料箱的行程为 310 英里（500 km）。大众汽车公司也示范了一种以"高尔夫"车型为基础的甲醇作燃料的混合型汽车。该汽车采用20 kW 的巴拉德燃料电池堆和约翰逊·马秦的"热点"甲醇重整装置。雷诺和标致、雪铁龙汽车公司还示范了以一定意大利公司生产的 PEMFC 堆为动力的汽车，它们分别以车载储存的液态和气态氢为燃料。

现在专家们一致认为，制约燃料电池汽车商业应用的最大因素是燃料电池的生产成本一直居高不下。由于燃料电池非常昂贵，与装备充电电池的汽车相比，燃料电池汽车的价格要高得多。据美国能源部测算，目前燃料电池的生产成本已降为 500 美元/kW。据专家估计，只有当燃料电池的生产成本降至 50 美元/kW 的水平才能为消费者所接受。也就是说，当一台 80 kW 的汽车用燃料电池的成本降到目前汽油发动机的 3 500 美元的价格时，才能创造巨大的市场效益。燃料电池成本高的主要原因是尚未形成批量生产。一旦进入大批量生产阶段，燃料电池的价格肯定会大大降低。巴拉德公司展示的 Mark 900 系列燃料电池，据说连同驱动电动机一起可以 60 美元/kW 的成本制造出来，这相当于一个 4 500 美元的 735 W 的动力系统。虽然比起同功率的活塞式发动机加工自动变速器的 2 000 ~ 3 000 美元还是偏高，但价格已经相当接近了。

第三节 质子交换膜燃料电池

一、车用燃料电池

燃料电池分许多种，有高温的，有低温的，有各种各样用处的，现在电动汽车上常用的是质子交换膜燃料电池，它的工作温度在 100℃ 以下，工作条件是必须用铂催化剂，另外就是仅 H^+ 能通过质子交换膜。

二、PEMFC 燃料电池结构

质子交换膜 IEM（Ion Exchange Membrane）是 PEMFC 的核心。质子交换膜有酚醛树脂磺酸型膜、聚苯乙烯磺酸型膜、聚三氟乙烯磺酸型膜、部分氟化质子交换膜、全氟磺酸质子交换膜和非氟化质子交换膜等。全氟磺酸质子交换膜兼有电解质、电极活性物质的基底和能够选择透过 H^+ 的功能，它只允许 H^+ 透过，但不允许其他离子和氢分子透过，而普通多孔性的电解质膜不具备这些功能。

正、负电极通常称为膜电极（Membrane Electrode Assembly MEA）。膜电极中包括正极、负极、质子交换膜和催化剂。正、负极是以多孔碳或石墨为载体，在电极内浸入氟磺酸并与质子交换膜压合，在负极和正极之间为催化剂和电解质层，它们共同组成单体电池，如图 9 - 10 所示。

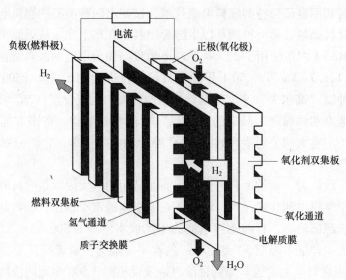

图 9-10 单体 PEMFC 的基本结构

在正、负膜电极的两侧装有双极性集流板,集流板的材料有石墨板、表面改性的金属集流板和碳－聚合物复合材料板等。在正膜电极集流板面向膜电极的一面,刻有用于输送氧气 O_2 的凹槽,通过凹槽将 O_2 扩散到整个正极中,在负膜电极集流板面向膜电极的一面,刻有用于输送氢气 H_2 的凹槽,通过凹槽将 H_2 扩散到整个负极中。负电极集流板中的氢 H_2 在催化剂的作用下转化为电子(e^-)和氢离子(H^+),氢离子通过质子交换膜到达正极,与正电极集流板中的氧 O_2 发生氧化作用后转化为水。在正、负膜电极集流板的背面刻有输送冷却水的凹槽,冷却水在凹槽中流动将热量导出。双极性集流板对燃料电池气体均匀分布程度、水和热量导出的效率、导电性能以及燃料电池的密封性等有重要作用。

三、单体燃料电池组工作原理

1. 产生氢气

PEMFC 的负极(燃料极)上产生的化学反应方程式:

$$H_2 \longrightarrow 2H^+ + 2e^-$$

PEMFC 的正极(氧化极)上产生的化学反应方程式:

$$\frac{1}{2}O_2 + 2H^+ + 2e^- \longrightarrow H_2O$$

PEMFC 总的化学反应:

$$H_2 + \frac{1}{2}O_2 \longrightarrow H_2O$$

2. 压力和湿度

PEMFC 中氢离子从负极以水合物作为载体向正极移动。因此,在 PEMFC 的正负极间,必须保持有 53 kPa 的压力的水气,并在工作过程中不断地补充水分,使得燃料气体流和氧化剂(空气等)气体流被湿润,保持一定的"保湿性"。在氢离子流过质子交换膜时,将水分附着在质子交换膜上,保持质子交换膜处于湿润状态来防止电极处质子交换膜脱水,质子交换膜脱水时会使得燃料电池的内电阻大幅度上升。

3. 一氧化碳

PEMFC 需要用铂等贵金属作为催化剂，在催化剂的催化作用下，才能促成氢离子从负极向正极移动，并与 O_2 发生化学反应生成电能和水。如果燃料气体中含有 CO，CO 会优先附着在铂的表面，阻碍了氢离子与铂表面相接触，使铂出现中毒现象，降低了 PEMFC 的性能，甚至使得 PEMFC 失效。CO 的吸附作用与燃料电池的温度成反比，温度越低，CO 的吸附作用越强。因此，在燃料气体中必须严格控制 CO 的含量，用增加燃料气体中 H_2 的方法，使 CO 的值控制在允许的范围以内。

甲醇经过改质后所获得的干氢气中含有 0.5%～1.0% 的 CO，对燃料电池带来不利的影响。因此，在甲醇改质装置的系统中，必须设置 H_2 的净化处理装置，通过净化器使 H_2 中 50% 以上的 CO 被氧化成 CO_2，并控制 H_2 中的 CO 的含量不超过 10×10^{-6}，才能将改质后产生的 H_2 输送到 PEMFC 的氢电极中去。

催化剂的关键技术在于减少催化剂中 Pt 的用量。丰田汽车公司在 PEMFC 中使用 Pt、Ru 催化剂，Pt 的载量为 0.25 mg/cm^2，CO 允许值约 100×10^{-6}，并且可以使成本更低。开发不含 Pt 的催化材料和耐 CO 的新型催化剂的材料，对提高 PEMFC 的寿命和降低 PEMFC 的成本有重要意义。

四、燃料电池组（堆）结构

单体 PEMFC 的电压一般在 1 V 左右，需要用多个单体 PEMFC 串联成实用的 PEMFC 电池组（堆），才能获得燃料电池汽车驱动电动机所需要的工作电压。用端板将不同个数单体 PEMFC 紧密地装配到一起组成不同规格（电压和容量）的 PEMFC 组（见图 9-11）。在模压成整体的 PEMFC 组中，各个单体电池之间的密封性要求很高，密封性不良的 PEMFC 会因为氢气泄漏而降低氢气的利用率，使 PEMFC 的效率降低。

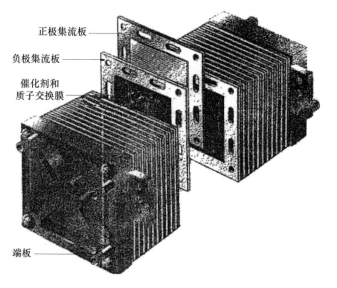

图 9-11　燃料电池组（堆）结构

五、极化损失

当 PEMFC 的电流输出时,受到极化的影响,在正极上的电位损失称为正极极化损失,在负极上的电位损失称为负极极化损失。它们共同表现为 PEMFC 发动机的电压随着电流的增加逐渐下降的特性。极化影响包括以下几种:

(1) 活化极化损失。受到 PEMFC 在电化学反应过程中化学反应速度限制所引起的电位损失。

(2) 欧姆极化损失。受到 PEMFC 中的质子交换膜的电阻所引起的电位损失。

(3) 浓差极化损失。受到参加 PEMFC 中的反应剂的性质所引起的电位损失。

六、PEMFC 的性能影响因素

(1) 影响 PEMFC 性能的内在因素主要有:

①燃料电池的结构形式和尺寸。

②质子交换膜的材质和工艺。

③质子交换膜的电导率。

④质子交换膜厚度。

⑤采用的氧气的纯度。

⑥燃料气体中所含的其他气体等。

(2) 影响 PEMFC 特性的外在因素主要有:

①气体的含水率。

②燃料电池的工作温度。

③氢气和氧化剂的压力。

④燃料电池的密封性等。

使用的氧化剂有:纯氧、不同纯度的氧化剂和一般的空气(含氧气 21% 左右),使得 PEMFC 所产生的电压、电流和功率也随着变化。在 PEMFC 使用的氢燃料气体中难免会混合大气中的一些其他气体,最常见的有:氮气(N_2)、二氧化碳(CO_2)和一氧化碳(CO)等,很明显有些其他气体混杂在氢燃料气体中不仅影响 PEMFC 的性能,有的气体还对 PEMFC 的性能造成损害并使电压大大降低。

使用的氢气有:液态超低温的高压氢气、不同压力的气态压缩氢气、储氢合金吸附的氢气、用甲醇及汽油经过改质所产生的氢气等,因此氢气的压力各不相同。不同压力的氢气在进入 PEMFC 之前,有的需要用减压阀,将氢气的压力降低到 PEMFC 的工作压力。氧化剂或空气则是采用空气压缩机来增压,随着 PEMFC 所采用的氢气压力不同,氧化剂或空气压力也有所不同,氢气和氧化剂的压力变化,使得 PEMFC 所产生的电流、电压和功率也随着变化。

在 PEMFC 中,要求质子交换膜对氢离子有良好的透过性,但又不允许其他物质和 H_2 透过,这是质子交换膜的主要特性。质子交换膜的厚度为对膜的电阻和对氢离子透过性有重要的影响。质子交换膜的厚度为 $50 \sim 180\ \mu m$,质子交换膜的厚度选用与质子交换膜的材质、抗拉强度及工作环境有关。薄的质子交换膜可以降低电阻和提高电导率(质子交换膜的电化学性能主要是质子交换膜的导电性能,质子交换膜的电导率用"$(\Omega \cdot cm)^{-1}$"来表示),加快燃料电池的反应速度,但质子交换膜太薄会因为强度不足而破损,影响了燃料电池的正常工作。

在工作时质子交换膜必须保持湿润,用含水率来表示质子交换膜的含水量。含水率对膜的质子扩散、质子传递、质子渗透和膜电阻有重要的影响,不同材质的质子交换膜要求有不同的含水率。在一定的含水率条件下工作时 PEMFC 处于最佳状态,含水率过低或过高,会使质子交换膜燃料电池的效率降低。为保证 PEMFC 的正常工作,参加反应的氢气和氧气必须按质子交换膜含水率的需要,对气体进行加湿。加湿的方法有外部加湿和内部加湿,一般主要采用内部加湿。

水中含有离子,则有可能产生漏电现象,使燃料电池的效率降低,因此,对水要进行脱离子处理。但是,脱离子水对铝制散热器的构件有腐蚀作用,而且在 0 ℃时会结冰,因此,脱离子水需要采用独立的封闭循环系统。脱离子水采用热交换器与外界冷却水系统进行热交换,因而需要加大散热器的散热面积,同时保持 2 ℃ ~ 3 ℃的余热,以防止冷却水结冰。因此,冷却所消耗的功率要比内燃机冷却所消耗的功率更大一些。

PEMFC 在反应过程中要保持一定的温度,要求控制 PEMFC 反应后生成的水不会因温度过高而变成蒸气。在常压条件下,PEMFC 的温度控制在 70 ℃ ~ 80 ℃;在压力为 3 MPa 左右时,PEMFC 的温度控制在 70 ℃ ~ 90 ℃;在压力为 0.4 ~ 0.5 MPa 时,PEMFC 的温度控制在不超过 102 ℃。PEMFC 的温度低于限定温度时,会导致极化增大,使 PEMFC 性能恶化。PEMFC 的温度高于限定温度时,则会影响质子交换膜的热稳定性,也会使 PEMFC 的性能恶化。

PEMFC 在限定的温度范围内温度增高时,参加反应的气体分子运动加快,分子向催化层扩散,质子从阴极向阳极的运动速度也加快,因此,在相同的电流密度下,PEMFC 工作电压会升高,功率会增大,效率也有所提高。但反应时的温度增高有一定限度,需要采取热管理系统和冷却系统来控制反应的温度,控制 PEMFC 反应过程能够正常进行。

燃料电池在反应过程中有氢气、氧气、其他混杂气体和水等,它们必须严格地分离,因此,在膜电极、集流板之间要有严密的密封,通常采用膜电极、集流板和交换膜整体压合的工艺。在燃料电池系统中的各种管道、阀件、仪表和控制器的连接处也必须保证严密的密封。氢气的泄漏不仅降低了燃料电池的效率,而且会引发氢气燃烧的事故。

PEMFC 组是用不同个数的单体 PEMFC 串联组成,用端板将不同个数单体 PEMFC 紧密地装配到一起,组成不同规格的 PEMFC 组。PEMFC 组本身的结构比较简单,没有运动构件,不需要润滑,便于维修。在燃料电池汽车所采用的燃料电池发动机中,为保证 PEMFC 组的正常工作,除以 PEMFC 组为核心外,还装有氢气供给系统、氧气供给系统、气体加湿系统、反应生成物的处理系统、冷却系统和电能转换系统等。只有这些辅助系统匹配恰当和正常运转,才能保证燃料电池发动机正常运转。

由于燃料电池工作时要连续不断地向电池内送入燃料电池使用的燃料和氧化剂,因此燃料电池使用的燃料和氧化剂均为流体(即气体和液体)。最常用的燃料为纯氢、各种富含氢的气体(如重整气)和某些液体(如甲醇水溶液)。常用的氧化剂为纯氧、净化空气等气体和某些液体(如过氧化氢和硝酸的水溶液等)。

由于燃料电池通常以气体为燃料和氧化剂,而气体在电解质溶液中的溶解度很低,为了提高燃料电池的实际工作电流密度,减少极化,一方面应增加电极的真实表面积,另一方面应尽可能地减少液相传质的边界层厚度。

多孔气体扩散电极就是为了适应这种要求而研制出来的。正是它的出现,才使燃料电池从原理研究发展到实用阶段。由于多孔气体扩散电极采用担载型高分散的电催化剂,不但比表面积比平板电极提高了 3~5 个数量级,而且液相传质层的厚度也从平板电极的 0.1 mm 压缩到 0.001~0.01 mm,从而大大提高了电极的内部保持反应区的稳定,是一个十分重要的问题。

第四节 典型燃料电池汽车系统结构

一、燃料电池发动机

单独的燃料电池堆是不能发电并用于汽车的,它必须和燃料供给与循环系统、氧化剂供给系统、水/热管理系统和一个能使上述各系统协调工作的控制系统组成燃料电池发电系统,简称燃料电池系统。

燃料电池发动机的运作一般采用计算机进行控制,根据燃料电池汽车的运行工况,通过 CAN 总线系统进行信息传递和反馈,并经过计算机的处理,以保证燃料电池正常运行。

在 PEMFC 发电系统中燃料电池控制器根据外需的电功率控制燃料电池组的燃料调节、电池的温度调节(冷却)、湿度调节从而控制发电功率,燃料电池发电后经单向 DC/DC 输出。

FCEV 的电力系统和驱动系统。FCEV 是以燃料电池为主要电源和以电动机驱动为唯一的驱动模式的电动车辆,目前,因受到燃料电池起动较慢和燃料电池不能用充电来储存电能的限制,在 FCEV 上还需要增加辅助电源来加速 FCEV 的起动所需要的电能和储存车辆制动反馈的能量。FCEV 上的关键装备为 DC/DC 转换器、驱动电动机、传动系统及蓄电池等。

1. 以氢气为燃料的燃料电池发动机系统

以氢气为燃料的燃料电池发动机系统包括:氢气供应、管理和回收系统,氧气供应和管理系统,水循环系统,电力管理系统。

2. 以甲醇为燃料的燃料电池发动机系统

在以甲醇为燃料的燃料电池发动机系统中,用甲醇供应系统代替了上述的氢气供应系统,包括甲醇储存装置、甲醇供应系统的泵、管道、阀门、加热器及控制装置等。

1)甲醇储存装置

甲醇可以用普通容器储存,不需要加压或冷藏,可以部分利用内燃机汽车的供应系统,有利于降低 FCEV 的使用费用。

2)燃烧器、加热器和蒸发器

甲醇进入改质器之前,要用加热器加热甲醇和纯水的混合物,使甲醇和纯水的混合物一起受高温(621℃)热量的作用,蒸发成甲醇和纯水的混合气,然后进入改质器。

3)改质器

改质器是将甲醇用改质技术转化为氢气的关键设备。不同的碳氢化合物采用不同的改质技术,在改质过程中的温度、压力会有所不同,例如:甲醇用水蒸气改质法的温度为 621℃,用部分氧化改质法的温度为 985℃,用废气改质法的第一阶段温度为 985℃,第二阶段温度为 250℃。FCEV 用甲醇经过改质产生的氢气做燃料时,就需要对各种改质方法进行分析,选择最佳改质技术和最适合 FCEV 配套的改质器。

4) 氢气净化器

改质器所产生的 H_2 因为含有少量的 CO, 因此必须对 H_2 进行净化处理。净化器中用催化剂来控制，使 H_2 中所含的 CO 被氧化成 CO_2 后排出，最终进入 PEMFC 的 H_2 中的 CO 的含量不超过规定的 1.0×10^{-6}。甲醇经过改质后所获得的氢气作为燃料时，燃料电池的效率为 40%~42%。

以甲醇为燃料的燃料电池系统中的氧气供应和管理系统，反应生成的水和热量的处理系统和电力管理系统与以氢为燃料的燃料电池系统基本相同。

二、燃料电池汽车电源复合结构

1. 纯燃料电池（PFC）

PFC 只有燃料电池一个能量源。这种结构中燃料电池的额定功率大，成本高，对冷起动时间、耐起动循环次数、负荷变化的响应等提出了很高的要求。

2. 燃料电池+辅助电池联合驱动（FC+B）

FC+B 有燃料电池和辅助动力装置（蓄电池或超级电容）两个动力源。通常燃料电池系统输出车辆常规速度行驶时所需的平均功率，而辅助动力装置用来提供峰值功率以补充车辆在加速或爬坡时燃料电池输出功率能力的不足。这样动力系统的动力性增强，运行状态比较稳定，因而它的总体运行效率得到提高。

3. 燃料电池+超级电容联合驱动（FC+C）

FCEV 上多采用燃料电池+超级电容的混合电源。超级电容具有大电流的充电和放电特性，恰好弥补了燃料电池的不足，又可以回收制动反馈的能量。

4. 燃料电池+辅助电池+超级电容联合驱动（FC+B+C）

在早期的 FCEV 上多采用燃料电池+蓄电池的混合电源。现代 FCEV 上采用了燃料电池+辅助电池+超级电容的混合电源，超级电容具有大电流的充电和放电特性，恰好弥补了蓄电池的不足，可以避免在回收制动反馈的能量时，电流过大造成蓄电池的热失控和发生安全事故。

1) 单、双向两 DC/DC 转换器燃料电池混合动力系统结构

直接燃料电池混合动力系统式结构中采用的电力电子装置只有电动机控制器，燃料电池和辅助动力装置都直接并接在电动机控制器的入口，也称功率混合型。

辅助动力装置扩充了动力系统总的能量容量，增加了车辆一次加氢后的续驶里程；扩大了系统的功率范围，减轻了燃料电池承担的功率负荷。许多插电混合的燃料电池汽车也经常采用这样的构架，这种插电式混合动力汽车将有效地减少氢燃料的消耗。另外，辅助动力装置蓄电池组或超级电容的存在使得系统具备了回收制动能量的能力，并且增加了系统运行的可靠性。

在系统设计中，在辅助动力装置和动力系统直流母线之间添加了一个双向 DC/DC 转换器，使得对辅助动力装置充放电的控制更加灵活、易于实现。由于双向 DC/DC 转换器可以较好地控制辅助动力装置的电压或电流，因此它还是系统控制策略的执行部件。燃料电池和辅助动力装置之间对负载功率的合理分配还可以提高燃料电池的总体运行效率，两 DC/DC

转换器工作可使电动机的工作电压维持在高压，提高电动机的效率。

2）仅单向 DC/DC 转换器燃料电池混合动力系统结构

这种构建通常在燃料电池和电动机控制器之间安装一个单向 DC/DC 转换器，燃料电池的端电压通过 DC/DC 转换器的升压或降压来与系统直流母线的电压等级进行匹配。尽管系统直流母线的电压与燃料电池功率输出能力之间不再有耦合关系，但 DC/DC 转换器必须将系统直流母线的电压维持在最适宜电动机系统工作的电压点（或范围）。单向 DC/DC 能量混合型，由于蓄电池组在使用中电压下降，这时能量主要由燃料电池来维持。

三、FCEV-4 燃料电池

FCEV-4 燃料电池汽车如图 9-12 所示。燃料电池组（也称燃料电池发动机）、功率控制单元（本质是逆变器）和电动机安装在汽车前部，4 个高压储氢罐安装在后部地板下面，辅助电池放在行李箱地板下面。

图 9-12 FCEV-4 燃料电池汽车

1. 燃料电池

采用聚合物电解质燃料电池（PEFC），用氢作为燃料，最大功率为 90 kW。

2. 辅助电池

密封式镍氢电池，容量是 6.5 A·h，冷却方式为强制风冷式。

3. DC/DC 转换器

采用三相斩波器，降低波动电压。为提高转换效率，感应铁芯采用铁损低的多孔合金。最大输出功率为 20 kW，载波频率为三相 10 kHz，冷却方式为水冷和风冷式。

4. 空气压缩机

永磁电动机作为空气压缩机的驱动电动机，采用涡旋式压缩机，最大流量为 3 500 L。

5. 功率控制单元（PCU）

高压部件和控制器装配在一起，可简化冷却系统和控制系统。逆变器最大电流为 44 A，转换方式为脉冲宽度调制（PWM），冷却方式为水冷式。

6. 永磁电动机

采用永磁电动机，最大功率为 80 kW，冷却方式为水冷式。

四、FCEV-4 燃料电池系统

燃料电池输出功率设定为 90 kW，辅助电池的输出功率设定为 21 kW。

燃料电池动力系统分为两部分：燃料电池系统和电力驱动系统（见图 9 - 13）。燃料电池系统实现发电功能。电力驱动系统除了驱动汽车行驶的电动机外，还要驱动维持燃料电池系统正常工作的多个电动机。

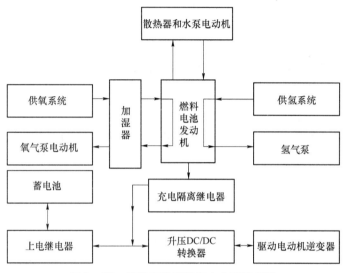

图 9 - 13　燃料电池系统和电力驱动系统

燃料电池系统包括燃料电池组、燃料供给系统部件和冷却系统部件。

供氢系统：氢气经调节器从高压罐供到燃料电池组，氢气的最大压力为 25 MPa。为提高燃料电池的性能，燃料电池反应后剩余的氢气由循环泵送到燃料电池供给一侧。

空气由压缩机加压后经加湿器供到电池组。

燃料电池也为空调等附件提供辅助动力。燃料电池与牵引逆变器和电动机的连接方式为串联，以便在汽车运行的大部分时间具有较高效率，辅助电池的功率比较低，与燃料电池并联，通过 DC/DC 转换器实现电压转换，在燃料电池响应迟缓或汽车满负荷时提供辅助动力。辅助电池吸收制动再生能量，并在小负荷时用作纯电动车的动力源。通过控制 DC/DC 转换器的输出电压调节燃料电池和辅助电池之间的能量转换（见图 9 - 14）。

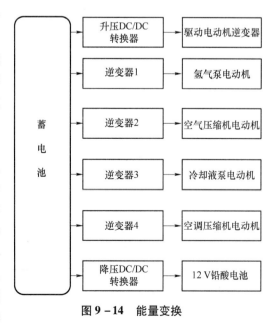

图 9 - 14　能量变换

五、FCEV-4 燃料电池汽车工作模式

汽车的基本驱动力来自燃料电池,当燃料电池的输出动力不充分,如超车和满负荷时,辅助电池提供额外动力。在低功率区,燃料电池系统效率低,因此,在低功率区燃料电池和附属设备(如空气压缩机)停止工作,汽车只靠辅助电池行驶。

1. 低功率需求

燃料电池不工作,汽车依靠辅助电池运转。

2. 中等功率需求

汽车靠辅助电池运转。

3. 大功率需求

辅助电池和燃料电池同时工作。若燃料电池的能量不充足,辅助电池提供辅助动力。

4. 再生制动

燃料电池停止输出动力,再生能量送至辅助电池。

在上述各行驶方式下,若辅助电池的电量过低,由燃料电池提供电力。

第十章

其他新能源汽车

第一节 天然气和储存方式

一、天然气

天然气是一种以甲烷（CH_4）为主要成分的矿物燃料。根据产地的不同，天然气中甲烷的质量分数高达80%~99%，其余成分是二氧化碳、氮气和低相对分子质量的烃。天然气在汽车上可以液态形式存储，或者以气态压缩的形式存储。以液态形式存储是指在-162 ℃时，作为液化天然气（LNG）存储。以气态压缩的形式存储时，压缩天然气（CNG）的压力高达20 MPa。由于存储液化天然气成本高，因此一般都将天然气以压缩的形式存储。天然气的抗爆性极好（RON 约为140），从而可使用13:1的压缩比。然而，在双燃料发动机上，如汽油和天然气组合使用的发动机上，由于压缩比必须按照汽油来调整，因此，这个优点不能得到很好的利用。国内改装成双燃料汽车，因要兼顾燃油和燃气两种条件，对原发动机压缩比和燃烧结构等均不做变动，发动机功率、汽车最高车速、加速性能不低于原车90%。所以汽车输出功率略有下降，但城区地势较为平坦，不会影响驾驶效果。

CNG汽车的经济性比较：1 m^2 天然气可代替1 kg以上的汽油，一次充气可行驶200 km左右，排放达欧Ⅱ标准。

一般CNG汽车改装的零部件包括：储气瓶、充气截止阀、减压器、混合器、压力显示器、高压管路及燃料转换控制器等，如图10-1所示。公交车中巴，6个瓶9 800元/辆；出租车，1个瓶4 800元/辆，改装回收期CNG公交车为72天（只按日行200 km计算）；CNG出租车为72天（只按日行300 km计算）。

注意：CNG汽车改装目前尚未有国家标准，并且国家有关部门一般不提倡CNG汽车的改装。CNG汽车改装工作只是CNG汽车发展最初阶段的行为。现在市场上已有单一的CNG汽车（包括客车、小轿车等）及油气两用车出售。

天然气用于点燃式发动机和柴油机驱动的优点：具有优异的燃烧特性和CO_2、NO_x、CO低排放特性。实际上，废气中不含颗粒物和含硫排放物。火花塞无积炭，减轻了机油的污染。天然气用于点燃式发动机和柴油机驱动的缺点：由于天然气的热值低，因此，发动机功率降低，天然气存储费用高。在同样的燃料箱容量的情况下，续驶里程缩短。

天然气汽车发动机动力性下降的原因有混合气热值低和分子变更系数小以及充气效率下

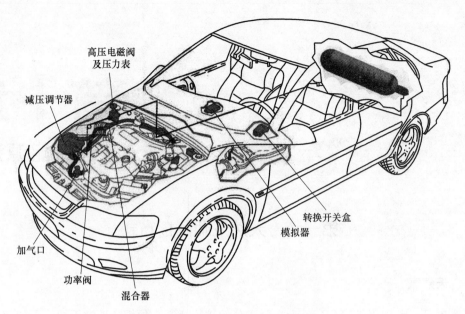

图 10-1 CNG 汽车的改装零部件

降等诸多因素。混合气热值低和分子变更系数小是由于燃料分子中含氢比例较大造成的，对于天然气，其分子结构是固定无法改变的。要提高天然气发动机的动力性，只能从增压、缸内直喷、降低进气温度、大负荷工况减气增油等方面进行。天然气辛烷值为 115~139，比汽油高出 50%，抗爆性能强。提高压缩比、增大点火提前角也是提高天然气发动机功率简单易行的有效方法。CNG 发动机的扭矩在高转速时略有下降，呈现出较好的低速特性，这是由于 CNG 抗爆性能好，低转速时不需要推迟点火。

二、天然气储存方式

天然气有压缩天然气（Compressed Natural Gas，CNG）和液化天然气（Liquefied Natural Gas，LNG）两种。

目前，国内天然气汽车的开发中采用的主要是压缩天然气，CNG 汽车在实际应用中遇到了如车辆行驶里程短、动力性、经济性不够理想、安全性能较差等问题，从而限制了其应用范围。

1. LNG 特点

（1）LNG 通过深冷前的净化处理几乎除掉了天然气中的全部杂质，深冷净化处理过程中又分离出不同液化点的重烃类成分和其他气体成分，因此 LNG 的纯度很高，甲烷含量为 97.5%~99.5%，而 CNG 中的甲烷含量只有 81.3%~97.5%。LNG 燃料成分的单一性和一致性有利于发动机压缩比等设计参数的确定，避免了乙烷、丙烷等成分的爆燃对发动机及其部件造成的不良影响。

（2）LNG 的能量密度是 CNG 的 3.5 倍，这表明 LNG 储存效率更高，可以使车辆获得较长的行驶里程，或者说在相同行驶里程的情况下可以使车辆的总质量更小，从而比使用 CNG 有更好的燃料经济性。同时储存效率高也使 LNG 更利于运输，扩大了 LNG 使用的地域范围。

(3) LNG 的储气瓶为具有绝热夹层的压力气瓶,储存温度为 -162 ℃,储存压力稍高于 1.0 MPa,而 CNG 通常以 20~25 MPa 的高压储存在高压气瓶中,因此使用 LNG 更安全。

(4) 使用 LNG 可以充分利用其低温特性降低混合气的温度,从而降低燃烧温度,提高发动机的热效率,同时降低 NO_x 的排放。

(5) 使用 LNG 易于使发动机对负荷变化获得更好的响应性。

2. 资源和加气站

我国天然气储量丰富,总资源量约为 54 万亿 m^3,西气东输工程已覆盖 120 个城市,推广使用天然气汽车有着良好的资源条件。CNG 汽车发动机历经了几代产品的演变和发展之后,呈现出如下发展趋势:燃料供给系统从机械式混合器发展到电子控制喷射系统;电喷系统由单点开环控制发展到闭环多点喷射控制系统;喷射方式从缸外预混合到复合供气、缸内直接喷射;燃料的使用从两用燃料、双燃料到单一燃料。CNG 缸内直接喷射技术综合了柴油机和汽油机的优势,从根本上解决了预混合方式中,天然气燃料挤占进气空气体积,造成充气效率下降的问题,实现了 CNG 非均质混合气扩散燃烧,燃烧效率高,能有效提高天然气发动机的动力性。LNG 作为后起之秀,具有无与伦比的优势,发展前景很好。随着 LNG 低温液化技术的不断成熟,LNG 的制取、气瓶、传输管路等的价格将不断下降,届时 LNG 将成为天然气汽车发动机的主要发展方向。

LNG 是一种比 CNG 更具有开发潜力的车用燃料。LNG 燃料开发和应用的难点之一在于天然气常温下难以液化,因此 LNG 的制取比 CNG 要复杂,而且 LNG 在常压下只有保持在 -162 ℃ 以下才能呈现为液态,故 LNG 的气瓶和传输管路需要具有良好的绝热性能,其设计制造相当复杂,成本较高。

第二节 天然气发动机

一、柴油发动机 CNG 缸内直喷技术

为从根本上解决以往预混合供气方式中,CNG 气体燃料挤占进气空气体积造成充气效率下降,研制出 CNG 缸内直喷发动机。与常见的缸外混合 CNG 发动机不同,该发动机将空气的吸入和 CNG 的喷射分开进行,先将纯净空气吸入气缸,在接近压缩行程上止点时将 CNG 喷入气缸,借助高温(约 1 300 ℃)的电热塞使天然气压燃,为了保持了柴油机效率高,燃烧效率比传统火花点燃式 CNG 发动机提高 25%。CNG 喷射压力为 19 MPa,发动机热效率超过原柴油机,无可见烟排放,NO_x 排放低于同类型柴油机。

二、汽油发动机 CNG 技术

如图 10-2 所示,当 CNG 的发动机起动后,天然气便从储气瓶流入燃料软管中。在发动机附近,天然气将进入压力调节器从而实现降压。然后,天然气将进入多点气体燃料喷射系统,该系统会将其引入气缸中。传感器和计算机将对燃料和空气的混合气体进行调节,以便火花塞点燃天然气时燃烧更有效。

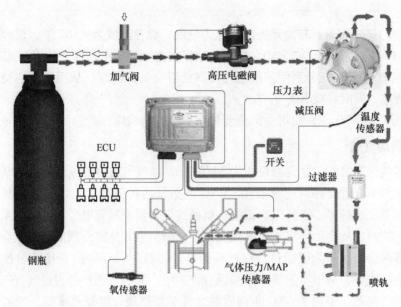

图 10-2 压缩天然气汽车工作示意图

有的汽油/CNG 两用燃料汽车在中、小负荷工况下，发动机燃用纯 CNG，当发动机负荷达到 50% 以上时，减少 CNG 供气量并加入少量汽油掺烧，或在大负荷工况完全切断 CNG 供气，改为纯汽油供给方式。

如果定期更换高压气瓶，并且按照制造厂家的说明，对天然气系统进行维护检查，那么就没有必要对供气系统进行规定的养护检查。在维护检查的范围内，必须对天然气储气瓶和管路、电磁式截止阀、关闭盖和天然气加注管、天然气储气瓶上的通风管进行检查。必须按照制造厂的规定，使用气体泄漏检查仪等仪器进行泄漏试验。需要遵守天然气汽车操作、使用和修理方面的安全法规。

(1) 天然气动力系统的构造在点燃式发动机上，一般将天然气驱动与汽油操作相结合（所谓的双燃料动力装置）。

(2) 天然气动力系统工作原理：天然气储气瓶内的天然气储存压力约为 20 MPa。天然气储气瓶内的气态天然气经过管路，到达调压器。在这里，经过多级降压，使压力达到 0.9 MPa。ECU 根据需要给进气歧管上的气体喷射器通电，从而使其开启。喷出的气体与进入的空气进行混合，然后进入燃烧室。

(3) 天然气动力系统对环境构成一定的威胁，例如，气体泄漏未被检查出来，或者是储存压力的提高存在爆炸的危险。为此，天然气动力系统必须装有各种安全装置。止回阀位于充气接头内的截止阀上，其作用是防止天然气经过充注阀倒流。在车内布置管路和部件时，包缠密封护套。螺纹套管接头为双卡环螺纹套管接头。天然气储气瓶是由钢或碳纤维复合材料（CFRP）制成。每个储气瓶都要通过两个护圈安装到汽车上。钢瓶的爆炸压力约为 40 MPa，而 CFRP 气瓶的爆炸压力约为 50 MPa。储气瓶上安装的易熔塞和热熔断器，这些装置可以防止过高的压力增长，从而防止了万一起火所引起的储气瓶爆炸。限流器可以防止万一管路破裂所造成的天然气突然大量泄漏。

电磁截止阀安装在天然气储气瓶上。在转换成汽油模式的情况下，在发生电源故障时，发动机停机后,或者在万一发生事故时,截止阀都要关闭。另有一个截止阀安装在调压器上。在低压侧管路上采用软管,如在调压器与气体喷射器之间的管路上,使用这样的软管可以防止疲劳损伤所引起的断裂现象。过压调节器安装在调压器上,可防止低压侧出现过高压力。

三、CNG 发动机系统原理

从 CNG 发动机工作原理(见图 10-2)可看出,该发动机基本原理为高压的压缩天然气从储气钢瓶出来,经过天然气滤清器过滤后,经高压电磁阀进入高压减压器,高压电磁阀的开合由 ECM 控制,高压减压器的作用是将高压的压缩天然气(工作压力 30~200 MPa)经过减压加热将压力调整至 7~9 MPa。高压天然气在减压过程中由于减压膨胀,需要吸收大量的热量,为防止减压器结冰,从发动机将发动机冷却液引出到减压器对燃气进行加热。经减压后的天然气进入电控调压器,电控调压器的作用是根据发动机运行工况精确控制天然气喷射量。天然气与空气在混合器内充分混合,进入发动机缸内,经火花塞点燃进行燃烧,火花塞的点火时刻由 ECM 控制,氧传感器即时监控燃烧后的尾气的氧浓度,推算出空燃比,ECM 根据氧传感器的反馈信号和控制 MAP 及时修正天然气喷射量。

注意: 若采用增压技术,发动机进气量有显著增加,使 CNG 发动机的动力性恢复到原汽油机水平。

图 10-3~图 10-6 所示为玉柴 CNG 发动机和 LNG 发动机原理。

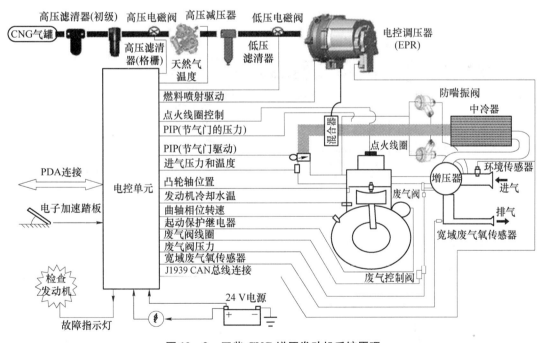

图 10-3 玉柴 CNG 增压发动机系统原理

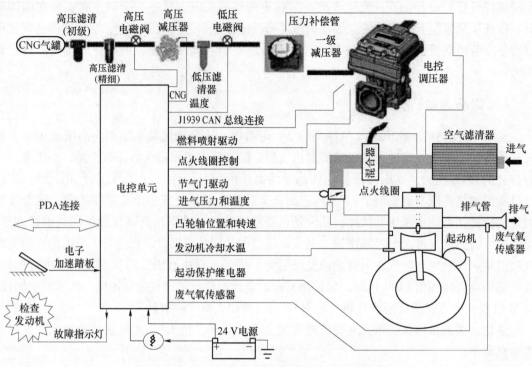

图 10-4 玉柴 ECI EPR 系统自然吸气 CNG 发动机原理

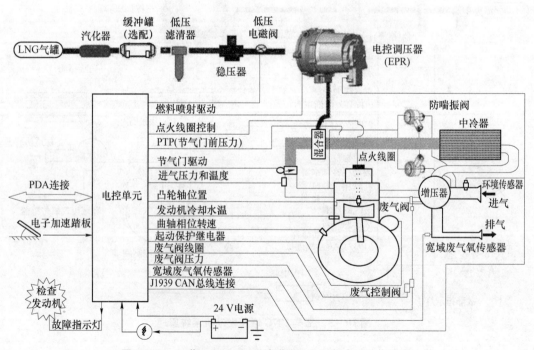

图 10-5 玉柴 ECI EPR 系统增压 LNG 发动机工作原理

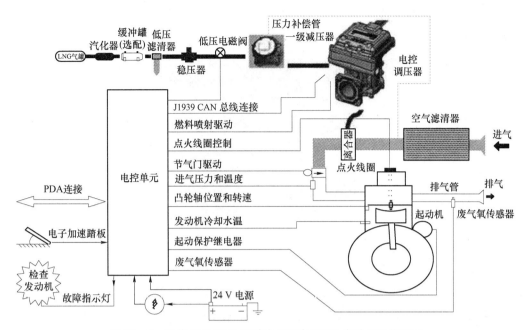

图 10-6 玉柴 ECI EPR 系统自然吸气 LNG 发动机工作原理

四、天然气发动机主要零部件作用和功能

1. 高压燃料切断阀

如图 10-7 所示，高压燃料切断阀由 ECM 控制其开合，停机状态下处于常闭状态，作用是及时切断或恢复燃料供给。为有效防止高压电磁阀进气接头与高压电磁阀结合部位漏气，安装该接头时，必须使用螺纹密封胶（如乐泰 262），并且锁紧接头使铜垫略有变形，有效密封。高压燃料切断阀进气口自带滤芯，维护保养时可用汽油浸泡，并用压缩空气吹干净装复即可；如果拆检时发现高压电磁阀滤芯污染严重，必须拆下高压电磁阀阀芯、阀座，用汽油浸泡后，再用压缩空气吹干净装复。

图 10-7 高压燃料切断阀

2. 高压减压器

如图 10-8 所示，高压减压器通过压力膜片克服弹簧阻力，带动杠杆，调整节流孔的流

通面积，从而控制减压后的天然气压力。通过节流和加热，使高压的压缩天然气减压至 7~9 MPa 的低压天然气。

图 10-8　高压减压器

安装要求：减压器进气接头螺纹部分必须使用螺纹密封胶，并且使用铜垫进行密封；减压器出气接头使用 O 形圈进行密封，出气接头与低压电磁阀、低压电磁阀与电磁阀出气接头采用锥螺纹连接，安装时必须使用螺纹密封胶；高压减压器通过两根水管与发动机的冷却水循环水路连通，安装水管时请锁紧环箍，以免漏水；高压减压器必须通过一根压力反馈管与进气管连接，目的是为了根据工况控制调压器出口压力；减压调节器应安装在靠近发动机进气管和振动较小的位置，但不应直接安装在发动机上。所以减压调节器必须安装在汽车（底盘）大梁上。设计减压调节器支架时，应注意减压调节器的安装位置不能高于发动机散热器顶部。否则会导致加热水不能流经减压器，导致减压器结冰冻裂。

每行驶 5 万 km 应维护保养高压减压器，用汽油或化油器清洗剂清洗高压减压器一级压力腔，并用干压缩空气吹干净后装复；拆除高压减压器进气接头，检查滤芯是否被污染；若被污染，则更换；更换易损件（如橡胶密封圈），检查轴销的磨损情况，若磨损则更换轴销，并对减压压力进行检查、调整。每行驶 10 万 km 更换膜片及密封件，并对减压压力进行检查、调整。

3. 低压电磁阀

如图 10-9 所示，低压电磁阀由线圈驱动阀芯，由 ECM 控制其开合，停机状态下处于常闭状态，有及时切断或恢复燃料供给作用。为有效防止高压电磁阀进气接头与高压电磁阀结合部位漏气，安装该接头时，必须使用螺纹密封胶（如乐泰 262）有效密封，要求安装在电控调压器上面。

图 10-9　低压电磁阀

4. 电控调压器（EPR 阀）

如图 10-10 所示，电控调压器内部有一控制芯片，该控制芯片接受来自 ECM 的控制指令，通过高速电磁阀控制天然气气量，从而实时有效控制空燃比，其还可控制天然气喷射量。

图 10-10　电控调压器

安装时因该零件内部有控制芯片，应避免高频振动。该零件自带减振软垫，切勿自行拆卸。电控调压器出气口中心水平高度不能低于混合器进气口中心高度，电控调压器天然气出气口离混合器天然气进气口距离要求控制在 500 mm 以内，目的是为了让天然气中的杂质流到混合器中随空气进入缸内燃烧掉，保持 EPR 阀内清洁，并且保持天然气供给响应速度快。

电控调压器（EPR 阀）在使用中需进行定期的维护保养，由于电控调压器处于低压减压部分，在长期的使用中会在其内部沉积大量的油污和杂质，长时间的油污和杂质会导致电控调压器工作不良、传感器损坏以及内部的密封件和橡胶膜片提前老化和破损，因此该部件的维护保养尤为重要。每行驶 5 万 km 需对内部零部件进行清洗，更换易损件，检查轴销的磨损情况；每行驶 15 万 km 需更换膜片及密封件，并对压力进行校准。

5. 混合器

混合器将天然气和中冷后的空气充分混合，使燃烧更充分、柔和，有效降低 NO_x 排放和排气温度。安装时要求调压器出气管安装在混合器天然气入口处，安装时锥螺纹部分必须使用螺纹密封胶以防止漏气。将混合器两垫片安装在混合器接管与混合器的结合面，注意拧紧螺栓以防止漏气。

E330、E480 混合器拥有极少的活动部件和坚固的设计，因此工作非常稳定。由于使用不当以及使用区域气体洁净度的影响，也将对混合器中的部件产生损坏。

根据使用情况的调查和分析，由于使用和维护不当该部件会产生两种故障模式：膜片损坏和发动机经常性回火会导致膜片老化加剧，致使膜片出现皲裂和破损。燃料空气阀卡滞当压缩天然气中所含的压缩机机油过多，以及空气中的杂质过滤不充分的情况下，如果没有及时对混合器内部进行清洁保养，油污会附着在燃料空气阀和阀座上。长时间的积累会导致燃料空气阀运动受阻，甚至完全卡死，从而导致发动机工作不稳定。因此空滤器对空气、天然气过滤器对天然气的过滤效果的好坏将直接影响着混合器的使用寿命。

6. 电子节气门

电子节气门通过控制蝶阀的开度，控制进入缸内的混合气的量，从而控制发动机的转速和负荷。驾驶员通过加速踏板,将动力需求传送给 ECM,ECM 接收到加速踏板信号后,根据发动机运行工况控制电子节气门开度。通过控制蝶阀开度,控制怠速转速和调速特性曲线。

安装要求:电子节气门驱动电动机轴线必须保持水平方向。每行驶 10 万 km(视当地气体清洁度而定),从发动机上拆下节气门,检查节气门内部是否有明显的油污,若有,则需用节气门清洗剂清洗节气门碟阀部分,清洗后用干压缩空气吹干。清洗后,用手按压碟阀,检查碟阀运动有无卡滞、是否回位,若出现卡滞,则需要更换电控节气门总成。

7. 点火线圈

点火线圈接收来自 ECM 点火指令,产生高电压并将高电压传递给火花塞,产生火花,点燃天然气。点火线圈能根据 ECM 指令控制点火时刻,使发动机实现低排放、低气耗。

安装要求:拧紧点火线圈安装螺栓,以保证点火线圈胶套内弹簧与火花塞头部紧密接触。由于高压电源会在接触表面产生电弧,弹簧与火花塞头部接触的部位易受热氧化,导致接触部位电阻过大,分压作用过大导致火花塞点火能量降低,严重时会导致失火。所以安装火花塞和点火线圈时,必须在火花塞头部与点火线圈弹簧结合部位涂抹导电膏。在胶套与火花塞接触的陶瓷部位应该涂抹绝缘润滑油脂,以防止因胶套老化导致火花塞与缸盖之间漏电。

点火线圈次级输出电压高达 4 万 V,所以在发动机使用过程中,绝对不允许用水直接冲洗发动机,特别是点火线圈部位;每 3 个月或 2 万 km 要清理弹簧与火花塞之间的氧化物,并涂抹导电膏;每 3 个月要检查点火线圈胶套是否老化开裂,如有开裂,请及时更换。

8. 防喘振阀

防喘振阀是当发动机突然减速时,通过喘振阀通气软管将节气门后的低压压力传递到防喘振阀压力反馈接头上,打开喘振阀单向截止膜片,使增压器压气机前后压力平衡,避免增压器喘振,保护增压器。

该零件共有三个接口,通过喘振阀通气软管连通防喘振阀和进气管压力,另外两个 $\phi 25$ mm 外径的接口分别连接增压器前进气管和增压器后进气管。6G 系列 CNG 发动机使用两个防喘振阀,两个防喘振阀安装时进出气口刚好相反,使气流能相互流通。4G 系列 CNG 发动机只需要一个防喘振阀即可满足要求。防喘振阀两端内径 $\phi 25$ mm 的连接管由汽车厂配备。

9. 火花塞

火花塞接收来自点火线圈的高电压,产生火花,点燃天然气。安装时要求拧紧火花塞,拧紧力矩为 30 N·m。拧紧火花塞必须使用专用火花塞套筒。由于高压电源会在接触表面产生电弧,弹簧与火花塞头部接触的部位受热氧化,导致接触部位电阻过大,分压作用过大导致火花塞点火能量降低,严重时会导致失火,因此安装火花塞和点火线圈时,必须在火花塞头部涂抹导电膏。在胶套与火花塞接触的陶瓷部位应该涂抹绝缘润滑油脂,以防止因胶套老化导致火花塞与缸盖之间漏电。

火花塞属易损件,玉柴目前所使用的火花塞为 NGK 铂金和铱金两种,火花塞使用寿命一般为 6 万~8 万 km,其维护保养内容为:每 3 个月或行驶 2 万 km,必须检查火花塞电极燃烧情况,清理电极头部杂质并调整间隙,间隙调整要求如下:天然气发动机 NGK 铂金火花塞(PFR7B - D)电极间隙:(0.33 ± 0.05) mm;天然气发动机 NGK 铱金火花塞(IFR7F - 4D)电极间隙:(0.4 ± 0.05) mm;每 6 万~8 万 km,检查火花塞头部电极贵金属烧蚀情况,若使用情况较好,调整间隙后可继续使用。要求行驶 8 万 km 后直接更换火花塞,必须使用玉柴指定火花塞,否则可能会导致炽热点火、动力下降、气耗升高、点火线圈击穿等故障。

10. 废气旁通控制阀

废气旁通控制阀通过控制废气旁通控制阀的占空比,控制废气旁通控制阀的出口压力,从而控制发动机的增压压力。采用该技术能有效提升发动机低速扭矩,满足公交车频繁起步的工作要求。

安装要求:安装在散热条件较好的低温区,保证零部件可靠性。

11. 氧传感器

氧传感器检测排气中氧分子浓度,从而测量燃烧时的空燃比,ECM根据测量所得的空燃比修正燃气供给量。

安装要求:在离增压器出口或排气弯管下游3~5倍排气管直径(250~400 mm)的地方,焊接一个氧传感器安装座,该零件由玉柴提供,汽车厂安装,供安装废气氧传感器(即UEGO – SENSOR)用;氧传感器应安装在排气管远离发动机一侧(不能安装在排气管下方),传感器线束走向应尽量远离发动机和排气管,并可靠固定;氧传感器不能安装在排气管转弯处;氧传感器在满足前面的要求的情况下尽可能靠近涡轮增压器;如果有排气制动阀,氧传感器应安放在排气制动阀的下游;氧传感器的安装位置处不能进雨水;氧传感器和发动机之间最好有隔热罩等隔热装置。

12. 大气环境传感器

通过测量进气压力、温度、湿度,并根据所测得的湿度、压力来修正实际控制空燃比和天然气供给量,使发动机运行在最佳状态。

安装要求:该传感器要求安装在空气滤清器和增压器之间的空气管路上,环境传感器安装座由玉柴提供,汽车厂负责将环境传感器安装座焊接在进气管路上,焊接时必须保证焊接部位密封可靠。为保证环境传感器测量值正确,安装时必须保证传感器底面4个湿度测量小孔不被挡住,并且该传感器温度、压力探头必须置于气流中以测量正确值。

传感器内置湿度、温度、压力传感器,工作环境温度为 – 40 ℃ ~ 105 ℃;安装螺栓2 × M6;拧紧力矩最大3.3 N·m。

13. 进气压力温度传感器

通过测量中冷后的压力、温度,结合发动机转速、排量、充气效率,利用速度密度法即可计算出混合气流量。

安装要求:按零件要求安装在电子节气门下游的进气管上,安装时尽可能让传感器温度、压力探头置于混合气气流中,以测量出正确的值。

14. 凸轮轴位置传感器

通过信号轮的触发信号,将第一缸活塞压缩上止点位置及时准确地传递给ECM,同时有测量曲轴转速的功能,ECM根据触发信号及控制MAP来控制发动机的点火提前角、空燃比、增压压力等参数。

安装要求:信号轮正时标记齿朝外,并且先将发动机转动到第一缸上止点位置,然后调节油泵齿轮,使信号轮与传感器相对位置。安装时保证传感器与信号轮之间的间隙在0.6 ~ 1.0 mm。

15. 水温传感器

水温传感器将发动机的冷却液温度信号及时准确地传递给 ECM，ECM 根据冷却液温度修正点火提前角、空燃比及怠速车速等参数，同时在水温失控的情况下限制发动机的功率，从而保护发动机。

安装要求：传感器采用热敏电阻式 NTC；两个输出端子为信号和接地；工作电压为 DC 5 V；工作环境为 -40 ℃ ~ +135 ℃；传感器体材料为黄铜；安装扭矩为 15 ~ 20 N·m；20 ℃电阻值为 2 500 Ω，牢固安装在发动机上指定位置，拧紧力矩为 15 ~ 20N·m。

16. 天然气温度传感器

天然气温度传感器实时测量电控调压器出口处的天然气温度，ECM 根据测量到的温度、压力等参数以及所需要的目标空燃比计算出需要提供给发动机的天然气供给量。

安装要求：牢固安装在电控调压器上指定位置，加密封胶，确保不发生天然气泄漏，拧紧力矩为 15 ~ 20 N·m。

17. 电子加速踏板

驾驶员通过电子加速踏板驱动和控制发动机运行工况，反映驾驶员的实际动力需求。

安装要求：该加速踏板为接触式电子加速踏板，安装时注意将加速踏板布置在防油、防水、防电磁干扰条件较好的地方。为防止整车电磁干扰影响电子加速踏板传递给 ECM 的信号，要求电子加速踏板至整车接口信号线必须使用屏蔽线，并且屏蔽层要接地牢固可靠。

传感器为单电位计 +IVS 开关；工作电压为 DC 5 V，电压与电压误差率为 ±10%；传感器电阻为 2.5 kΩ ±20%（A、C 之间测量）；工作环境温度为 -40 ℃ ~ 85 ℃。

18. 电子控制模块

电控 CNG 发动机管理核心，通过各种传感器监控发动机运行工况，根据发动机运行工况和控制 MAP 控制各执行器，并且通过 CAN 总线与汽车各子系统通信。

安装要求：温度为 -40 ℃ ~ 105 ℃；最大振动频率为在 10 ~ 1 000 Hz；工作电压为 6 ~ 32 V，安装 ECM 时，应尽可能将 ECM 安装在振动小的位置，并且要有可靠的防水、防油、散热措施。

第三节 CNG 发动机日常使用、维护保养与诊断

一、CNG 发动机日常使用

1. 起动前检查

常规检查如检查机油、冷却水等。每天使用汽车之前必须检查气瓶与托架、供气装置与大梁之间固定是否牢固，天然气设备的状态，所有气管的连接处是否漏气。检查 CNG 气压，玉柴 CNG 发动机气压在 3 MPa 以上保证可以正常使用；低于此气压将会影响性能，甚至停机。如气压低于 3 MPa 应马上加气，以免抛锚。

2. 起动发动机

起动时，先将点火开关拧到电源接通位置停留 2~3 s，不踩加速踏板起动。切忌起动时空踩加速踏板和利用大油门起动（不会加快起动速度，只会造成起动后因油门过大而使发动机转速过高，从而造成燃料浪费和加速发动机运动件的磨损）。在较冷的环境里，起动操作与常规起动一样。发动机控制单元会自动根据环境温度进行调整起动策略。加大油门起动对起动速度没有任何作用，也无须空踩加速踏板起动。

3. 发动机运行过程操作

车辆起步时坚持用1挡起步，否则发动机会可能会出现"放炮"或"回火"现象。在行驶过程中尽量避免急速加减油门，否则发动机可能会出现"放炮"或"回火"现象。为了使发动机获得最好的动力性和经济性，建议发动机换挡转速在最大扭矩点偏上一点，换完挡在 1 100 r/min 左右。当车辆过积水路面时，应减速缓慢通过，以避免水溅到电气元件上，损坏电控系统。在正常状态下，发动机故障灯是不亮的，如发现发动机起动后故障灯常亮或者闪亮，表示发动机已有故障。此时，驾驶员应马上开回修理厂进行维修。某些零件出现问题时，电控发动机有失效保护策略，驾驶员在确定机油、冷却水没问题且没有异响时可以放心开回修理厂。

4. 停机

应用点火钥匙来停机，且必须在关掉点火钥匙 10 s 后才能关闭总电源，其余按常规操作。

5. 收车检查

汽车运行返回后应该重新检查天然气管路、气瓶的连接头、充放气阀和气瓶气阀的密封性。检查密封良好后，关掉气路总气阀，图 10-11 所示为气路总气阀。

图 10-11 气路总气阀

6) 充气

气压在低于 3 MPa 时应马上充气，如图 10-12 所示气压表，在充气时应关闭气路总气阀。充气最高气压为 20 MPa，禁止过压充气，以免损坏发动机。

图 10-12　气压表

二、天然气发动机的保养

1. 燃料系统的保养

对天然气发动机所使用的燃料，首先要求使用国家标准规定的车用 CNG，禁止使用家用天然气（杂质含量高，成分不符合车用 CNG 标准）。应定期清洁供气系统中的天然气过滤器（每行驶 10 000 ~ 12 000 km 更换）。

2. 点火系统保养

每行驶 15 000 km 或每 400 h 检查火花塞间隙是否符合要求（火花塞电极间隙：0.33 mm），建议更换里程：60 000 km。检查点火线圈胶套是否有老化或破损的地方，如有应立即更换。

3. 润滑系统的保养

由于天然气单燃料发动机燃烧产物与柴油机不同，因此要求天然气单燃料发动机使用天然气发动机专用机油（低灰分机油），推荐使用玉柴 YC-600 CNG 专用机油。每行驶 10 000 ~ 12 000 km 或累计行驶 200 ~ 250 h（先到为准）更换一次机油滤清器。

4. 冷却水

天然气发动机中的高压减压器需要发动机的冷却水对 CNG 进行加热，使高压 CNG 减压膨胀或 LNG 加热汽化，若发动机冷却水水质不好而导致高压减压器水腔结垢，将降低热交换量，会导致高压减压器冻裂。因此，要求天然气发动机一定要使用软化水或加防冻液作为发动机的冷却水。

5. 电控系统的注意事项

严禁带电拔插电气元件，以免烧坏电控系统元件，保持电控系统清洁、干燥，严禁用水冲洗发动机。如果意外进水，切记马上断开电源总开关，通知维修人员，不要自行运行发动机。进行电焊作业时，切记关掉总电源，同时拔下 ECU 上接插件，以免烧坏 ECU 等电控元件。

其他注意事项包括：执行燃料系统维护和修理的人员，必须经过专业培训，并取得培训合格证，其他人员不得擅自维修。维修场地严禁吸烟，场内应有防火消防措施。如气瓶已充气，车辆与周围明火距离不得小于10 m。

车辆时，严禁敲击、碰撞气瓶、减压阀、管线、钢瓶及各种阀体。在车辆维护和故障排除小修中，如涉及燃气装置的管路接头、阀门、仪表、减压装置的拆装、调整等作业时，维修人员应首先断开蓄电池供电电路，关闭总气阀与瓶阀，打开维修泄压开关，待卸压后方可拆卸故障部位。如漏气或故障部位准确诊断困难，在保证车辆周围10 m内无明火的前提下，允许开启总气阀进行带压检查。漏气部位明确后，应立即关闭总气阀和全部钢瓶阀，待卸压后方可拆卸、维修。在排除供气系统故障时，必须关闭总气阀和全部钢瓶气阀，进行管路卸压，严禁在带压状态下进行修理作业，禁止随意敲击、扭曲、挪动全车不锈钢管。在故障部位修复后，应严格检查卡套是否完好无损。高压管线、卡套接头只能更换新的，不允许修复使用。在维修好后，应采用气体泄漏检测仪或肥皂水进行泄漏检验。维修人员在维修中必须严格检查高、低压线插头，电脑板及转换开关接线头与导线的绝缘体，严格防止短路、接触不良。点火高压线的绝缘和固定情况应严格检查，避免高压线路漏电跳火现象的发生。全车总成线均不允许与燃气管道相搭、缠绕。

三、天然气发动机故障诊断

故障诊断的两种方式：专用诊断工具的诊断——控制器自诊断和人工诊断两种。在进行修理之前，应熟悉常规发动机的故障判断；熟悉天然发动机工作原理；熟悉发动机线路图、各传感器针脚定义以及电气参数；熟悉发动机各运行参数；熟悉控制策略。

相对于柴油机变动的主要技术参数：冷态气门间隙进气门：（0.4±0.05）mm；排气门：（0.5±0.05）mm；火花塞电极间隙：0.33 mm；火花塞拧紧力矩：20～40 N·m；凸轮轴位置传感器与信号轮间隙：（0.6±0.2）mm；整车提供给发动机增压器压力：1.6 bar（相对压力）/2.7 bar（绝对压力）。

发动机不能起动时，检查燃料系统是否有天然气、管路上的阀门是否全开、高低压电磁阀是否打开、电控系统是否有电、发动机和整车线束的电路是否有断路、继电器或保险丝是否有效；检查点火系统点火电路是否不通、点火线圈是否损坏、火花塞是否损坏；检查正时系统是否有凸轮位置传感器故障、凸轮位置传感器与信号轮间隙是否合格、信号轮安装是否错误；蓄电池电压低或起动时压降太大，发动机转速是否小于200 r/min。

发动机动力不足时，检查进气温度检查包括整车冷却系统、水温和进气压力传感器的连接，燃料供给系统燃料是否供应不足，电控调压器输送压力是否低于预期值，检查是否有天然气、阀门是否全开、高低压电磁阀是否打开以及是否卡滞、供气管路是否漏气、电子节气门是否发卡；发动机动力不足，点火系统缺缸，某些缸点火不良检查火花塞，检查点火线圈，点火线圈胶套是否老化、破损。

增压压力故障时需检查增压压力控制系统，增压压力过高时为废气旁通控制阀打不开，调整压力至技术要求的23.5 Pa。

出现电脑与ECU无法通信故障时，检查各处电路是否接通、ECU是否被拔出，检查整车线束的通信口插接件接线是否正确，检查19和20号线之间电压是否为5 V，加速踏板是否失效。

第四节　压缩空气汽车和太阳能汽车

一、压缩空气汽车

压缩空气汽车（Air Powered Vehicle，APV），简称气动汽车，利用高压压缩空气为动力源，将压缩空气存储的压力能转化为其他形式的机械能，从而驱动汽车运行。如图 10-13 所示，法国 MDI 的气动汽车，在加气站 3 min 可加满气（在家里用家用机加气要 4 h）。加一次气 14 元人民币，以 96 km/h 速度可跑 300 km。一般 1 罐 300 L、30 MPa 压力的压缩空气，可以行驶 200 km，最大速度达 100 km/h。近期又推出了最大速度达 110 km/h，一次充气可行驶 300 km 的压缩空气动力汽车。

从理论上来说，以液态空气和液氮等吸热膨胀做功为动力的其他气体动力汽车，也应属于气动汽车的范畴。

图 10-13　压缩空气汽车

除动力来源的不同，压缩空气动力汽车工作原理与传统汽车基本相同，其发动机的总体结构形式还是借鉴传统汽车现有的结构模式，主要还是往复活塞式、旋转活塞式等形式。如图 10-14 所示，为法国 MDI 公司的压缩空气动力汽车发动机，其中往复活塞式可用于小型车，旋转活塞式主要用于客车。

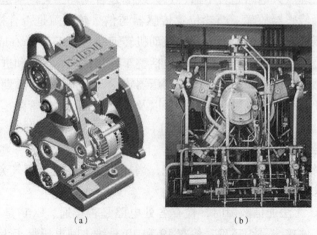

(a)　　　　　　　　　(b)

图 10-14　往复活塞式和旋转活塞式压缩空气发动机
(a) 往复活塞式；(b) 旋转活塞式

以压缩空气为动力的发动机的总体结构和传统汽车的发动机结构基本相同。但压缩空气动力发动机的动力分配方式有串联方式、并联方式和串并联混合方式。

串联分配方式，其缸与缸之间的空气动力管道是串联的，上一级缸的剩余压力是下级缸的始动力。该方式的下级作用缸的结构尺寸较大，但动力利用率较高，热交换较充分。

并联分配方式是缸与缸之间的空气动力管道是并联的，不同缸的初始动力相同。并联方式的缸的结构尺寸相同、动力输出平稳，但剩余压力稍高。

压缩空气动力发动机（气动发动机）是气动汽车的核心，减压到工作压力的高压空气进入气动发动机气缸内膨胀做功，类似于内燃机在燃料爆炸燃烧产生高温高压气体后推动活塞对外做功的过程，因此，在基本结构上也接近于内燃机，包括机体、气缸、活塞、连杆、曲轴和配气机构等部分。但气动发动机的工作循环为简单的两冲程，即高压压缩空气进入气缸膨胀做功冲程和将膨胀后的低压气体排出气缸的排气冲程。由于没有燃烧过程，气动发动机机体不承受高温和超高压，机体强度也可减小，结构简单，质量小，发动机不再需要冷却系统，制造及使用维护成本低。

气动发动机进气为高压气体，且进气道压力始终高于气缸内压力，类似内燃机气门向气缸内开启的配气结构，进气门将始终承受高压气体很大的背压。在压力超过气门弹簧的预紧力情况下，即使进气门处于关闭状态，高压气体也会将进气门顶开，发生泄漏，造成耗气量增大，排气冲程缸内气压升高，负功增加，整体功率和效率下降等不良效果。因此，在结构上，气动发动机的配气机构必须适应高压进气的要求。

压缩空气动力发动机的工作特性具有起动及低速扭矩大，随发动机转速升高输出扭矩逐渐减小，而耗气量逐渐增大的特点，通常情况下进气阀打开后发动机即可运转并输出最大扭矩，直接驱动汽车起步行驶。因此，在压缩空气动力汽车的集成中，传动系统适宜采用低减速比设计。

压缩空气动力汽车气动回路如图10-15所示，回路的一端接高压储气罐，接触压力为超高压，另一端为中高压，接发动机的工作腔，两者间压差非常大，因此必须实行分级减压。

常规气动系统的减压控制都采用气动减压阀进行节流减压方式。在节流减压过程中，由于通过节流口高速流动的气体的摩擦作用，能量损失较大，而且压力越高，损失越大。而对于压缩空气动力汽车来说，车载的压缩空气存储的总能量是有限的，要保证汽车有足够的继驶能力，在提高车载储气量的同时，必须尽可能减小压缩空气在气动回路传输过程中的能量损失，因此，普通的节流减压方式不适宜压缩空气汽车气动回路高压减压段。

注意： 压缩空气动力汽车的转速和扭矩由压缩空气进气压力及流量的变动而调节。压缩空气动力汽车气动回路高压减压段采用了高压容积减压方式，使用气体膨胀减压的方法使压力降低到设定值。高压容积减压方式在回路中设置了一个一定容积的减压气罐，设定好减压气罐的控制压力范围后，使用压力传感器检测气罐气压，当罐内气压低于设定压力下限时，控制器发出控制信号开启高压大流量高速气动开关阀，让储气罐中的超高压气体通过大截面的阀口冲入减压罐，膨胀减压。而当气罐中进入足够的高压气体，罐内压力升高到设定压力上限时，控制器根据压力传感器的反馈关闭高压大流量高速气动开关阀。通过开关阀的断续开启，维持减压气罐中的压力在设定压力范围内，保证次级气动系统的正常工作。高压大流量高速气动开关阀减小了阀口节流过程中的摩擦能耗损失，所以，对于高压气动动力系统的

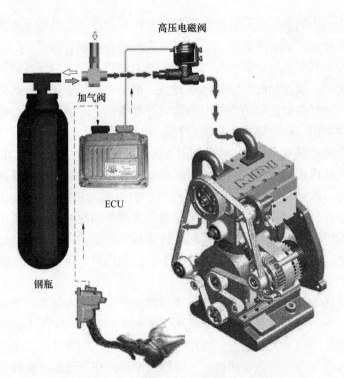

图 10-15 压缩空气动力汽车气动回路

节流是一种很好的减压方式。

在压缩空气动力汽车的气动回路中,次级减压后的气体将作为发动机的进气与发动机进气道连接,所以,对发动机进气压力和流量的调节将在次级减压过程完成。为调节的方便,在次级减压环节使用了比例流量调节阀,同时在气动汽车的集成中,考虑到一般驾驶员驾驶习惯,设计连接机构将发动机进气流量调节阀与汽车油门踏板连接,按驾驶员踏下加速踏板的深度提高发动机进气压力及流量,瞬时提升发动机扭矩和功率,满足不同工况的需要。

在气动回路的设计中,考虑到高压气体在减压后温度大幅降低,与环境温度将形成较大温度差。如果低温的气体从环境中吸收热量,根据热力学规律,气体的温度和压力将升高,能量增大,最终使发动机输出更多的机械能,整车效率提高,也将获得更长的续驶能力。因此,集成到汽车上的气动回路在两级减压环节后都设置了热交换器,让减压后的气体尽可能充分地从环境中吸热,并可充当制冷空调的冷源,减少发动机动力的消耗。

在压缩空气动力汽车的辅助设备中,主要的电气设备与普通汽车相同,但在仪表盘将集成气源压力表和进气压力表,替代油箱指示表。在汽车辅助设备中,空调已经是乘用车的基本配置之一,而普通车用空调使用压缩机制冷,需要消耗较大的发动机功率。对于压缩空气动力汽车来说,因为发动机排出的尾气是膨胀做功后的压缩空气,压力减小了,温度也远低于环境温度,通过热交换器可以为汽车提供冷源,再加上减压环节后的两个热交换器,在整车的集成中合理配置,完全可以满足制冷的需要,而不再额外消耗发动机功率。同时,室外新鲜空气由热交换器冷却后作为冷气供给室内,更带来自然清新的效果。当需要在严寒环境使用时,只需再选装电热空调即可,成本较低。

二、太阳能汽车

太阳能汽车耗能少，只需采用 3~4 m² 的太阳电池组件便可使太阳能电动车行驶起来。燃油汽车在能量转换过程中要遵守卡诺循环的规律来做功，热效率比较低，只有 1/3 左右的能量消耗在推动车辆前进上，其余 2/3 左右的能量损失在发动机和驱动链上；而太阳能汽车的热量转换不受卡诺循环规律的限制，90% 的能量用于推动车辆前进。

如图 10-16 所示，由于太阳能电池板输出的是直流电能，而蓄电源也是直流充电，两者的结合更能提高整个系统的效率；太阳能电池板在太阳光的照射下，其内部 PN 结会形成新的电子空穴对，在一个回路里就能产生直流电流；这个电流流入控制器，会以某种方式给蓄电池充电。蓄电池的充电完全只是通过太阳能来实现的，以确保最大限度使用太阳能。太阳能电池板进来后会首先经过一个开关 MOS 管连接到 DC/DC 转换器（蓄电池充电电路），此转换器的输出连接到蓄电池两端（实际电路里会先通过一个保险丝再连到蓄电池上）。开关管有两个作用：一是防止太阳能电池输出较低时由蓄电池过来的反充电流；二是当太阳能电池板极性接反时起到保护电路的作用。控制系统不仅考虑太阳能电池板最大功率点电压和蓄电池最大电压，而且同时得兼顾效率和成本。

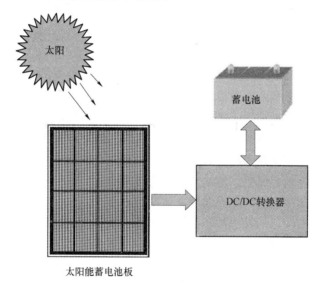

图 10-16 太阳能电池向蓄电池充电原理

只需踩加速踏板便可起动，利用控制器使车速变化，不需换挡、踩离合器，简化了驾驶的复杂性，避免了因操作失误而造成的事故隐患，特别适合妇女和老年人驾驶。太阳能汽车结构简单，除了定期更换蓄电池以外，基本上不需日常保养，省去了传统汽车必须经常更换机油、添加冷却水等定期保养的烦恼。在城市行车，为了等候交通信号灯，必须不断地停车和起动，既造成了大量的能源浪费，又加重了空气污染，使用太阳能汽车，减速停车时，可以不让电动机空转，大大提高了能源使用效率和减少了空气污染。

太阳能在汽车上应用一般只涉及汽车的辅助电源系统。太阳能电池所提供的能量只能用于车辆的电器、仪表等，或是对车载蓄电池进行充电。现今有部分量产车在其天窗顶部添加了太阳能电池，经控制器、逆变器驱动车载空调工作。

所有以太阳能作为驱动能源的专利产品中，太阳能所占的能源比例份额太少。国内有把太阳能用于电动自行车，也有用于微型车的例子，但太阳能所能提供的能量只占到所需驱动能量的30%以下。

1996年，清华大学参照日本能登竞赛规范，研制了"追日"号太阳能汽车，质量在800 kg左右，最高车速达80 km/h，造价为7.8万美元，其采用的电池板是我国第五代产品。该车使用转换效率为14%的矩形单晶硅电池阵列，在光照条件良好的状况下（地面日照强度为1 000 W/m^2），向直流永磁无刷电动机提供800 W的动力。结构上采用前二后一的三轮式布置，后轮驱动。最高车速达80 km/h。"追日"号是我国第一代参加国际大赛的太阳能赛车。2001年，上海交通大学设计制造了"思源"号太阳能电动车，该车长、宽、高分别为2 100 mm、860 mm、800 mm，满载质量400 kg，其结构、动力系统与"追日"号相仿。但由于是串联电阻的调速方式，其能量利用率低，车速仅20～36 km/h，续驶能力也有限。在2005年举办的第九届全国大学生"挑战杯"赛上，上海交通大学的又一太阳能车参加了比赛。这些尝试都预示着太阳能汽车正逐渐走向成熟。

到目前为止，太阳能在汽车上的应用技术主要有两个方面：一是作为驱动力；二是用作为汽车辅助设备的能源。作为驱动力这一应用方式，一般采用特殊装置吸收太阳能，再转化为电能驱动汽车运行。而作为汽车辅助能源，主要作为电气设备上的辅助应用。

太阳电池方阵：太阳电池方阵是太阳能汽车的能源。方阵是由许多PV光电池板（通常有好几百个）组成。方阵类型受到太阳能汽车尺寸和部件费用等的制约。目前，主要有两种类型的光电池板：硅电池和砷化合物电池。环绕地球卫星使用的太阳电池是典型的砷化合物电池，而硅电池则更为普遍地为地面基础设备所使用。一般等级的太阳能汽车通常使用硅电池板，许多独立的硅片（接近1 000个）被组合，形成太阳电池方阵。依靠光伏电源供电动发动机驱动太阳能汽车。这些方阵的通常工作电压在50～200 V，并能提供1 000 W的电力。方阵输出功率的大小受到太阳、云层的覆盖度和温度的影响。超级太阳能汽车也使用通常类型的太阳能光电板，但更多的是使用太空级光电板。这种板很小，但是比普通的硅片电池板要昂贵得多，然而它们的使用效率非常高。

一般情况下，汽车在运动时，被转换的太阳能光被直接送到发动机控制系统。但有时提供的能量要大于发动机需求的电力，那么多余的能量就会被蓄电池储存以备后用。当太阳电池方阵不能提供足够的能量来驱动发动机时，蓄电池内的被储存的备用能量将会自动补充。当然，当太阳能汽车不运动时，所有能量都将通过太阳能光伏阵列储存在蓄电池内，也可以利用一些回流的能量来推动汽车。当太阳能汽车开始减速时，换用通用的机械制动，这时发动机将变成了一个发电机，能量通过发动机控制器反向进入蓄电池内进行储存。回充到蓄电池中的能量是非常少的，但是非常实用。

电力系统：太阳能汽车的心脏部位就是电力系统，它由蓄电池和电能组成，电力系统控制器管理全部电力的供应和收集工作。蓄电池组就相当于普通汽车的油箱。一个太阳能汽车使用蓄电池组来储存电能以便在必要时使用，太阳能汽车起动装置控制着蓄电池组，但是当太阳能汽车开动后，是通过太阳能阵列提供能量，从而再充到蓄电池组内。由于质量的原因，大量的蓄电池作为能量被使用是有限的。

目前，在太阳能汽车上所用的蓄电池主要有铅酸电池、镍镉电池、锂离子电池、锂聚合物电池。镍镉、镍氢和锂电池比普通的铅酸电池远远提高了蓄电能力，质量比普通电池要轻得多。但是它们很少在太阳能汽车中被广泛使用，主要是维护起来很麻烦，并且很昂贵。另外一种能够提供强劲能量的蓄电池就是锂离子电池，在今后蓄电池的储存能力将会更高。电池组是由几个独立的模块连接起来，并形成系统所需的电压。比较有代表性的系统电压一般是在 84~108 V。

电力控制系统：在太阳能汽车里最高级的组件部分就是电力系统，它们包括峰值电力监控仪、发动机控制器和数据采集系统。电力系统最基本的功能就是控制和管理整个系统中的电力。峰值电力监控仪电力来源于太阳能光伏阵列，光伏阵列把能量传递给另外的蓄电池用于储存或直接传递给发动机控制器用于推动发动机。当太阳能光伏阵列正在给蓄电池充电的时候，电池组电力监控仪会保护蓄电池组因过充而被损坏。电池组电力监控仪的号码数值随着设计而被使用在太阳能汽车里。峰值电力监控仪是由轻质材料构成，并且一般效率能达到 95% 以上。电动机控制器控制电动机的起动，而电动机起动信号是来自驾驶员的加速装置。对发动机控制器电力管理是通过程序来完成的。电动机的起动需要配备不同型号的电动机控制器，使用的工作效率一般超过 90%。很多太阳能汽车使用精确数据检测系统来管理整个太阳能汽车的电力系统，其中包括太阳能光伏阵列、蓄电池组、发动机控制器和电动机。在有些时候，我们需要掌控电池的电压和电流。从监控系统获得的数据常常用来判断太阳能汽车的状况，并用来解决太阳能汽车出现的问题。

电动机：在太阳能汽车里使用什么类型的发动机没有限制。大多数太阳能汽车使用的电动机是双线圈直流无刷电动机，在额定转速达到 98% 的使用效率。

太阳能汽车真正走进大众生活，还有很多难题需要解决，比如太阳能的采集与转换问题和造价太高。

太阳能的采集与转换问题：太阳能转换率只能达到 20% 左右，难以满足汽车高速行驶所需要的足够动力，而 7~8 m^2 的太阳能电池板也导致车身过大转动不够灵活，内部空间过于狭小。除此之外，电动机、电控也是太阳能汽车发展的关键技术。用于电动汽车的电动机有很多类型，目前太阳能车用电动机通常有直流电动机、交流诱导电动机、永磁同步电动机三种，其中交流诱导电动机存在效率滑落的缺点，永磁电动机目前价钱过高，所以目前太阳能车多用直流电动机，而直流电动机的工作效率也有待提高。

为了使车体轻、速度快，太阳能车普遍采用质轻价贵的航空、航天材料，造价昂贵，所以开发新的、经济的替代材料迫在眉睫。以清华大学的"追日"号为例，其采用的电池板是我国第五代产品，太阳能转化率只能达到 14%，造价很高，为得到 1 W 的电量需要花费 100 元人民币。

虽然太阳能汽车的发展仍存在着很多技术上的挑战，但不可否认的是在不可再生能源日益匮乏的今天，太阳能汽车是未来新能源应用的佼佼者。相信在不久的将来，太阳能定会在汽车上逐渐应用普及，利用太阳能驱动汽车完全可行，太阳能汽车可以应用于高尔夫球场、露天游乐场、大型野外动物园、园林草坪修剪服务等。

目前最可行的方式是将太阳能、风能发电用于电动汽车的充电网络中，解决电能来源于火电的问题。

第十一章 电池的管理系统

第一节 电池管理系统（BMS）的功能

电池管理系统简称 BMS，是 Battery Management System 的缩写。在生产和售后服务资料中多称为电池 ECU。

一、电池串联生热和一致性

1. 大容量单体电池容易产生过热

汽车动力电池采用大容量单体锂电池容易产生过热。单体电池有一定的温度耐受范围，在实际应用中如果体积过大，会产生局部过热，从而影响电池的安全和性能。因此，单体电池的大小受到限制，动力和储能电池不可能采用超大的单体锂离子电池。在苛刻的使用环境下，110 mm×110 mm×25 mm 的 20 A·h 锂离子电池，局部最高温度为 135 ℃；而 110 mm×220 mm×25 mm 的 50 A·h 锂电池，局部温度高达 188 ℃，更容易发生安全问题，所以有必要监测和控制温度。

2. 电池的性能不完全一致

基于现有的正极材料和电池制造水平，单体电池之间尚不能达到性能的完全一致，在通过串并联方式组成大功率大容量动力电池组后，苛刻的使用条件也易诱发局部偏差，从而引发安全问题。因此，为确保电池的性能良好、延长电池使用寿命（提升 50% 以上），必须使用 BMS 对电池组进行合理有效的管理和控制。生产和使用过程均会造成电池性能不一致，见表 11-1。

表 11-1 生产和使用过程均会造成电池性能不一致

生产过程	使用过程	造成的差异
生产工艺、材质有差异	长时间使用，材质老化不同步	电压、内阻、容量不同
生产的批次不同	—	容量、内阻不同
个别电池内部短路	电池自放电	电流、内阻不同
—	电池组内不同区域温度不同	电压、内阻、电流承受能力不同
—	串并联充放电工作电流	电压分布不均匀
—	系统局部漏电	SOC 变化不同

二、电池成组的问题

电池成组后主要的问题有以下几个方面：

1. 过充/过放

串联的电池组在充电/放电时，由于充/放电时化学反应不一致，部分电池可能先于其他电池充满/放完。继续充电/放电就会造成过充/过放，锂离子电池的内部副反应将导致电池容量下降、热失控或者内部短路等问题。

2. 过大电流

并联、老化、低温等情况，均会导致部分电池的电流超过其承受能力，降低电池的寿命。

3. 温度过高

局部温度过高，会使电池的各项性能下降，最终导致内部短路和热失控，产生安全问题。

4. 短路或者漏电

因为振动、湿热、灰尘等因素造成电池短路或漏电，威胁驾乘人员的人身安全。

三、电池管理系统的功能

BMS 的功能是要避免电池成组后出现的问题，因此需要动态监测动力电池组的工作状态，为此要利用电池电压、电流和温度进行管理。

1. 输入信号

1）电压

利用成组或每块电池的端电压进行电池一致性计算、总电压计算，采集成组后的电池是降低成本和提高可靠性的一种实用方式。

2）温度

对每个电池的温度进行直接监测是不现实的，实用的汽车制造商采用的方法是监测电池箱内的温度，作为温度控制的依据。

3）电流

利用电流信号估算出各电池的荷电状态（State of Charge，SOC）；利用电流和电压共同推断电池的健康状态（State of Health，SOH）和电化学状态（State of Electroformation，SOE）。

2. 输出控制

1）充电机控制

通过控制充电机，防止电池产生过充电或过放电现象，同时能够及时给出电池状况，找出故障电池所在箱号和箱内位号，挑选出有问题的电池，保持整组电池运行的可靠性和高效性。

2）SOC 仪表

将估算的剩余电量显示出来或换算成可行驶里程，同时，还需要有自动报警和故障诊断功能，方便驾驶员操作和处理。

BMS 的主要任务和输入的信号见表 11-2。

表 11-2 BMS 的主要任务和输入的信号

BMS 的主要任务	输入的信号	执行部件
防止过充	电池电压、电流、温度	充电机
避免过放	电池电压、电流、温度	电动机功率转换器
温度控制	电池温度	冷热空调（风扇等）
保持电池组件电压和温度的平衡	电池电压和温度	平衡装置
预测电池的 SOC 和剩余行驶里程	电池电压、电流、温度	显示装置

充电站充电机的性能的要求是容量大、寿命长、响应快速、可涓流充电，因此对 BMS 的要求方面有所不同，但总体功能仍与动力电池 BMS 类似，起到监控电池 SOC 和 SOH 状态、动态充放电、智能管理和输出控制等功能。

第二节 丰田普锐斯电池管理系统

一、系统主要部件

第二代丰田普锐斯的电池箱结构如图 11-1 所示。

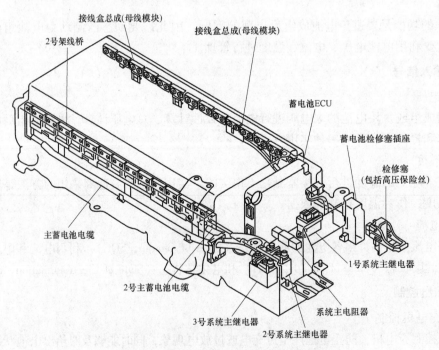

图 11-1 第二代丰田普锐斯的电池箱结构

二、电池管理系统网络结构

混合动力蓄电池系统的主要作用是通过使用蓄电池 ECU 监控 HV 蓄电池总成的状况，

并将此信息传送给 HV ECU。此外，混合动力蓄电池系统控制蓄电池鼓风机电动机控制器，以使 HV 蓄电池总成的温度保持在适当范围内。

蓄电池 ECU 使用 CAN（控制器区域网络）保持与混合动力车辆控制 ECU、ECM 和空调放大器间的通信（见图 11-2）。

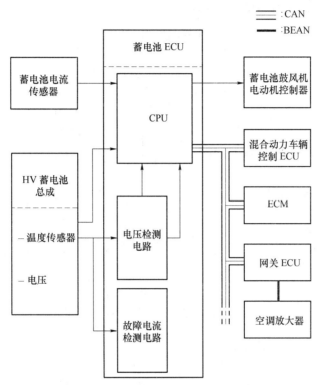

图 11-2 丰田普锐斯电池管理系统通信网络

提示：因为蓄电池 ECU 连接到 BEAN，所以数据通过网关 ECU 传送。

三、系统控制

1. HV 蓄电池总成管理和安全保护功能

车辆加速时，蓄电池总成放电。车辆减速时，蓄电池总成通过转换制动能量充电。蓄电池 ECU 根据电压、电流和温度测算 HV 蓄电池的 SOC（充电状态），然后将结果发送至 HV ECU。结果，混合动力车辆控制 ECU 根据 SOC 执行充电和放电控制。

如果故障发生，则蓄电池 ECU 执行安全保护功能，依照故障程度保护 HV 蓄电池总成。

2. 蓄电池鼓风机电动机控制

车辆行驶时，为了控制 HV 蓄电池总成温度的升高，蓄电池 ECU 根据 HV 蓄电池总成的温度决定并控制蓄电池鼓风机电动机的转速。

3. MIL 故障灯控制

如果蓄电池 ECU 检测到影响排放的故障，它将把 MIL（故障灯）点亮的请求输送给混合动力车辆控制 ECU，由混合动力控制 ECU 控制仪表故障灯（蓄电池 ECU 不直接点亮 MIL）。

四、系统工作原理

丰田普锐斯镍氢电池管理系统电路如图 11-3 所示。从图可知其电池管理系统对电池的管理采用了分组管理，168 块电池分成 14 组，一组的电池数为 12 个单体，标称电压为 14.4 V，蓄电池总电压是各组电池电压的和。

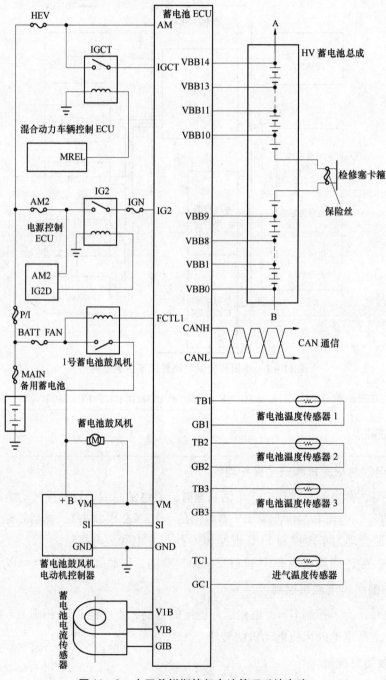

图 11-3　丰田普锐斯镍氢电池管理系统电路

蓄电池的电流监测通过霍尔式电流传感器实现，对蓄电池的电流进行数值积分可确定电池容量（SOC）。

镍氢电池的温度由电池箱内的三个温度传感器确定，电池的进风口采用一个温度传感器，出风口采用两个温度传感器。进气鼓风机采用调速控制模块进行转速控制，由进风口和出风口温度差以及一个进风口进气温度传感器决定转速。

电池管理系统产生上述信息和自诊断的故障等信息通过 CAN 总线实现网络共享。

第三节　电池管理系统技术

蓄电池管理系统主要执行以下工作：电压、电流与温度测量；计算电池 SOC；计算电池放电深度 DOD；计算最大允许放电电流；计算最大允许充电电流；预测蓄电池寿命指数和 SOH；故障诊断。

一、SOC 的估算方法

传统的 SOC 基本估算方法有开路电压法、内阻法和安时法等。近年来又相继研发出许多对电池 SOC 的新型算法。各种智能算法和新型算法不够成熟，有些复杂算法在单片机系统上难以实现。为了更准确估算 SOC，在算法中还需要考虑对电池的温度补偿、自放电和老化等多方面因素，这也加大了算法的复杂程度。目前，国内实际应用的实时在线估算 SOC 的方法大多采用以电流积分为主，加上不同的电压修正的方式（开路电压法、零负载电压法），但是测量精度还达不到很好的效果。

1. 开路电压法 OCV

开路电压法 OCV 是电池在充分静置之后测得的开路电压值，计算 SOC，正相关性容易受温度、静止时间等因素的影响；电压处于平台上，SOC 估算易造成较大误差。

2. 直流内阻法

直流内阻在 SOC 的处于 50% 以下时，呈负相关性，当 SOC 处于 50%～80% 时不适用；直流内阻很小，准确测量困难；受其他很多非线性因素的影响。

电池电解液有效质量法适合铅酸电池，不适合镍氢电池和锂离子电池；其他方法还有零负载电压法、放电法、在线辨识电池的准确模型法、电化学分析法、线性模型法等。

3. 安时法（电流积分）

安时法是目前唯一可以精确计算电池组 SOC 的方法，要求标定 SOC 初始值，需要精确计算充电效率或放电倍率，需要以恒电流对电池组进行充放电，必须将电池组彻底放电，存在累计误差。

二、动力电池组的安全管理

动力电池组管理系统要承担动力电池组的全面管理，一方面保证动力电池组的正常运作，显示动力电池组的动态信息并能及时报警，使驾驶员随时都能掌握动力电池组的情况；另一方面要对人身和车辆安全进行保护，避免因电池引起的各种事故。

电池与电池、电池组与电池组之间需要用高压电缆连接。当动力电池组的总电压较高或采用高压直流输出时，高压电缆的截面积比较小，有利于电线束的连接和固定，但高电压要求有更可靠的防护。

当动力电池组的总电压较低时，则电流比较大，高压电缆的截面积则比较小，高压电缆很硬，不能随意形变，安装较不方便。各个电池箱之间还需要用高压电缆将各个电池箱串联起来，一般在最后输出箱中加装手动或自动断电器，以便在安装、拆卸和检修时切断电流。另外，在电池箱中还有各种传感器线束，因此在汽车上有尺寸很长的各种各样的电线束，要求电线之间有可靠的绝缘，并能快速进行连接。

动力电池组的总电压可以达到 90~400 V，高电压对人体会造成危害，应采取有效的隔离措施，一般是将动力电池组与车辆的乘坐区分离，将动力电池组布置在地板下面或车架的两侧。在正常的情况下，车辆停止使用时，通常会自动切断电源，只有在汽车起动时才接通电源。当汽车发生碰撞或倾覆时，电池管理系统应能立即切断电源，防止高压电引起的人身事故和火灾，并防止电解液造成的伤害，以保证人身安全。可以利用安全气囊触发 BMS 管理系统控制自动开关断开。

电池自身的安全问题，尤其是锂离子电池在过充电时会着火甚至爆炸，因此电池使用的安全问题是国内外各大汽车公司和科研机构当前所面临和必须解决的难题，它直接影响电动汽车是否能够普及应用。BMS 在安全方面主要侧重于对电池的保护，以及防止高电压和高电流的泄漏，其所必备的功能有：过电压和过电流控制、过放电控制、防止温度过高、在发生碰撞的情况下关闭电池。这些功能可以与电气控制、热管理系统相结合来完成。许多系统都专门增加电池保护电路和电池保护芯片。例如 BMS，其智能电池模块的电路设计还具有单体电池断接功能。安全管理系统最重要的是及时准确地掌握电池各项状态信息，在异常状态出现时及时发出报警信号或断开电路，防止意外事故的发生。

三、电池箱热管理系统

汽车上使用的动力电池组在工作时都会有发热现象，不同的蓄电池的发热程度各不相同，有的蓄电池在夏季采用自然通风即可满足电池组的散热要求，但有的蓄电池则必须采取强制通风来进行冷却，才能保证电池组正常工作并延长蓄电池的寿命。

至于蓄电池工作时，会产生较高的温度，理想情况是可以充分利用其产生的热量用于取暖和风挡玻璃除霜等，使热量得到管理与应用，但实际汽车结构设计决定很难利用这部分热能或不经济。

另外，北方冬季有的蓄电池需要加保温电池箱并设计恒温控制系统。电池组装在一个系统中，各个蓄电池的温度应保持一致或相接近。

根据动力电池组在电动车辆上的布置，动力电池组的温度管理系统中，首先应合理安排动力电池组的支架，要求便于动力电池组或其分组安装，能够实现机械化装卸，便于各种电线束的连接。在动力电池组的支架位置和形状确定后设计通风管道、风扇、动力电池组 ECU 和温度传感器等。

电池在不同的温度下会有不同的工作性能，如铅酸电池、锂离子电池和镍氢电池的最佳工作温度为 25 ℃~40 ℃。温度的变化会使电池的 SOC、开路电压、内阻和可用能量发生变化，甚至会影响到电池的使用寿命。温度的差异也是引起电池不均衡的原因之一。

热管理系统的主要任务是使电池工作在适当的温度范围内，降低各个电池模块之间的温度差异。

使用车载空调器可以实现对电池温度的控制，这也是电动汽车常用的温度控制方法，例如利用空调制冷剂通入蓄电池的散热器内部。

四、电池组均衡方法

电池组（PACK）有别于单体电池，在目前的锂离子电池制造水平下，单体之间的性能差异在其整个生命周期里不可避免会存在，组合成多节串联电池组后如不采取技术措施，单体电池在充放电过程中的不一致会导致单体电池由于过充、过放而提前失效，要想避免单体电池由于过充、过放导致提前失效，使电池组的性能指标达到或者接近单体电池的水平，必须对电池组中单体电池进行均衡控制，电池组均衡的使命是：将多节串联后的电池组内部各电池单体充放电性能恶化减到最小或使其消失。

避免电池组内部各电池单体放电时产生性能恶化，采用简单的控制电路就可做到，但充电时避免电池组内部各电池单体产生性能恶化，却有较大难度，这使充电均衡成为电池组均衡的一个主要问题。

1. 均衡控制方法

多节动力电池组的均衡控制有单体充电均衡、充放电联合均衡和动态均衡三种。

1) 充电均衡

对电压低的单体电池进行充电以达到平衡，一个容量及放电功率平衡设计良好的系统中，只要充电均衡控制到位，最差单体电池的性能也能达到出厂指标。

2) 充放电联合均衡

如果充电均衡控制不能到位，充放电联合均衡就变得非常重要，在这一情况下，总均衡量是充放电均衡量相加和，但这种方式对电池非常不利，因为，充电时仍有可能出现过充。

放电均衡是使电池组放电时，其放出能量为所有电池能量的平均和。放电均衡决不能解决单体锂电组合成电池包后性能恶化的主要问题。

事实上无须放电均衡，此时的充电均衡控制到位指每次充电均衡控制，都可使最差单体电池的电压恢复到充满，这一均衡方式下的电池组各项性能由最差单体电池的性能决定，最差单体电池的性能如果达到出厂指标，电池组各项性能就能达到设计指标。

3) 动态均衡

动态均衡即是在锂电的使用和闲置全程中进行的充放电均衡。它可以通过延长均衡的时间来掩盖充放电均衡量不够所产生的问题。在动态均衡下，因为电池每时每刻都在细微均衡，故在充电和放电时所需要的均衡量大幅下降。

五、电池均衡技术

为了克服电池不一致带来的严重影响，在电池使用中，人们提出了对电池进行均衡的要求。为此，近十几年来，许多电池管理系统（BMS）的研发者，采用了各种各样的方法来进行电池的均衡。归纳起来有以下几种方法：

1. 分流法（旁路法）

在充电时，当某一电池的充电电压超过设定值时，通过并联在该电池的电阻分流该电池的一部分电流，从而达到降低该电池充电电压的目的。这种方案结构复杂，体积大，分流时发热量大，通用性差。此种分流方法，未必非要在电池过压后才开始分流，可以在电压比平均电压高时就开始分流平衡。

2. 切断法

在充电时，当某一电池的充电电压超过设定值时，通过自动控制开关切断该电池的电路，同时闭合旁路开关，电流绕过这块电池，继续向下一块电池充电。切断法开关个数是电池数目的2倍。切断法需要充电器配合，要求充电器够动态适应1个电芯到全部电芯充电的能力，且在切换电池后要能够动态的调整充电电压、充电电流，实现恒流、恒压充电以及浮充等，对充电器的要求比较高。

3. 并联法

并联法就是把电池按先并后串的连接方式使用。这也是一些电池生产厂家和电池的使用者，企图利用一些小容量电池组成大容量、高电压电池组所采用的方法。电池并联后，无法测量各单体电池的电压，因而就无法实施对电池组中各单体电池的监控。可见，用并联法是无法实现电池组电池的均衡效果的。

六、电池管理系统的故障诊断

故障诊断功能是BMS的重要组成部分，故障诊断可以在动力电池组工作过程中，实时掌握电池的各种状态，甚至在停机状态下也能诊断动力电池系统的各个部分（包括电池模块）。

故障级别分为：一般故障、警告故障和严重故障。

BMS根据故障的级别将电池状态归纳成尽快维修、立即维修和电池寿命警告三类信息传递到仪表板以警示驾驶员，从而保护电池不被过分使用。

1. 起动过程的BMS硬件故障诊断

（1）传感器信号的合理性诊断。

（2）电池组电压信号合理性诊断。

（3）起动过程电流信号的合理性诊断。

（4）起动过程温度信号的合理性诊断。

2. 行车过程的BMS诊断

（1）对电压、电流和温度传感器进行诊断。

（2）电池组电压一致性故障诊断。

（3）电池组充电过程的过流、过充、充电电压变化率过大的故障诊断。

（4）电池组放电过程的过流、过放、放电电压变化率过大的故障诊断。

（5）通信系统故障诊断。

（7）鼓风机故障诊断。

（8）高压电控制故障诊断。

3. 故障诊断的处理

（1）分三种不同级别进行（报警、故障与危险）。

（2）通过 CAN 总线送至仪表和汽车管理系统。

（3）故障诊断结果参与电池实际工作电流的控制。

（4）进行高压上下电控制。

第十二章

DC/DC 转换器

第一节 DC/DC 转换器简介

一、什么是 DC/DC 转换器

DC/DC（Direct Current，DC）转换器是直流/直流转换器的缩写。

燃油车和电动汽车的辅助子系统两者的主要区别在于，燃油车的辅助蓄电池由与发动机相连的交流发电机来充电，而电动汽车的辅助蓄电池则由主电源通过 DC/DC 转换器来充电。电动汽车或混合动力汽车中用来推动电动机转动的能量来自于动力蓄电池，动力蓄电池为数块电池串联，电压较高，所以也叫高压电源。

电动汽车中 DC/DC 转换器其主要功能如下。

1. 高压/低压转换器

单向 DC/DC 把蓄电池高压直流降压为燃油汽车中发电机的直流电压如 12 V 或 24 V。例如将 400 V 蓄电池在汽车行驶中会降到电动机不能工作的电压，如电压 280 V，DC/DC 转换器保证在 280~400 V 变化电压区间内输出稳定的 14 V 电压。

另外，当主蓄电池完全放完电之后，汽车已经不能行驶时，DC/DC 转换器仍能从蓄电池中吸取能量向电动汽车的基本辅助子系统提供稳定 14 V 电力。

2. 高压/高压转换器

采用 DC/DC 转换器将蓄电池高压升为更高的直流电压来驱动电动机，可提高系统的工作效率。

3. 低压/高压转换器

在高压蓄电池容量不能驱动汽车时，为了让汽车能开离路面，防止阻塞交通，而采用 DC/DC 转换器将 12 V/24 V 铅酸电池电压升为高压锂离子电池（或镍氢电池）的电压来驱动电动机。

二、DC/DC 转换器分类

1. 升压型和降压型

升压型 DC/DC 转换器主要用于高压电池数目少，高压数值低的情形，为了提高电动机效率，采用了升压型。降压型 DC/DC 转换器主要用在高压电池和铅酸蓄电池之间。

2. 全桥型和半桥型

全桥型和半桥型转换器，详见本章第三节。

3. 非绝缘型和绝缘型

非绝缘型转换器是电路两侧通过电子元件相连通，绝缘型转换器是电路两侧采用变压器隔离，采用磁能交换。绝缘型 DC/DC 转换器的换能部件是变压器。变压器由一次侧（输入侧、动力蓄电池侧）和二次侧（输出侧、铅蓄电池侧）两种线圈构成。线圈匝数比与电压比成比例。利用变压器改变电压时，变压器需通过交流电压。动力蓄电池是直流电压，DC/DC 转换器通过控制芯片控制功率半导体导通、截止，将动力蓄电池的直流电压转换成交流电压。利用变压器转换交流电压，再利用功率半导体将交流电压转换成 14 V 的直流电压。利用功率半导体转换交流和直流时，负载电容器抑制电压波形的噪声，平滑输出电压。这两种 DC/DC 转换器的工作效率都很高，一般为 85%～95%，并且适于商用。非绝缘型转换器结构简单和成本低，而绝缘型转换器则能将主电源的高等级电压与辅助蓄电池的低等级电压隔离开来，更加安全可靠。

4. 单向和双向

单向 DC/DC 转换器只能向一个方向实现电压转换，双向 DC/DC 转换器能互相实现电压转换。

第二节 电动汽车辅助子系统

在电动汽车中，除动力电动机的高压 400 V 外，人们常把空调器、收音机、喇叭、车灯系统、电动车窗、雨刷、动力转向系统、液压制动、气动制动、空调加热器等统一称为辅助子系统，它们的电压多为 14 V 或 28 V。传统汽油发动机当转速低时，如果空调、音响及车灯等同时使用，即使发动机仍在运行，有些条件下也会出现电力不足现象。使用动力蓄电池和 DC/DC 转换器之后，可以不必考虑发动机的转速而为铅蓄电池充电。在传统的燃油车中只有起动用的起动蓄电池，一般只用一个 12 V 或 24 V 的蓄电池为辅助子系统供电。

一、保留铅蓄电池的必要性

电动汽车以动力蓄电池为电源，能够利用 DC/DC 转换器为铅蓄电池充电。因此，混合动力车装备 DC/DC 转换器之后，还可省去原车交流发电机。

混合动力车和电动汽车保留了铅蓄电池，这样做有两大原因：一是保留铅蓄电池更能够降低整个车辆的成本；二是确保电源的冗余度。铅蓄电池能在短时间内向空调、雨刷及车灯等释放大电流。如果省去铅蓄电池，通过 DC/DC 转换器将动力蓄电池的电力用于空调及雨刷会导致 DC/DC 转换器的尺寸增大，从而使整体成本增加。另外，铅蓄电池便宜，因此目前将铅蓄电池置换成动力蓄电池（锂等）还没有成本上的优势。铅蓄电池还有确保向低压供电的冗余度的作用。DC/DC 转换器出现故障停止供电时，如果没有铅蓄电池，低压电就会立即停止运行。夜间车灯不亮，雨天雨刷停止运行等，就会影响驾驶。如果有铅蓄电池，便能够将汽车就近开到家里或者修理厂。

二、低压系统

汽油车电器通常采用12 V供电，所以DC/DC转换器降压输出发电机发电时的14 V，对于电气系统的柴油车要降压为28 V。

注意：在电动汽车上中，我们通常将高于60 V的直流电压称为高压，这与工业用电和特种产品对高、低压的电压界限是完全不同的，不能将工业用电和特种产品的电压规定乱用于电动汽车。

三、高压系统

为了节约能量，对于那些功率大的设备，如电动机控制器、动力转向系统、液压制动或气动制动系统、空调除霜器（加热器）等要采用较高的电压供电，因此有几个DC/DC转换器，它们降压分别输出常规的14 V、28 V之外，还要采用48 V甚至120 V的次高压。这使得电动汽车的辅助蓄电池系统比燃油车的原车系统更为复杂。

电动汽车辅助子系统的能量消耗比燃油车大得多。各种辅助子系统的功耗见表12-1。从表中可以看出，空调是电动汽车辅助子系统中功耗最大的子系统，它的功耗占所有辅助子系统功耗的60%~75%。为了减少空调器的损耗，通常采用120 V的电压等级供电。此外，为了避免辅助蓄电池的能量在短时间内耗尽，大功率的子系统，如空调、动力转向系统、液压制动或气动制动系统和除霜器等，应当只有在接触器闭合时才能工作，这样可以直接从主电源中获取所需的动力。

表12-1 电动汽车辅助子系统的功耗

辅助子系统	工作状态	功耗/W	辅助子系统	工作状态	功耗/W
空调	高压连续	2 000~4 000	仪表	连续	30
收音机	连续	20	停车灯、转向灯及车内灯	断续	50
接触器	连续	20	动力转向系统	连续	400
驱动控制器	连续	150	液压制动或气动制动系统	高压连续	1 500
能量管理系统	连续	150	电动汽车窗	断续	80
车头灯和尾灯	连续	120	车窗除霜器	高压连续	250
喇叭	断续	10	雨刮器	连续	40

DC/DC转换器的优化容量。优化容量表示电池的充电和放电过程能够相互平衡，而且辅助蓄电池一直保持满充状态。例如：如果选择更大的容量，则充电过程就比放电过程占优势，就会导致DC/DC转换器尺寸过大或者出现辅助蓄电池过充的问题；如果选择小一点的容量，则电池的放电过程就比充电过程占优势，这将会导致辅助蓄电池在紧急情况下使用时失去满充状态。除空调、动力转向、液压制动或气压制动和除霜器之外，其他子系统的能耗大约为700 W，所以选DC/DC转换器至少为1 kW。

注意：液压制动能量消耗是电动机拖动液压制动的电动真空助力泵能耗；气压制动能耗是给储气筒打气的电动空气压缩机的能耗。

一般电动客车只有一个 DC/DC 转换器，把高压如 400 V 直流降压为 14 V 或 28 V 直流，这样的空调系统直接采用蓄电池直流电压 400 V 供电，交流 400 V 给空气压缩机电动机和转向油泵电动机供电。对于高档电动车可以有几个 DC/DC 转换器，从而产生不同的直流电压，同时也有不同的 DC/AC 转换器产生不同的交流电压驱动不同系统的电动机。当然也可以把低压直流如 200 V 升为高压直流 600 V，不过这种升压是为动力电动机驱动汽车使用。

如图 12 – 1 所示，日本尼吉康（NICHICON）在"CEATEC JAPAN 2008"上展出了电动汽车用 DC/DC 转换器。DC/DC 转换器配备在了富士重工业的电动汽车"PLUGIN STELLA CONCEPT"上。

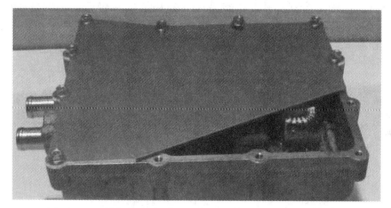

图 12 – 1　配备在富士重工业电动汽车上的 DC/DC 转换器

DC/DC 转换器用于将数百伏的车载电池电压降至可在车内使用的 14 V 或 28 V。此次的展示品将 220 ~ 400 V 电压降到了 14 V 及 28 V，输出电流为 60 ~ 120 A。

为了支持全球各国的家用电源电压，DC/DC 转换器及充电器的输入电压为 100 ~ 265 V。输出电压最大为 28 V，转换效率最大为 88%。

决定 DC/DC 转换器性能的主要因素是变压器，包括变压器的大小、形状以及支持的开关频率。通过提高开关频率，可减小变压器和整流电路的尺寸。因为频率提高，可使功率半导体单位时间的开关次数增加。不过，为防止接近收音机 AM 广播的频率，过去一直采用 70 kHz 频带。最近由于抑制噪声的技术取得进步，采用了 110 kHz 频带。

变压器的铁芯材料采用铁氧体材料"PC95"。PC95 的原料为 Fe（铁）、Mn（锰）、Zn（锌）。Fe 的混合比例不同，主要是为降低在有些温度下出现的铁损增大、效率降低现象。最新的铁芯可在很大的温度范围内减小铁损。铁损以磁滞损耗为主，还包括涡流损耗。

世界首款量产混合动力车普锐斯的投入使用已经 12 年。DC/DC 转换器单位体积的功率密度逐年提高，估计今后也是这一趋势。

包括 DC/DC 转换器和逆变器在内的 PCU（功率控制单元）及镍氢动力蓄电池这些器件在混合动力车中曾配置在后座后面，也可配置在后备厢下面，以使后备厢的可用空间比以前增大，DC/DC 转换器的小型化有利于扩大后备厢容量，降低成本。

今后 DC/DC 转换器功能改进的方向之一是双向化。现在使用的 DC/DC 转换器只是单向改变电压，现在也存在要求双向的需求。当动力蓄电池的电力不足时，便可将铅蓄电池的电力输入动力蓄电池，以备紧急之需，这也是确保冗余度的方法。有些车型还追加 DC/AC 输出端及升压转换器等转换器部件。

DC/DC 转换器不断小型化、轻量化、效率不断提高。DC/DC 转换器不同时代规定了变压器的种类及 DC/DC 转换器电路的基本构造。水冷/空冷、端子位置，壳体形状等根据采用车型进行设计，基本构造以严酷环境下的空冷为前提设计。

第三节　单、双向 DC/DC 转换器

实现降压的 DC/DC 转换器的主电路结构有很多，其中 BUCK 型 DC/DC 转换器以其结构简单、变换效率高的特点成为首选的 DC/DC 变换电路拓扑结构之一。

DC/DC 转换器一般由控制芯片、电感线圈、二极管、三极管、电容器构成。基本 BUCK 型 DC/DC 转换器电路的原理如图 12 - 2 所示，U_{in} 是输入电压，U_o 是 BUCK 电路的输出电压，C_{in} 是输入电容，S 是主功率开关管，D 是主功率二极管，L 是储能电感。

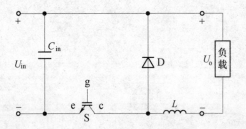

图 12 - 2　基本 BUCK 型 DC/DC 转换器电路的原理

基本 BUCK 电路的工作过程如下：当开关管 S 导通时，电流经负载、电感 L 流过 S 并线性增加，电能以磁能形式存储在电感线圈 L 中，同时给负载供电，电容 C、负载、L、S 构成回路，此时由于二极管 D 的阳极接负，D 处于截止状态，当 S 由导通转为截止时"存储在电感"中的能量释放出来，通过 D 续流维持向负载供电，L、D 和负载构成回路，若周期性地控制开关管 S 的导通与关断，即可实现能量由 U_{in} 向 U_o 的降压传递，电路的输出电压 $U_o = \delta U_{in}$，δ 为开关管 S 的导通占空比。为达到上述降压传递，开关管 S 与二极管 D 必须轮流导通与关断，两者之间频繁地进行换流。

在燃料电池汽车上燃料电池只是由燃料产生电能，而不能储存电能，因此采用了单向 DC/DC 转换器。燃料电池汽车采用的电源有各自的特性，燃料电池只提供直流电，电压和电流随输出电流的变化而变化。燃料电池不可能接受外电源的充电，电流的方向只是单向流动。燃料电池汽车采用的辅助电源（蓄电池和超级电容）在充电和放电时，也是以直流电的形式流动，但电流的方向是可逆性流动。

燃料电池汽车上的各种电源的电压和电流受工况变化的影响呈不稳定状态。为了满足驱动电动机对电压和电流的要求及对多电源电力系统的控制，在电源与驱动电动机之间，用计算机控制实现对燃料电池汽车的多电源的综合控制，保证燃料电池汽车的正常运行。燃料电池汽车的燃料电池需要装置单向 DC/DC 转换器，蓄电池和超级电容需要装置双向 DC/DC 转换器。

一、全桥 DC/DC 转换器

燃料电池发动机输出的电压一般为 240 ~ 450 V，燃料电池的输出电压随着燃料电池输出的电流的增大而减小。另外，由于燃料电池不能充电，因此，配置单向全桥 DC/DC 转换器，将

燃料电池的波动电流转换为稳定、可控的直流电源。全桥 DC/DC 转换器输入端用 4 个导通开关和 4 个整流二极管共同组成大功率的直流电转换器（IGBT），中部为高频变压器 Tr，输出端用 4 个整流二极管共同组成整流器。绝缘型全桥 DC/DC 转换器电路的原理如图 12 - 3 所示。

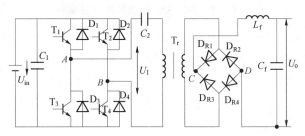

图 12 - 3 绝缘型全桥 DC/DC 转换器的原理

当导通开关 T_1 先导通时，在延迟一定的 α 电位角后再导通开关 T_4，而 T_2 和 T_3 被截止。T_1 和 T_4 轮流导通 180°电位角，此时电压 $U_1 = U_{in}$。然后转换为开关 T_2 先导通，在延迟一定的电位角后，再导通开关 T_3，而 T_1 和 T_4 被截止，T_2 和 T_3 轮流导通 180°电位角，此时电压 $U_1 = -U_{in}$。当控制 4 个开关管轮流导通时，将产生交变电压和电流，在 A、B 两个点上可以得到一个交流方波电压和电流。

在交流方波电压原边电路中串联一个电容 C_2，以防止变压器的磁偏心，然后将交流方波电压 U_1 输入到变压器 T_r 的原边中，变压器通过调节占空比来调节输出电压 U_o，控制和保持副边输出电压 U_o 的稳定。副边后面与一个 4 管整流器相连接，通过整流后在 C、D 两个点上可以得到一个直流电压。C、D 电路中加入由电感 L_f 和电容 C_f 组成的滤波器，将直流方波电压中的高频分量滤除，得到一个平直的直流电压。

只要改变导通时间，就可以调节输出电压 U_o 的值。选择智能控制的大功率全桥 DC/DC 转换器，可以有良好的自我保护能力和使用寿命。

DC/DC 转换器的外特性如图 12 - 4 所示，单向 DC/DC 转换器的控制框图如图 12 - 5 所示。根据燃料电池汽车的动力性能设计要求，确定 DC/DC 转换器输出电压的给定值。当燃料电池电流逐渐增大时，电压基本保持平稳，通过对输出电压的闭环控制，实现 DC/DC 转换器的恒压输出（图 12 - 4 中的 AB 段）。当燃料电池电流继续增大、电压快速下降时，通过对输出功率控制，实现 DC/DC 转换器的恒功率输出（图 12 - 4 中的 BC 段）。由于燃料电池的电压达到下限值要受到所反应的温度、压力和环境等的影响，图 12 - 4 的 BC 段的功率不能事先给定，而是用此时通过燃料电池的输出电压和电流来测定，并实时对 DC/DC 的输出功率进行调节，这是保证燃料电池不会发生过放电的关键措施。当 DC/DC 转换器达到最大输出电流时，电压迅速下降（图 12 - 4 中 CD 段）为恒电流段，其电流值决定 DC/DC 转换器的最大输出电流。

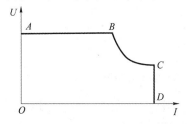

图 12 - 4 DC/DC 转换器的外特性

图 12-5 DC/DC 转换器的控制框图

控制芯片控制功率半导体导通、截止。调制方式有 PFM（脉冲频率调制方式）和 PWM（脉冲宽度调制）两种方式。PFM 调制时开关脉冲宽度一定，通过改变脉冲输出的时间，使输出电压达到稳定。PWM（脉冲宽度调制）方式开关脉冲的频率一定，通过改变脉冲输出宽度，使输出电压达到稳定。通常情况下，采用 PFM 和 PWM 这两种不同调制方式的 DC/DC 转换器的性能不同点见表 12-2。

表 12-2 两种不同调制方式转换器的性能不同点

项目	PFM	PWM
电路规模（IC 内部）	简单	复杂
消耗电流	较少	较多
纹波电压	较大	较小
瞬态响应	较差（反应较慢）	较好（反应较快）

在选用较低频率的情况下，小负载时，效率较高，输出电压的纹波较大。在选用较高频率的情况下，小负载时，效率很低，输出电压的纹波较小。因此，在小负载或待机时间较长的情况下，选用低的频率，转换电路的效率较高，但若考虑输出电压的纹波问题，若选用高的频率，纹波电压会较小。DC/DC 转换器通过开关动作进行升压或降压，特别是晶体管或场效应管处于快速开关时，会产生尖峰噪声以及电磁干扰。

二、双向 DC/DC 转换器

在以蓄电池和超级电容器组成的混合电源上，一般蓄电池以稳态充、放电的形式工作，而超级电容在电动车起动时，能够以大电流的放电形式工作，在接受外电源或制动反馈的电能时又能以大电流的充电形式工作。蓄电池和超级电容的电流为双向流动，因此，在蓄电池和超级电容与电力总线之间装置双向、升降压（Buck-Boost）型 DC/DC 转换器，双向控制和调配所输入和输出的电流。非绝缘型升降压双向 DC/DC 转换器电路如图 12-6 所示。

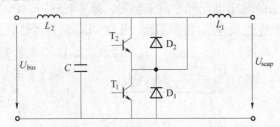

图 12-6 非绝缘型升降压双向 DC/DC 电流转换器电路

在升、降压双向 DC/DC 转换器的输入端用 2 个导通开关和 2 个整流二极管，分别组成 2 个大功率的直流电转换器（IGBT），在输入端装有电感器 L_2 和电容器 C，在输出端装有电

感器 L_1。双向 DC/DC 转换器处于充电工况时，导通开关 T_1 切断，导通开关 T_2 导通，充电机或制动反馈的电流，经由动力总线向蓄电池或超级电容器中充电。在通过电感 L_1 时，部分电流暂时存留在电感 L_1 中，当导通开关 T_2 断开后，电感 L_1 中存留的电流通过整流二极管 D_2 转存在电容器 C 中。双向 DC/DC 转换器在对超级电容器充电时处于降压状态。在超级电容器电路上装置电感 L_1 还可以减小进入超级电容器线路的电流脉冲。

双向 DC/DC 转换器处于放电工况时，导通开关 T_1 导通，导通开关 T_2 切断。蓄电池或超级电容器放电，电容器 C 中储存的电荷也同时放电，电流方向是由超级电容器向动力总线方向流动，DC/DC 转换器对外放电处于升压状态。在总线电路上装置电感 L_2 可以减小进入总线的电流脉冲。

三、轿车用 DC/DC 转换器

1. 丰田普锐斯用单向 DC/DC 转换器

1）增压和降压转换器

如图 12-7 所示，增压转换器将 HV 蓄电池输出的额定电压 DC 201.6 V 增压到 DC 500 V 的最高电压。转换器包括增压 IPM（集成功率模块），其中内置的 IGBT（绝缘栅极双极型晶体管）进行转换控制，而反应器存储能量。通过使用这些组件，转换器将电压升高。MG_1 或 MG_2 作为发电机工作时，变频器通过其一将交流电（201.6 V，500 V）转换为直流电，然后增压转换器将其降低到 DC 201.6 V 为 HV 蓄电池充电。

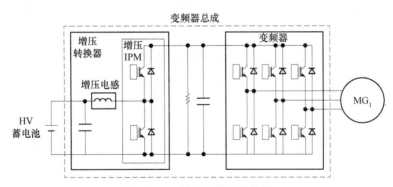

图 12-7 增压和降压转换器

2）DC/DC 转换器

如图 12-8 所示，车辆的辅助设备，如车灯、音响系统、空调系统（除空调压缩机）和 ECU，它们由 DC 12 V 的供电系统供电。由于二代混合动力普锐斯发电机输出额定电压为 DC 201.6 V，因此，需要转换器将这个电压降低到 DC 12 V 来为备用蓄电池充电，这个转换器安装于变频器的内部。

2. 奔驰 400 双向直流电压转换器

如图 12-9 所示奔驰 400 双向直流电压整流器，支持发动机停止时的 12 V 蓄电池（高压蓄电池→12 V 蓄电池）支持实现助力效果的高压蓄电池（12 V 蓄电池→高压蓄电池），通过 12 V 充电器或保养车辆进行跨接起动（12 V 蓄电池→高压蓄电池），通过电容器进行自放电。

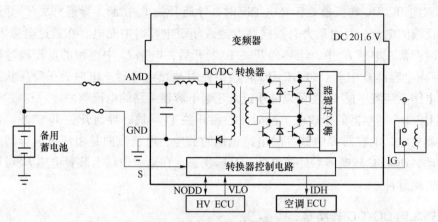

图 12-8 DC/DC 转换器系统

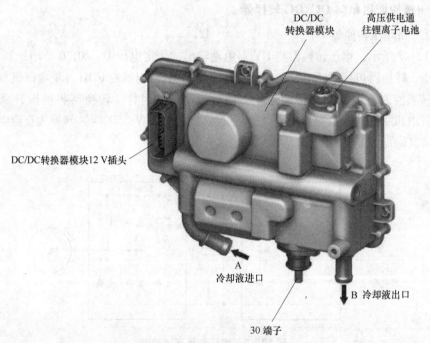

图 12-9 奔驰 400 双向直流电压整流器

第十三章 电动助力转向系统

第一节 助力转向系统简介和分类

一、电动助力转向系统简介

电动助力转向系统（Electric Power Steering System，EPS）采用永磁同步直流无刷电动机带动减速机构进行助力，控制ECU引入转矩传感器和车速传感器；控制ECU根据方向盘的转矩传感器信号进行助力控制，转矩信号越大，助力效果控制越大。同时根据车速信号进行控制，车速越高，助力效果越弱。

二、电动转向系统的优点

电动助力转向系统采用现代控制技术，与传统液压动力转向相比，它具有下述优点：
（1）电动机和减速机构安装在转向柱或转向助力缸外，所占空间小，零部件结构简单、安装方便，维护费用低。
（2）以电动机为动力，不需要转向油泵、油管及控制阀等液压元件，不发生液压油泄漏和损耗。电动机只在需要时才起动，耗用电能较少，提高了汽车经济性。

三、电动转向系统分类

电动助力根据电动机的助力位置分为转向柱位置助力和齿条位置助力两种。

转向柱助力型是指电动机安装在转向齿轮副之上，结构简单，易于布置，如图13-1所示。

齿条助力型是指电动机安装在齿条方向上，分为小齿轮式齿条助力型（见图13-2）和电动循环球式齿条助力型（见图13-3）。小齿轮式齿条助力型，因为是驾驶员通过一个小齿轮驱动一段齿条，电动机使用另一个小齿轮驱动另一段齿条，本质就是一个小齿轮在助力。

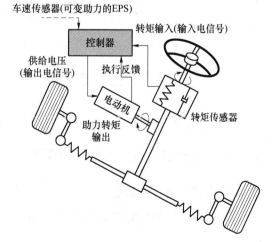

图13-1 转向柱助力型

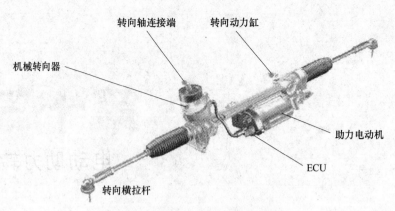

图 13-2 大众小齿轮式齿条助力型

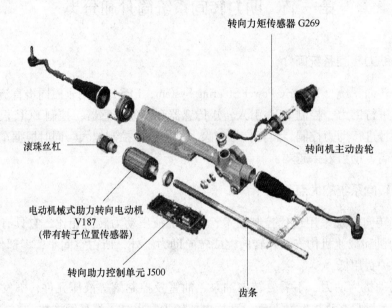

图 13-3 奥迪电动循环球式齿条助力型

[**完成任务**] 根据图 13-3 所示，请写出下列元件的名称。
J500：_____；G269：_____；V187：_____。

第二节 奥迪双小齿轮电动机助力转向系统

奥迪双小齿轮电动助力转向系统，本质是一个小齿轮在助力。

一、双小齿轮的电动助力转向系统

1. 电动助力转向系统

图 13-4 所示为奥迪双小齿轮电动助力转向系统。

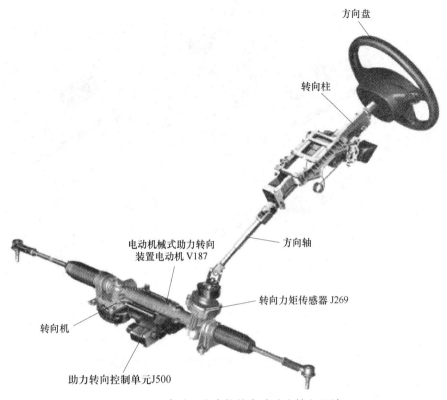

图 13-4 奥迪双小齿轮的电动助力转向系统

2. 转向装置的部件

(1) 方向盘转角传感器 G85：识别驾驶员的驾驶意图，比如驾驶方向和速度要求。

(2) 转向开关：识别转向方向。

(3) 转向力矩传感器 G269：确定驾驶员对力矩的需求。

(4) 电动机 V187：为无刷感应电动机。

(5) 助力转向控制单元 J500：接收力矩传感器 G269 和方向盘转角传感器 G85，来自 CAN 总线的 ABS 系统车速传感器信号和发动机系统的发动机转速传感器 G28 信号，以及内置在电动机 V187 上的电动机解角传感器信号、逆变桥上的温度传感器、电动机的电流传感器共同控制，逆变桥将直流 12 V 逆变为三相交流给电动机供电，系统有故障时点亮故障灯 K161。

3. 结构特点

电动助力转向装置及其各个部件如图 13-5 所示。电动助力转向装置采用电动机驱动电动小齿轮，驾驶员操纵原转向小齿轮，所需要的转向力借助于这两个小齿轮传到齿条上。转向助力是通过"按需要"来调节电动机实现的。该系统根据行驶条件来为驾驶员提供转向助力。方向盘回到中间位置是通过"主动返回"功能来实现的，这个回位是由电动助力转向装置来帮助执行的。这样就使得驾驶员有明显的"对中感"，且在各种行驶状况下都能保持非常准确地直线行驶。在有侧向风力持续作用或者路面倾斜的情况下，直线行驶校正功能可以产生一个辅助扭矩，这个扭矩可帮助驾驶员将车转至直线行驶状态。

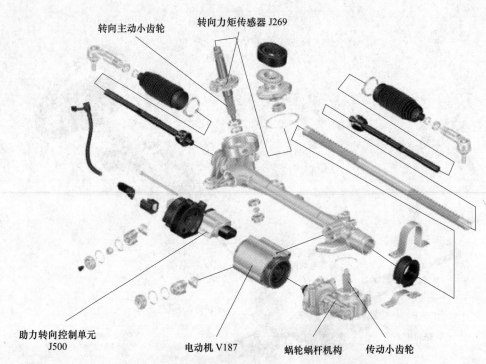

图 13-5　奥迪双小齿轮的电动机助力转向系统元件

[**完成任务**] 根据图 13-5 所示，找出下列元件的位置，找出后在线上打"√"。

转向主动小齿轮：_____；转向力矩传感器 J269：_____；助力转向控制单元 J500：_____；电动机 V187：_____；蜗轮蜗杆机构：_____；传动小齿轮：_____。

4. 电控系统

奥迪双小齿轮的电动机助力转向系统电控系统组成如图 13-6 所示。双小齿轮转向系统如图 13-7 所示。

[**完成任务**] 根据图 13-6 所示，写出下列元件的名称。

G28：_____；J248：_____；J527：_____；G85：_____；
J500：_____；G269：_____；V187：_____；K161：_____；
J285：_____；J533：_____；J104：_____；G44~G47：_____。

[**完成任务**] 根据图 13-7 所示，写出下列元件的名称。

A：_____；B：_____；G269：_____；J500：_____；
S：_____；V187：_____。

电动机 V187 和 J500 间的三条线是什么线？_____；

电动机 V187 和 J500 间的四条线是什么传感器？_____；是什么形式的传感器？_____。

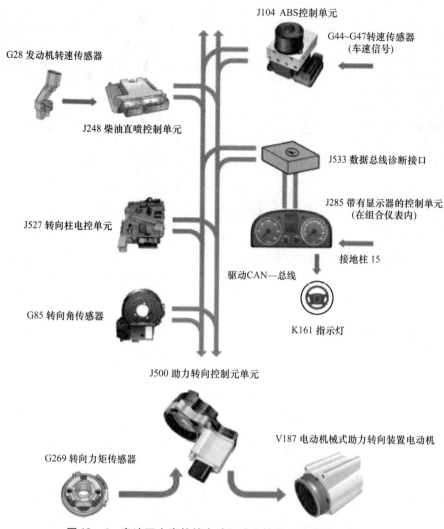

图 13-6 奥迪双小齿轮的电动机助力转向系统电控系统组成

5. 特性曲线

转向助力的控制是通过控制单元内永久式程序存储器中的一个特定曲线族来完成的。该存储器中存有 16 种不同的特性曲线族。例如在 Golf 2004 上，就要使用其中的 8 种特性曲线族来工作。

根据要求（例如车重）在出厂时激活相应的特性曲线族。但是在售后服务中，也可以使用 VAS 5051 通过功能"自适应"在"通道 1"中激活特性曲线族。例如，在更换了控制单元或者更换了转向装置后，就需要进行这样的工作。

如图 13-8 所示，作为示例，我们从 Golf 2004 车所使用的 8 种特性曲线族中选出一种用于质量较大的车的特性曲线族，再选出一种用于质量较小的车的特性曲线族。一种特性曲线族包括 5 条不同的特性曲线，它们用于不同的车速（例如 0 km/h、15 km/h、50 km/h、100 km/h 和 250 km/h）。特性曲线表示在这个车速时（ABS 提供车速），驾驶员在多大的转向力矩（力矩传感器 G269 提供）下，电动机提供多大的转向助力力矩。

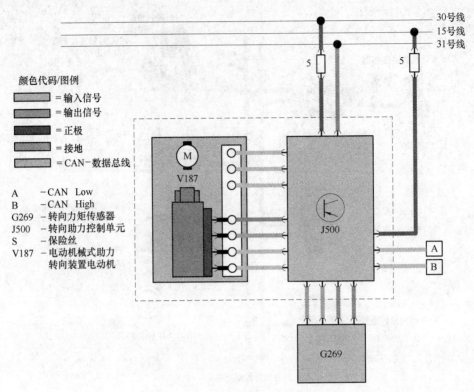

图 13-7 双小齿轮转向系统电路

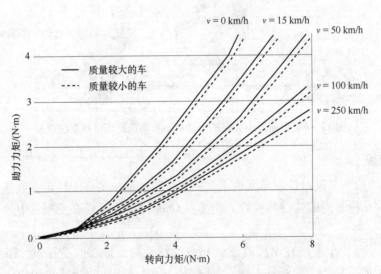

图 13-8 永久式程序存储器中的特性曲线族

二、转向过程

图 13-9 所示为转向过程的工作原理。

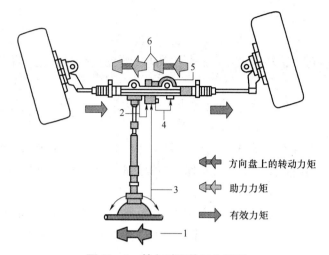

图 13-9 转向过程的工作原理

1—方向盘转向力矩；2—转向力矩传感器；3—方向盘转角传感器；4—电动机控制电流；
5—电机助力力矩；6—驾驶的转动力矩

（1）驾驶员转动方向盘时，转向助力过程就开始了。

（2）方向盘上作用的转动力矩使得转向机中的扭力杆发生扭转。转向力矩传感器 G269 侦测到这个扭转量，并将这个力矩通知控制单元 J500。

（3）转向角传感器 G85 送来实际转向角信息；转子转速传感器送来实际转向速度信息。

（4）控制单元根据下列因素来确定出所需要的助力力矩并操纵电动机来工作：转向力矩、车速、发动机转速、转向角、转向速度以及控制单元内存储的特性曲线。

（5）转向助力是由第二个小齿轮来完成的，该小齿轮按平行于齿条方向传力，它由一个电动机来驱动。该电动机通过蜗轮蜗杆机构和一个传动小齿轮啮合在齿条上，并传递转向所需要的辅助力。

（6）方向盘上的转向力矩和助力力矩的和就是转向机上用于驱动齿条的力矩。

1. 驻车时的转向过程

（1）在驻车时，驾驶员用力转动方向盘。

（2）扭力杆发生扭转，转向力矩传感器 G269 侦测到这个扭转量，将这个信息通知控制单元 J500。

（3）转向角传感器 G85 送来较大的转向角信息；电动机转子转速传感器送来实际转向速度信息。

（4）控制单元根据下列因素来确定出需要较大的助力力矩并操纵电动机来工作：较大的转向力矩、车速为 0 km/h、发动机转速、较大转向角、转向速度以及控制单元内存储的用于车速为 0 km/h 的特性曲线。

（5）于是在驻车时，第二个小齿轮按平行于齿条方向传递最大的辅助力。

（6）方向盘上的转向力矩和这个最大的助力力矩的和就是驻车时转向机上用于驱动齿条的力矩。

2. 城市循环行驶时的转向过程

（1）在城市行驶中遇弯道时驾驶员转动方向盘。

（2）扭力杆发生扭转，转向力矩传感器 G269 侦测到这个扭转量，将这个信息通知控制单元 J500。

（3）转向角传感器 G85 送来中等速度的转向角信息；电动机转子转速传感器送来实际转向速度信息。

（4）控制单元根据下列因素来确定出需要中等的助力力矩并操纵电动机来工作：中等的转向力矩、车速为 50 km/h、发动机转速、中等转向角、转向速度以及控制单元内存储的用于车速为 50 km/h 的特性曲线。

（5）于是在转弯时，第二个小齿轮按平行于齿条方向传递中等的辅助力。

（6）方向盘上的转向力矩和这个中等的助力力矩的和就是城市循环转弯时转向机上用于驱动齿条的力矩。

3. 高速公路行驶时的转向过程

（1）在变道时驾驶员轻轻转动方向盘。

（2）扭力杆发生扭转，转向力矩传感器 G269 侦测到这个扭转量，将这个信息通知控制单元 J500。

（3）转向角传感器 G85 送来很小的转向角信息；转子转速传感器送来实际转向速度信息。

（4）控制单元根据下列因素来确定出需要很小的助力力矩或者根本不需要助力力矩并操纵电动机来工作：很小的转向力矩、车速为 100 km/h、发动机转速、很小的转向角、转向速度以及控制单元内存储的用于车速为 100 km/h 的特性曲线。

（5）于是在高速公路上行驶时，第二个小齿轮按平行于齿条方向传递很小的的辅助力或者根本不传递辅助力。

（6）方向盘上的转向力矩和这个最小的助力力矩的和就是高速公路变道时转向机上用于驱动齿条的力矩。

4. 主动回位功能

（1）在转弯时驾驶员减小了转向力矩，扭力杆也就跟着松弛下来了。

（2）根据转向力矩（也包括转向角和转向速度）的降低，就计算出一个回位速度规定值。该值同转向角速度进行对比，从而计算出回位力矩。

（3）由于车轮定位参数的原因，在转向车轮上就产生一个回位力。由于转向系统和车桥内部的摩擦，这个回位力一般是非常小的，不足以将车轮转到直线行驶位置。

（4）通过对转向力矩、车速、发动机转速、转向角、转向速度和控制单元内存储的特性曲线的分析，控制单元就可计算出回位所需要的力矩（由电动机产生）。

（5）起动电动机，于是车轮回到直线行驶位置。

5. 直线行驶校正功能

直线校正行驶功能是通过主动回位来实现的。这时产生一个辅助力矩，它将车辆带回到无力矩作用的直线行驶状态，分为短时算法和长时算法。长时算法的任务是：对长时间偏离直线行驶的情况进行补偿（比如在将夏季轮胎换成旧的冬季轮胎时所出现的情况）。短时算法的任务是：对短时的偏离直线行驶的情况进行校正。

短时算法可以减轻驾驶员的负担，比如在有持续的侧向风作用时，就需要持续地"对抗转向"。当持续的侧向力（比如侧向风）作用到车上时，驾驶员会转动方向盘，以便使车保持在直线行驶状态。通过对转向力矩、车速、发动机转速、转向角、转向速度和控制单元内存储的特性曲线的分析，控制单元就可计算出直线行驶校正所需要的力矩（由电动机产生）。起动电动机，于是车辆回到直线行驶位置，驾驶员就不再需要进行"对抗转向"了。

三、转向装置组成

图 13-10 所示为双小齿轮式转向系统机械部分，在带有双小齿轮的电动机械式助力转向装置上，所需要的转向力是由转向小齿轮和传动小齿轮传递到齿条上的。转向小齿轮传递驾驶员的转向力矩，传动小齿轮通过蜗轮蜗杆来传递电动机械式助力转向装置电动机所提供的助力力矩。转向机由一个转向力矩传感器、一个扭力杆、一个转向小齿轮/传动小齿轮、一个蜗轮蜗杆机构以及带有控制单元的电动机组成。电动机械式助力转向装置的核心部件是一个齿条，该齿条的两个齿与转向机啮合。这个带有控制单元和转向助力传感器的电动机布置在第二个小齿轮上。这种结构意味着方向盘和齿条之间是机械连接的，那么在这个伺服电动机出现故障时，仍可通过机械方式使车转向。

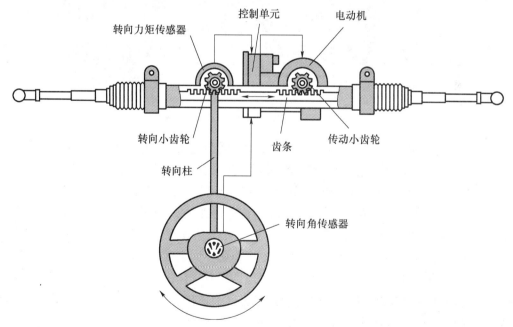

图 13-10 双小齿轮式转向系统机械部分

第三节　转向装置电控部分

一、转向角传感器 G85

转向角传感器 G85（见图 13-11）位于安全气囊的回位环（带有滑环）的后面，在转向柱开关和方向盘之间的转向柱上。该传感器通过 CAN（数据总线）将用于计算转向角的信号传送给转向柱电控单元 J527。J527 内有用于分析这个信号的电子装置。

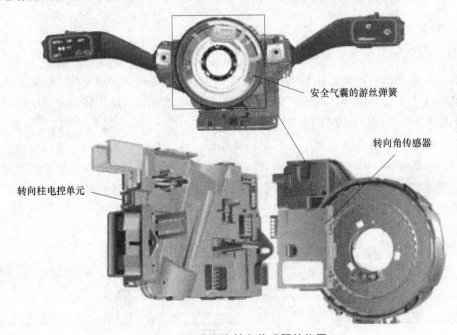

图 13-11　方向盘转角传感器的位置

信号中断的影响：如果这个传感器出现故障，就会起动一个应急程序，用一个替代值来取代这个信号。转向助力功能仍保持完全正常状态。指示灯 K161 亮起表示有这个故障。

如图 13-12 所示，转向角传感器的基本部件有带有两个编码环的编码盘和光耦元件（各有一个光源和一个光电传感器）。编码盘由两个环组成，外面的是绝对环，里面的是增量环。增量环划分成 5 个扇区，每个扇区为 72°，光电装置对会读取增量环的信息。环的扇区的内部穿有孔，在一个扇区内孔距是相等的，但是不同扇区的孔距是不相等的，这就构成了扇区编码。绝对环确定角度，角度由 6 个光电装置对来读出。转向角传感器能识别 1 044°的转向角。转向角传感器将角度累加起来，当超过了 360°标记时，它就识别出现在方向盘已经转了整整一圈了。转向机的结构可使方向盘转动 2.76 圈。

图 13-13 所示为方向盘转角传感器工作原理。为了简单起见，我们只考虑一下增量环，在扇环的一侧放一个光源，另一侧放一个光电传感器。如果光通过缝隙照到传感器上，那么就会产生一个电压信号；如果光源被遮挡了，那么电压就又中断了。如果转动增量环，就会产生一系列信号电压。与此完全相同，在绝对环上的各光电装置对也产生一系列信号电压。所有的这些信号电压都由转向柱电控单元来进行处理。系统通过比较这些信号，就可计算出

环已经转动了多少,也就确定了绝对环的起始点。

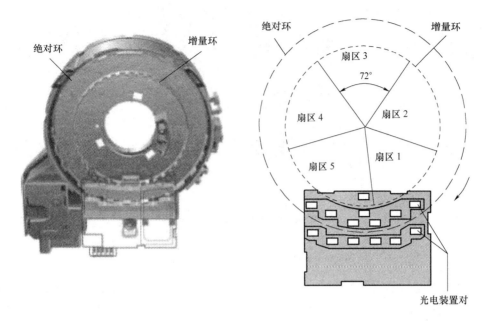

图 13-12 方向盘转角传感器的两层 7 对光耦元件位置

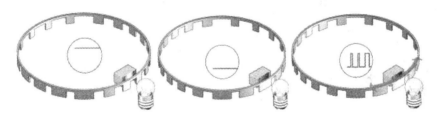

图 13-13 方向盘转角传感器工作原理

二、转向力矩传感器 G269

图 13-14 所示为磁阻效应式力矩传感器 G269,方向盘上作用的力矩是由转向力矩传感器 G269 直接在转向小齿轮上测得的,这个传感器是根据磁阻效应来工作的。该传感器采用双体(超静定)结构,以最大限度地保证其可靠性。转向柱和转向机在力矩传感器处通过一个扭力杆连在一起。与转向柱相连接的部件上有一个磁电极感应转子,其周围有 24 个不同的磁极区在交替转换,每次用两个极来估算力矩。对应件是一个磁阻传感元件,它固定在转向机的连接件上。如果转动了方向盘,那么这两个连接件就会按照作用的力矩相对运动。因为磁电极感应转子也会相对于传感元件发生扭转,于是就测量到了转向力矩,并将该信号发送给控制单元。

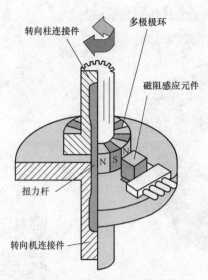

图 13-14 磁阻效应式力矩传感器 G269

信号中断的影响：如果转向力矩传感器出现故障，必须更换转向机。识别处有故障时，转向助力功能就被关闭了。这个关闭过程不是突然的，而是"柔和的"。为了能实现"柔和"关闭，控制单元使用电动机的转向角和转子角计算出一个转向力矩的替代信号。指示灯 K161 呈红色亮起就表示出故障了。

三、转子转速传感器

转子转速传感器是电动机械式助力转向装置电动机 V187 的一个组件，从外面是看不见的。

信号作用：转子转速传感器是根据磁阻效应来工作的，其结构与转向力矩传感器是一样的。该传感器传送的是电动机械式助力转向装置电动机 V187 转子的转速，该转速信号是精确控制该电动机所必需的。

信号中断的影响：该传感器出现故障时，就使用转向角速度来作为替代信号。转向助力功能被安全关闭，这样可防止转向助力功能在这个传感器失灵时突然关闭。指示灯 K161 呈红色亮起就表示有这个故障。

四、车速

车速信号由 ABS 控制单元来提供。

信号中断的影响：车速信号出现故障时，会起动一个应急程序。这时驾驶员仍可使用转向助力功能，但随速助力转向功能无法使用了。指示灯 K161 呈黄色亮起就表示有这个故障。

五、发动机转速传感器 G28

如图 13-15 所示，发动机转速传感器是一个霍尔传感器，它拧在曲轴密封法兰的壳体上。对于

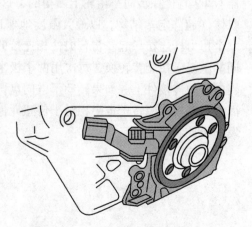

图 13-15 发动机转速传感器位置

转向系统，若有发动机 G28 的信号输入时，在转向时，发电机增加发电量。

信号应用：发动机控制单元根据发动机转速传感器的信号来获知发动机的转速和曲轴的位置信息。

信号中断的影响：如果发动机转速传感器出现故障，那么转向系统通过 15 号接线柱来工作。该故障不用指示灯 K161 来显示，如图 13 – 16 所示。

图 13 – 16　仪表动力转向故障灯符号

六、电动机 V187

V187 是一个无碳刷式异步电动机，它可以产生最大 4.1 N·m 的力矩用于转向助力。异步电动机无永久磁场或电励磁场。异步电动机输入电压的频率与电动机转动频率是不同的，这就是"异步"这个名称的由来。

异步电动机结构简单（无碳刷），所以工作非常可靠。异步电动机反应快，因此也就适合快速转向反应的要求。该电动机装在一个铝制壳体内，通过一个蜗轮蜗杆机构和一个传动小齿轮与齿条啮合，从而传递用于转向助力的力矩。在轴的控制端有一个磁铁，控制单元使用这个磁铁来获得转子的转速，控制单元使用这个信号来确定转向速度。

信号中断的影响：异步电动机的一个优点是在不通电的情况下，转向机仍可使电动机转动。这就是说：即使该电动机出现故障（也就是无转向助力了），那么只需稍微再多用点力仍可转动转向装置，即使短路，该电动机也不会锁止。指示灯 K161 呈红色亮起就表示电动机有故障。

七、转向助力控制单元 J500

转向助力控制单元 J500 直接固定在电动机上，这就可省去助力转向装置复杂的管路布置。控制单元根据方向盘转角传感器 G85、发动机转速信号 G28、转向力矩信号 G269、电动机转子转速信号、车速信号和点火钥匙识别信号就可以确定出需要多大的转向助力、计算出定子电流强度的大小并起动电动机 V187 来工作。

信号中断的影响：该控制单元内集成了一个温度传感器，该温度传感器用于确定转向系统的温度。如果这个温度超过了 100 ℃，那么助力转向功能就逐渐减弱。如果转向助力低于 60%，那么指示灯 K161 就呈黄色亮起，故障存储器内也会记录下一个故障。如果控制单元 J500 出现故障了，必须整体更换。然后需要使用 VAS 5051 来激活控制单元永久存储器内相应的特性曲线族。

八、指示灯 K161

指示灯 K161 位于组合仪表的显示屏上，它用于指示电动机械式助力转向装置的故障。在出现故障时，该指示灯会以两种颜色亮起。如果该灯呈黄色亮起，这表示一个不严重的警告。如果该灯呈红色亮起，那就必须立即去服务站检查。当该灯呈红色亮起时，同时还会响起三声锣音。

在接通点火开关后，该灯呈红色亮起，因为这时电动机械式助力转向装置要进行自检。当助力转向控制单元确定系统工作正常时，该指示灯就熄灭了，这个自检过程持续大约 2 s。在发动机起动后该指示灯会立即熄灭。

如果牵引车辆，在车速大于 7 km/h 且点火开关接通时，转向助力也会起作用。转向系统会识别出电压过低并对此做出反应。但如果蓄电池电压低于 9 V，那么转向助力也就减至关闭状态，且指示灯呈红色亮起。如果电压只是短时降到 9 V 以下，那么指示灯呈黄色亮起。

九、售后服务

1. 诊断

电动机械式助力转向装置的控制单元具有自诊断能力。

2. 转向止点的自适应

为了避免电动机转向机运动超过工作范围，通过软件来对转向角进行限制。这个"软件止点"（也就是缓冲）在机械止点前 5°转向角时被激活。于是转向助力力矩就根据转向角和转向力矩来减小了。

在"基本设定"中必须使用 VAS 5051 来清除止点的角位置。这个自适应不需要检测仪就可进行。为此需要用到最新的维修手册和"故障导航"中的详细信息。

［完成任务］请写出图 13 - 17 双小齿轮电动转向系统部件的名称。

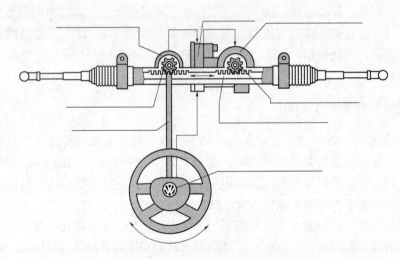

图 13 - 17 双小齿轮电动转向系统

第十四章

电动汽车制动系统

第一节 电动真空助力制动系统

一、真空源

传统内燃机轿车制动系统的真空助力装置的真空源来自于发动机的进气歧管,真空度负压一般可达到 0.05~0.07 MPa。对于由传统车型改装成的纯电动车或燃料电池汽车,发动机总成被拆除后,制动系统由于没有真空源而丧失真空助力功能,为了产生足够的真空,除了一个具有足够排气量的电动真空泵外,为了节能和可靠,还要为电动真空泵电动机设计合适的工作时间。一般燃油车会在 4~5 s 内产生负 50 kPa 以上的真空度,所以在制动系统的电动真空泵替代原发动机驱动的真空泵时,电动真空泵也需在 4~5 s 可产生负 50 kPa 以上的真空度。

二、真空表

如图 14-1 所示真空表,真空表的指针是反转型。在空气中表的指针指在最右侧 0 位。当气压低于一个大气压,即出现真空度时,指针开始反转,反转为负值。

图 14-1 真空表(指针逆时针转动,所以为负值,负号不代表数量大小)

计算结果表明,当电动真空泵最小真空度为 -37.5 kPa 时,可为制动系统提供满足设计要求的制动助力。

真空助力器安装于制动踏板和制动主缸之间，由踏板通过推杆直接操纵。助力器与踏板产生的力叠加在一起作用在制动主缸推杆上，以提高制动主缸的输出压力。真空助力器由带有橡胶膜片的活塞分为前室与后室，未制动时，一般前室和后室的真空度为 –60 ~ –80 kPa（即真空泵可以提供的真空度大小）。制动时，后室在制动时大气阀打开，外界大气进入后室。

真空助力器所能提供助力的大小取决于其后室与前室气压差值的大小。当后室的真空度达到外界大气压时，真空助力器可以提供最大的制动助力。真空泵所产生的真空度的大小及速度关系到真空助力器的工作状态，真空泵的容量大小关系到助力器的性能，进而影响到制动系统在各种工况下能否正常工作。

三、压力延时开关

压力延时开关也称压力开关，电动真空助力制动系统控制如下：

（1）接通汽车 12 V 电源，压力延时开关闭合，真空泵大约工作 30 s 后开关断开，此时真空罐内压力大约为 –80 kPa。

（2）当真空罐内压力增加到 –55 kPa 时，压力延时开关再次闭合。

（3）当真空罐内压力增加到大约 –34 kPa 时，压力报警器发出信号。

如果真空泵控制开关有很明显的短时间开启和关闭，说明发生了泄漏。根据这个控制策略设计间歇性真空发生系统，该间歇性真空发生系统的基本工作原理为：当驾驶员发动汽车时，12 V 电源接通，压力开关和压力报警器开始压力自检，如果真空罐内的真空小于 –55 kPa，压力膜片将会挤压触点，从而接通电源，真空泵开始工作；当真空度增加到 –55 kPa 时，压力延时开关断开，然后通过延时继电器使真空泵继续工作大约 30 s 后停止；每次驾驶员有制动动作时，压力延时开关都会自检，从而判断电动真空泵是否应该工作；如果真空罐内的真空度低于 –34 kPa 时，真空助力器不能提供有效的真空助力，此时压力报警器将会发出信号，提醒驾驶员注意行车速度。

四、压力传感器

电动真空泵控制也可采用电控单元控制，只要把压力开关换成绝对压力传感器，电动真空泵由控制单元控制继电器即可，国内的一些纯电动汽车里，由真空助力器真空度传感器、整车控制器 ECU、电动真空泵工作继电器、真空泵电动机组成的一个闭环真空度控制系统，保证制动时真空助力器的正常工作。

五、再生能量制动

再生制动是电动汽车所独有的，在减速制动（刹车或者下坡）时将车辆的部分动能转化为电能，转化的电能储存在储存装置中，如各种蓄电池、超级电容和超高速飞轮，最终增加电动汽车的行驶里程。如果储器已经被完全充满，再生制动就不能实现，所需的制动力就只能由常规的液压制动系统来提供。现在几乎所有的电动汽车都安装了这再生 – 液压制动系统，从而可实现节约制动能、回收部分制动动能，并为驾驶员提供常规制动性能。

一般而言，当电动汽车减速、在公路上放松加速踏板巡航或踩下制动踏板停车时，再生制动系统起动。正常减速时，再生制动的力矩通常保持在最大负荷状态；电动汽车高速巡航时，其驱动电动机一般是在恒功率状态下运行，驱动力矩与驱动电动机的转速或者车辆速度成反比。因此，恒功率下驱动电动机的转速越高，再生制动的能力就越低。另外，当踩下制动踏板时，驱动电动机通常运行在低速状态。由于在低速时，电动汽车的动能不足以为驱动电动机提供能量来产生最大的制动力矩，因而再生制动能力也就会随着车速降低而减小。如图14-2所示，电动汽车的再生制动力矩通常不能像传统燃油车中的制动系统一样提供足够的制动减速度，所以，在电动汽车中，再生制动和液压制动系统通常共同存在。不过应该注意，只有当再生制动已经达到了最大制动能力而且还不能满足制动要求时，液压制动才起作用。

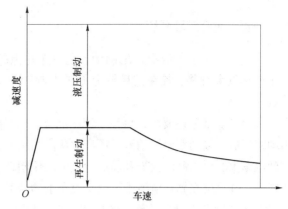

图14-2 再生制动和液压制动的车速变化曲线

再生-液压混合制动系统是电动汽车所独有，燃油车没有，再生制动与液压制动之间的协调是问题的关键所在，而且，应该考虑如下特殊要求：

为了使驾驶员在制动时有一种平顺感，液压制动力矩应该可以根据再生制动力矩的变化进行控制，最终使驾驶员获得所希望的总力矩。同时，液压制动的控制不应引起制动踏板的冲击，因而不会给驾驶员一种不正常的感觉。

可利用ABS扩展的ESP功能实现电动泵的油压提高，这要求ABS的ESP模块与整车控制系统要进行通信，可以把再生制动软件写在ABS模块，驱动油泵、控制摩擦制动和控制制动助力的真空源。ABS与整车控制器通信控制再生制动的强度即可。液压制动力矩是电控的，将产生的液压传到制动轮缸上。因而再生-液压制动系统需要防止制动失效的机构，为了提高系统的可靠性，满足安全标准，系统一般采用双管路制动，当其中一条管路失效时，另一条管路必须能提供足够的制动力。

六、减速度法能量回收

由于ABS软件不开放，国内一些电动汽车生产或改装厂又无ABS开发能力。导致国内很多电动汽车把再生制动软件做在整车控制器中，根据汽车减速度进行能量回收控制。

某后轴驱动客车利用减速度限值再生制动方法如下：

（1）减速度小于0.15 g（不会出现抱死情况）时，后轴进行再生制动能量回收，仅后轴有制动，为纯再生制动工况。

（2）减速度介于0.15~0.4 g时，后轴进行制动能量回收，同时利用ABS的回油泵加大前轴的液压制动力，能实现制动比例的分配合理。

（3）减速度介于0.4~0.7 g时，利用ABS的回油泵进一步加大前轴的液压制动力，同时减小后轴的制动能量回收。

（4）减速度大于0.7 g时，此情况很少，后轴的制动能量回收电流过大，电池不能吸收，同时电动机会剧烈振动，所以取消再生制动，完全采用摩擦制动。

在整个再生制动过程中，车辆的动能不可能完全转换为储能器的充电电能。再生制动所损失的能量包括空气阻力损失、滚动阻力损失、制动系统损失、电动机损失、转换损失及充电损失等。尽管如此，现代电动汽车采用再生制动后能节省将近20%的能量。

七、线控制动系统

为了使车辆能够稳定地制动，前后车轮上的制动力必须很好地平衡分配。此外，为了防止汽车发生滑移，加在前后轮上的最大制动力应该低于允许的最大值（主要由滚动阻力系数决定）。

为了实现上述要求，再生－液压混合制动系统的结构设计如图 14-3 所示。驾驶员踩下制动踏板后，电动泵使制动液增压产生所需的制动力。制动控制与电动机控制协同工作，确定电动汽车上的再生制动力矩和前后轮上的液压制动力。再生制动时，再生制动控制回收再生制动能量，并且反充到蓄电池中。电动汽车上的 ABS 及其制动比例控制阀（可由 ABS 的扩展功能 EBD 电子制动力分配代替）的作用与传统燃油车上的相同，其作用是产生最大的制动力。电动泵可以利用现有汽车中 ABS 的扩展功能中的 ESP 电子稳定程序的电动供能泵作为压力源。

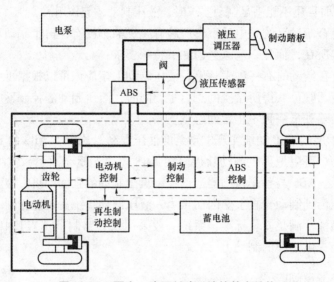

图 14-3　再生－液压制动系统的基本结构

制动控制：如前所述，电动汽车上的总制动力矩是再生制动力矩与液压制动力矩之和。它们之间的分配比例关系如图 14-4 所示，目的是保持最大再生制动力矩的同时为驾驶员提供与燃油车相同的制动感。当制动踏板力较小时，只有再生制动力矩施加在驱动轮上，并且与制动踏板力成正比。而非驱动轮上的制动力由液压制动提供，液压制动力也与制动踏板力成正比。当制动踏板力超过一定值时，最大再生制动力矩全部加在驱动轮上，同时液压制动力矩也作用在驱动轮上以获得所需的制动力矩。因而最大再生制动力矩可以保持不变，以便能完全回收车辆的动能。

制动系统因制动造成的管路压力（或制动踏

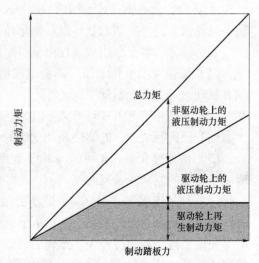

图 14-4　再生制动力矩与液压制动力矩的分配

板踏下深度越深)越高,说明经驾驶员判断需要的总制动力矩越大,非驱动轮的制动力矩一直在增加。驱动轮的制动力矩和也在增加,但摩擦力矩增加得多,再生制动扭矩不增加,甚至要有减小。这就要求再生制动和 ABS 系统要协工作。

两前轮独立、后轮低选的轿车刹车系统,制动压力传感器(液压传感器)监测制动系统管路的制动压力(液压或气压),有 ABS 的汽车采用车速和压力传感器(也可是制动踏板行程开关)采集制动状态信号,根据车速算出的减速度值与设定的减速度值进行比较进行控制。

第二节 普锐斯混合动力汽车线控制动系统

一、线控制动简介

普锐斯混合动力汽车线控制动系统(Electronic Control Brake,ECB),是电子控制制动系统的缩写。ECB 系统能根据驾驶员踩制动踏板的位置程度和所施加的力所产生的液压大小计算所需的制动力。液压制动力和再生制动力的分配随车速及制动时间的变化而改变。通过控制液压制动来实现,液压制动和再生制动的总制动力要与驾驶员所需的制动力一致。如果由于系统故障导致再生制动失效,则制动系统会影响控制,结果驾驶员所需的全部制动力就由液压制动系统提供。

ECB 系统中的 ABS(防抱死制动系统)对过猛制动或在易滑路面制动时,ABS 能防止车轮抱死。EBD(电子制动力分配)控制利用 ABS,根据行驶条件在前轮和后轮间分配合适的制动力。另外,转向制动时,它还能控制左右车轮的制动力,以保持车辆平稳行驶。通过尽量使用电动机的再生制动力和控制液压制动实现再生制动与液压制动的联合控制。ECB 中的 VSC+(增强型车辆稳定系统)功能可以防止转向时前轮或后轮急速滑动产生的车辆侧滑,和 EPS ECU(电动转向)一起进行联合控制,以便根据车辆的行驶条件提供转向助力。ECB 系统的制动助力有两个功能:一是紧急制动时,如果制动踏板力不足,可以增大制动力;二是需要强大制动力时增大制动力。

设计上可以取消传统的制动真空助力器,变为采用 VSC 车辆稳定控制系统的油泵电动机供能,正常制动时,总泵的双腔串联主缸产生的液压不直接作用在轮缸上,而是通过制动行程模拟器的协助,由制动行程传感器和制动压力传感器转换为液压信号体现驾驶员的制动意图。电控系统通过调整作用于轮缸的制动执行器上液压泵的液压压力,从而获得实际需要的控制压力。控制系统的 ECB ECU 和制动防滑控制 ECU 集成在一起,并和液压制动控制系统(包括带 EBD 的 ABS、制动助力和 VSC+)一起进行综合控制,一般要增加制动控制系统警告灯。

二、线控制动增加的部件

例如,日本丰田普锐斯混合动力汽车的线控制动系统相对传统带真空助力的制动系统主要增加了行程模拟器、带有高压蓄能器车辆稳定控制液压执行器、取消真空助力的双腔串联制动总泵和一个备用电源系统,如图 14-5 所示。

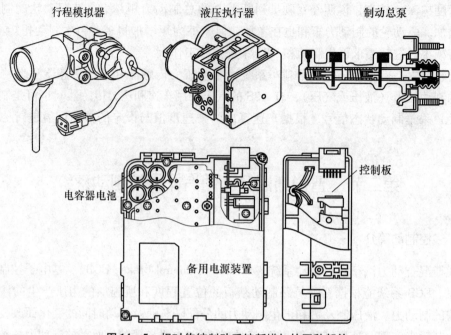

图 14-5 相对传统制动系统新增加的四种部件

1. 行程模拟器

如图 14-6 所示，制动时根据驾驶员的踏板力度产生踏板行程。行程模拟器位于总泵和制动执行器之间，它根据制动中驾驶员踏制动踏板的力产生踏板行程。行程模拟器包括弹簧系数不同的两种螺旋弹簧，具有对应于总泵压力的两个阶段的踏板行程特性。

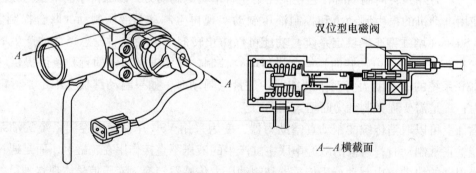

图 14-6 行程模拟器

2. 取消真空助力器的制动总泵

传统汽车制动总泵上的真空助力器被取消，采用了电动机液压助力。制动总泵仍采用双腔串联形式，一旦电动机液压助力失效，制总泵的前腔和后腔将分别对汽车的左前轮和右前轮进行制动，所以这个总泵也称为前轮制动总泵。

3. 备用电源装置

用作备用电源以保证给制动系统稳定地供电，该装置包括 28 个电容器电池，用于存储车辆电源（12 V）提供的电量。当车辆电源电压（12 V）下降时，电容器电池中的电就会作为辅助电源向制动系统供电。关闭电源开关后，HV 系统停止工作时，存储在电容器电池中的电量放电。维修中电源开关关闭后，备用电源装置就处于放电状态，但电容器中仍有一定的电压。在从车辆上拆下备用电源装置或将其打开检查它的盒内部之前，一定要检查它的剩余电压，如果必要则使其放电。

普锐斯混合动力汽车的主要组件如图 14-7 所示。

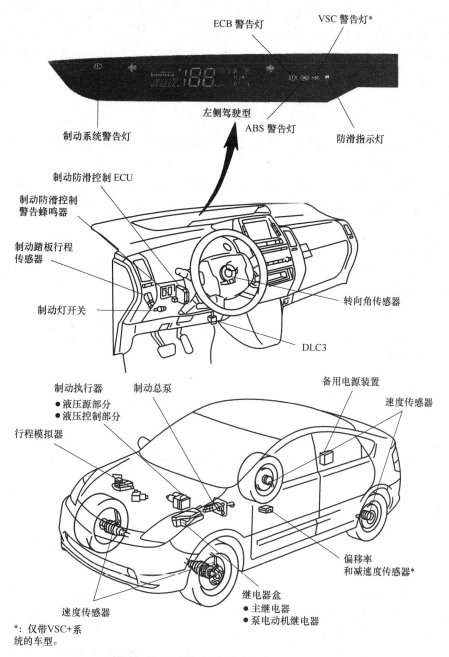

*：仅带VSC+系统的车型。

图 14-7　普锐斯混合动力汽车的主要组件

三、普锐斯混合动力汽车主组件功能

制动执行器液压源部分包括泵、泵电动机、蓄能器、减压阀和蓄能器压力传感器，液压

源部分产生并存储制动防滑控制 ECU 用于控制制动的液压。

蓄能器压力传感器安装在制动执行器中。制动执行器液压控制部分包括两个总泵切断电磁阀、4 个增压电磁阀和 4 个减压电磁阀。2 个双位型总泵切断电磁阀由制动防滑控制 ECU 控制来打开或关闭总泵和轮缸间的通道。4 个线性增压电磁阀和 4 个线性减压电磁阀，它们由制动防滑控制 ECU 控制以增减轮缸中的液压。总泵压力传感器和轮缸压力传感器都安装在制动执行器中。

制动防滑控制 ECU 处理各种传感器信号和再生制动信号以便控制再生制动联合控制、带 EBD 的 ABS、VSC + 制动助力和正常制动。根据各传感器的信号来判断车辆行驶状况，并控制制动执行器。

1）制动总泵

当电源部分出现故障时，制动总泵就直接向轮缸提供液压（由制动踏板产生）。

2）制动踏板行程传感器

直接检测驾驶员踩下制动踏板的程度。此传感器包括触点式可变电阻器，它用于检测制动踏板行程踩下的程度并发送信号到制动防滑控制 ECU，信号采用反向冗余设计，用于检测传感器故障。

3）ABS 警告灯

当制动防滑控制 ECU 检测到 ABS、EBD 或制动助力系统中的故障时，ABS 警告灯就会点亮来警告驾驶员。

4）VSC 警告灯

如图 14-7 所示，当制动防滑控制 ECU 检测到 VSC + 系统中的故障时，VSC 警告灯就会点亮来警告驾驶员。

5）防滑指示灯

如图 14-7 所示，当 ABS 系统、VSC + 系统或电动机牵引力控制工作时，防滑指示灯闪烁来提示驾驶员。

6）制动控制系统警告灯

如图 14-7 所示，当制动系统产生不影响制动力的小故障（如再生制动故障）时，该警告灯点亮来警告驾驶员。

7）制动系统警告灯

如图 14-7 所示，制动防滑控制 ECU 检测到制动分配系统的故障时，该警告灯点亮来警告驾驶员。驻车制动打开或制动液液面低时，该警告灯点亮来提示驾驶员。

8）制动防滑控制警告蜂鸣器

液压或电源部分有故障时，该蜂鸣器连续鸣叫以提示驾驶员。对于装有 VSC + 的车型，该蜂鸣器间断鸣叫以提示驾驶员 VSC + 起动。

9）HV ECU

收到制动防滑控制 ECU 的信号后激活再生制动。发送实际再生制动控制值到制动防滑控制 ECU。

VSC + 系统工作时，根据制动防滑控制 ECU 的输出控制请求信号来控制动力。上坡需要制动助力控制时，HV ECU 发送后轮制动起动信号到制动防滑控制 ECU。

10）制动液液面警告开关

普锐斯的制动执行器包括液压控制和液压源部分，如图 14-7 所示的制动执行器。制动执行器中安装有两个总泵压力传感器、4 个轮缸压力传感器和 1 个蓄能器压力传感器、10 个液压电磁阀、1 个直流电动机。

1. 制动执行器液压源

液压源部分包括泵、泵电动机、蓄能器、减压阀、2 个电动机继电器和蓄能器压力传感器。

1）蓄能器压力传感器

蓄能器压力传感器持续检测蓄能器中的制动液压力，并发送信号到制动防滑控制 ECU。因此，制动防滑控制 ECU 控制泵电动机。

2）泵和泵电动机

采用柱塞泵，泵由电动机驱动的凸轮轴带动工作，提供高压液体到蓄能器。

3）蓄能器

新款普锐斯蓄能器的内部和旧车型的相同，充满高压氮气并予以密封。新款普锐斯上采用了金属波纹管以提高蓄能器的气密性。

4）减压阀

如果由于蓄能器压力传感器故障导致泵持续工作，则减压阀能使制动液流回储液罐以防止压力过大。

电动机继电器包括以下执行不同泵速的继电器：继电器 1（低速）和继电器 2（高速）。如图 14-8 所示，通常使用低泵速的继电器 1。当由于需要更大液压而使液压迅速降低时，如 ABS 液压控制中时，才使用高泵速的继电器 2。如果其中的一个出现故障，则用另一个起动泵。蓄能器压力传感器持续监控蓄能器中的压力并将信号发送到制动防滑控制 ECU。如果蓄能器中的压力低于设定值，则制动防滑控制 ECU 发送起动信号到电动机继电器，以便起动泵电动机，直到蓄能器中的压力达到设定值。

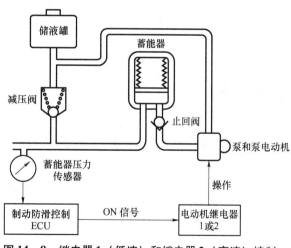

图 14-8 继电器 1（低速）和继电器 2（高速）控制

如果泵和泵电动机意外地持续工作，从而使蓄能器中的压力过高或蓄能器传感器出现故障，则减压阀打开使制动液流回储液罐，以降低蓄能器中的压力。

如果蓄能器中的压力异常下降到 ECU 的设定压力以下，则制动防滑控制 ECU 点亮制动系统警告灯、制动控制系统警告灯、ABS 警告灯和 VSC 警告灯并使制动防滑控制警告蜂鸣器鸣叫来警告驾驶员制动液压力异常。

2. 液压控制部分

10 个电磁阀和 6 个压力传感器如下：2 个总泵切断电磁阀、4 个供压阀、4 个减压阀、2

个总泵压力传感器、4个轮缸压力传感器。

1）总泵切断电磁阀（双位两通常开型）

制动系统起动时，该阀切断总泵和轮缸间的液压通道。制动系统停止工作或液压源部分有故障时，该阀打开以保持前轮缸液压通道畅通并确保制动有效。但是，这需要比平常更大的力来踩制动踏板。

2）增压电磁阀（线性）

增压电磁阀由制动防滑控制ECU，它调节蓄能器的液压以便增大轮缸中的液压。减压电磁阀（线性）：该阀由制动防滑控制ECU控制，调节液压以便降低轮缸的液压。

3）总泵压力传感器

总泵压力传感器将总泵产生的液压转换为电信号并将电信号发送到制动防滑控制ECU。因此，制动防滑控制ECU判定驾驶员所需的制动力。

4）轮缸压力传感器

这些传感器检测作用在各轮缸上的液压，并将这些信号以反馈的形式发送到制动防滑控制ECU。因此，制动防滑控制ECU监控各轮缸的液压并控制增压电磁阀和减压电磁阀以获得最优的轮缸压力。

四、电动机再生制动

驱动桥内的主减速器和电动机以机械方式连接在一起，驱动轮带动电动机转子转动而发电。这种联合控制提供再生制动和液压制动的合制动力。这样的控制能够最大限度地减少正常液压制动的动能损失，并把这些动能转化为电能。结构设计上增大电动机功率有利增大再生制动力，例如日本丰田普锐斯混合动力汽车的永磁电动/发电机（MG_2）的永磁转子在车轮的带动下扫描定子，当然发的电压不会超过当时外界施加的外电压。通过混合动力电脑HV ECU控制换流开关元件的斩波时间，实现斩波发电。

五、行车制动EBD、ABS和助力操作

如果车辆在直线前行时制动，则道路的变化就会减小后轮的负荷。制动防滑控制ECU通过速度传感器的信号可以检测到这种情况，制动执行器就会调节后轮的制动力分配达到最优控制。例如，制动时后轮制动力的大小根据车辆是否载荷而不同。后轮制动力的大小还跟减速的程度有关。因此，在这些情况下后轮制动力的分配可以得到最优控制，从而可以有效地利用后轮制动力。

左、右轮制动力分配（转向制动时）。车辆转向制动时，内侧车轮的载荷减小，外侧车轮的载荷增大。制动防滑控制ECU根据速度传感器的信号检测到这种状况后，制动执行器就会调节制动力以便最优地控制内侧车轮和外侧车轮的制动力分配。

传统无电控控制的制动系统制动力的分配过去是通过后轴上的比例阀或感载阀以机械方法实现的，现在是通过制动防滑控制ECU通过电子控制ABS进液电磁阀和出液电磁阀的方法实现前、后轮制动力分配。制动防滑控制ECU能根据车辆行驶条件精确地控制制动力，如图14-9所示。

1. EBD系统的工作原理

制动防滑控制ECU根据4个车轮速度传感器发出的信号来计算各车轮的转速和减速度，

并检查车辆滑移状况。根据滑移率情况，制动防滑控制 ECU 控制供压阀和减压阀，以便用下列 3 种模式来调节各轮缸的液压：减压模式、压力保持模式和增压模式。

正常制动时，总泵切断电磁阀关闭，各轮缸的液压回路保持独立。因此，总泵产生的液压不会直接起动轮缸。制动防滑控制 ECU 根据总泵压力传感器和制动踏板行程传感器的信号来计算驾驶员所需的制动力。然后，制动防滑控制 ECU 计算所需制动力所缺少的再生制动力值并将计算值发送到 HV ECU，HV ECU 收到值后产生再生制动力。同时，HV ECU 发送实际再生制动力值到制动防滑控制 ECU，制动防滑控制。EBD 系统的工作原理见表 14 - 1。

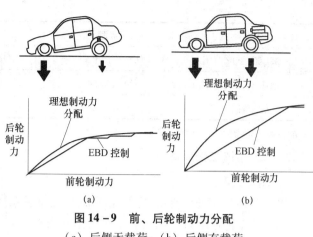

图 14 - 9 前、后轮制动力分配
（a）后侧无载荷；（b）后侧有载荷

表 14 - 1 EBD 系统的工作原理

	未激活	正常制动	—	—
	激活	增压模式	保持模式	减压模式
	液压回路	(图)	(图)	(图)
前	供压电磁阀（孔 A）	ON（半开*）	OFF（关闭）	OFF（关闭）
	减压电磁阀（孔 B）	OFF（关闭）	OFF（关闭）	ON（半开*）
	减压回路	(图)	(图)	(图)

续表

	未激活	正常制动	—	—
后	供压电磁阀（孔A）	ON（半开*）	OFF（关闭）	OFF（关闭）
	减压电磁阀（孔B）	ON（关闭）	ON（关闭）	ON（半开*）
	轮缸压力	增压	保持	减压

注：电磁阀根据使用条件持续调节孔的大小来控制液压。

2. ABS系统工作原理

1）增压过程

如图14-10所示，制动防滑控制ECU根据总泵压力传感器和制动踏板行程传感器的信号来计算目标轮缸压力（和驾驶员所需制动力相等），然后制动防滑控制ECU将轮缸压力传感器信号和目标轮缸压力对比，如果目标轮缸压力低，则制动防滑控制ECU就向制动执行器加压。因此，蓄能器中的液压就被加到轮缸里。此外，当液压制动力必须增加以便根据再生制动力的变化进行联合控制时，操作和此相同。

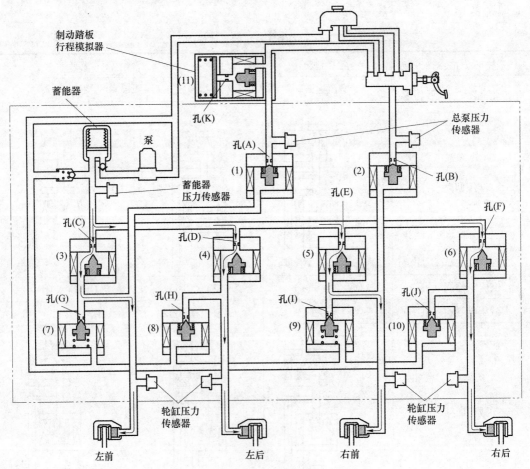

图14-10 增压过程

2）保持过程

如图 14-11 所示，制动防滑控制 ECU 根据总泵压力传感器和制动踏板行程传感器的信号来计算目标轮缸压力（和驾驶员所需制动力相等）。制动防滑控制 ECU 将轮缸压力信号和目标轮缸压力对比，如果相等，则制动防滑控制 ECU 将控制制动执行器保持在固定状态。因此，轮缸也将保持恒定压力。

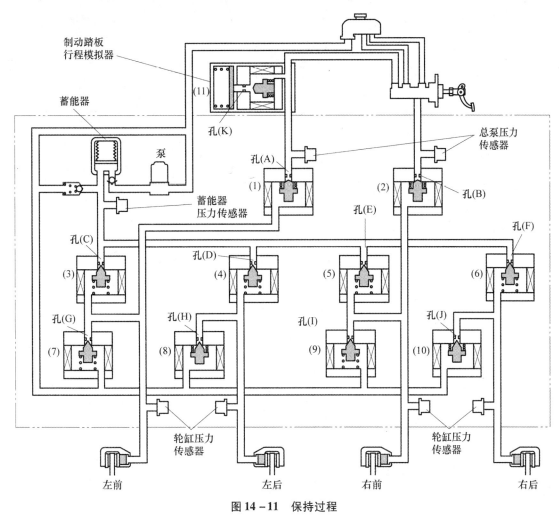

图 14-11 保持过程

3）减压过程

如图 14-12 所示，制动防滑控制 ECU 根据总泵压力传感器和制动踏板行程传感器的信号计算目标轮缸压力（和驾驶员所需制动力相等）。然后制动防滑控制 ECU 将轮缸压力传感器信号和目标轮缸压力对比，如果目标轮缸压力高，则制动防滑控制 ECU 就给制动执行器减压。因此，轮缸中的压力就会下降。此外，当液压制动力必须减小以便根据再生制动力的变化进行联合控制时，操作和此相同。

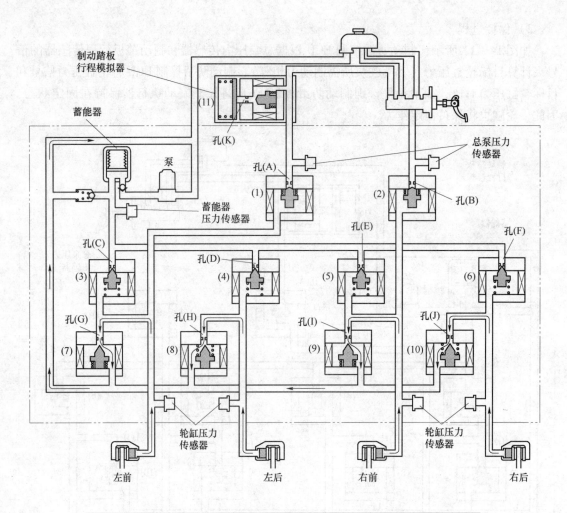

项目		正常制动减压模式
(1)、(2)	总泵切断电磁阀 孔：(A)、(B)	ON(关闭)
(3)、(4)、(5)、(6)	供压电磁阀 孔：(C)、(D)、(E)、(F)	OFF(关闭)
(7)、(9)	减压电磁阀 孔：(G)、(I)	ON(半开*)
(8)、(10)	减压电磁阀 孔：(H)、(J)	ON(半开*)
(11)	行程模拟器切断电磁阀 孔：(K)	ON(打开)

注：*电磁阀根据使用条件持续调节孔的开启大小来控制液压。

图 14-12　减压过程

3. 制动系统停止或电源出故障时

如果由于某些故障使制动系统停止或蓄能器不供压时，则制动防滑控制 ECU 会激活安全保护功能。此功能打开制动执行器中的总泵电磁阀以保证总泵和轮缸间的液压通道畅通。

这样，总泵产生的液压仅可使前轮缸实施制动。此时，行程模拟器切断电磁阀的孔（K）关闭以防止行程模拟器的运行对总泵的液压产生负面影响。

4. 制动助力操作

如图 14-13 所示，紧急制动情况下，制动防滑控制 ECU 根据压力传感器信号测定的总泵压力增加的速度检测驾驶员的意图。

如果 ECU 检测到需要额外的制动助力，则执行器中的泵会产生液压并作用于轮缸来增大压力。在下列情况下，制动防滑控制 ECU 也提供制动助力。车辆满载时，制动防滑控制 ECU 用总泵压力传感器和车速信号来检测工作条件。

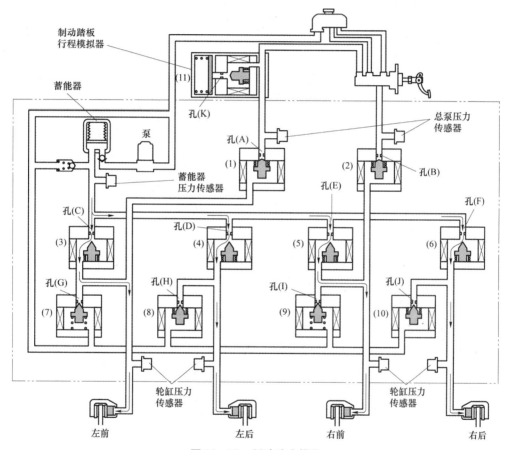

图 14-13 制动助力操作

六、VSC + 系统

1. 判定车辆状态的方法

为了判定车辆状态，传感器检测转向角、车速、车辆偏移率和车辆的横向加速度，然后将这些值输入制动防滑控制 ECU 来计算。

1）判定前轮滑动

如图 14-14（a）所示，车辆前轮是否滑动是通过目标偏移率和实际偏移率的差判定的。车辆的实际偏移率小于驾驶员操作方向盘时产生的偏移率（目标偏移率是通过车速和转向角判定的）时，就意味着车辆的转向角度大于行驶轨迹。这样，制动防滑控制 ECU 就判定前轮有很大的滑动趋势。

2) 判定后轮滑动

如图 14 – 14（b）所示，车辆后轮是否滑动是通过车辆偏离角和偏离角速度（单位时间内偏离角的变化）的值判定的。车辆偏离角大时，偏离角速度也大，制动防滑控制 ECU 就判定车辆的后轮有很大的滑动趋势。

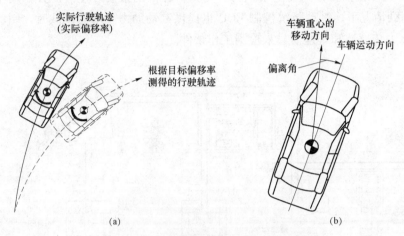

图 14 – 14　判定前轮滑动和判定后轮滑动
(a) 判定前轮滑动；(b) 判定后轮滑动

2. VSC + 控制方法

制动防滑控制 ECU 判定出现前轮或后轮滑动趋势时，它就降低发动机的输出功率并在前后轮施加制动来控制车辆的偏移力矩。VSC + 的基本工作原理说明如下。但是，控制方法根据车辆特性和行驶条件的不同而不同。

1) 阻止前轮滑动

如图 14 – 15（a）所示，制动防滑控制 ECU 判定前轮有很大的滑动趋势时，它就会根据滑动趋势的大小来抵消滑动趋势。转向时，制动防滑控制 ECU 控制发动机的功率输出并在外侧前轮和两个后轮上施加制动来抑制前轮的滑动趋势。

注： 图中箭头长度代表制动力的大小，可以向汽车重心取矩，根据转矩的方向来分析这样控制对汽车姿态的影响。

2) 阻止后轮滑动

如图 14 – 15（b）所示，制动防滑控制 ECU 判定后轮有很大的滑动趋势时，它就会根据滑动趋势的大小来抵消滑动趋势。为了抑制后轮滑动趋势，它会给外侧前轮施加制动并产生向外侧倾的外向力矩。除了由制动力降低了车速外，还能保证车辆的高稳定性。在有些情况下，制动防滑控制 ECU 在必要时也给后轮施加制动力。

3) EPS 系统的联合控制

VSC + 除了一般的 VSC 控制功能外，还能对 EPS 电动转向系统进行控制，对驾驶员根据车辆状况进行的转向操作提供转向助力。后轮失去抓地力时，本系统会控制制动力和动力。同时，系统还控制转向扭矩来帮助驾驶员转向。出现前轮滑动的趋势时，如果驾驶员转动方向盘的力过大，就会使情况恶化。为了防止这种情况，VSC + 提供转向扭矩助力。

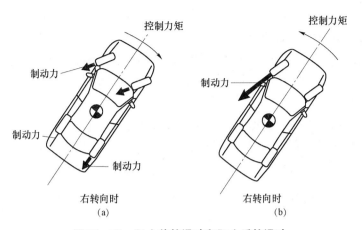

图 14-15 阻止前轮滑动和阻止后轮滑动
(a) 阻止前轮滑动；(b) 阻止后轮滑动

两侧车轮所受路面阻力不同时的制动操作，车辆左右车轮所在的路面阻力不同而进行制动时，根据制动强度，左右车轮的制动力也不同。这会产生导致转向的偏移力矩。这种情况下，VSC+ 和 EPS ECU 一起进行联合控制，在方向上产生一个转向扭矩助力来抵消已产生的力矩。这样操作 EPS 和增强驾驶员转向效果，VSC+ 提高了车辆的稳定性。

3. VSC+ 系统传感器

根据车轮轮速传感器、偏移率传感器、减速传感器和转向角传感器发出的 4 种信号，制动防滑控制 ECU 判断车辆状况。

紧急避让或急转向时，如果前轮或后轮有很大的滑动趋势，并且制动防滑控制 ECU 检测到超过规定的车辆状况，则它根据车辆状况来控制动力和制动液液压。激活的轮缸根据车辆状况的不同而不同。

1）偏移率传感器（带 VSC+ 系统）

减速度传感器安装在偏移率传感器中，用于检测偏移率和侧向加速度，并将此信号发送到制动防滑控制 ECU。

维修更换偏移率传感器或制动防滑控制 ECU 后，制动防滑控制 ECU 侧的减速度传感器和偏移率传感器两者都必须进行初始化。

2）转向角传感器（带 VSC+ 系统）

转向角传感器用于检测转向方向和转向角，并将信号发送到制动防滑控制 ECU。转角传感器包括 3 个具有相位的光敏断路器。带槽的盘阻断光线从而使光敏 IC 打开或关闭，以便检测转向方向和转向角。维修或更换转向角传感器或转向柱总成后，转角传感器将会自动校准。

4. VSC+ 的液压系统操作

VSC+ 系统控制电磁阀并通过与正常制动时的不同管路来发送蓄能器中存储的液压到各车轮的制动轮缸。这样，系统在：减压模式、压力保持模式和增压模式 3 种模式下工作。这样，前轮或后轮的滑动趋势得到了抑制。

1）前轮滑动抑制（右转向）

在前轮防滑控制中，2个前轮和转向内侧后轮上施加制动力。另外，根据制动是 ON 或 OFF 和车辆状况，某些时候原本需要实施制动的车轮也许得不到制动力。在增压模式下的液压回路，车辆右转向时，它能抑制前轮滑动。增压电磁阀和减压阀根据 ABS 的工作模式打开或关闭。

2）后轮滑动抑制（右转向）

控制后轮滑动时，在2个前轮和转向外侧后轮上施加制动力。例如，在增压模式下的液压回路，车辆右转向时，它能抑制后轮滑动。抑制前轮滑动时，增压电磁阀和减压阀根据 ABS 的工作模式打开或关闭。

七、自诊断和安全保护

1. 自诊断

如果制动防滑控制 ECU 检测到 ECB、再生制动、带 EBD 的 ABS、制动助力和 VSC + 系统中的故障，则制动控制系统、ABS、制动系统和 VSC 系统的和这些故障相关的功能警告灯会指示或点亮，来提示驾驶员。指示灯的情况见表 14-2。

表 14-2　指示灯指示的情况

项目	再生制动联合控制	ABS	EBD	制动助力	VSC +	ECU
制动控制系统警告灯	○	○	○	○	—	○ *2
制动系统警告灯	—	—	○	○	—	○
ABS 警告灯	—	○	○	○	○	○
VSC 警告灯 *1	—	○	○	○	○	○ *2

注：○表示灯亮；—表示灯灭；*1 表示仅带 VSC + 系统的车型；*2 表示可能不亮。

2. 安全保护

混合动力或 VSC 系统有故障时，制动防滑控制 ECU 会禁止 VSC + 工作。ABS 和/或制动助力系统有故障时，制动防滑控制 ECU 会禁止带 EBD 的 ABS、制动助力和 VSC + 系统工作。EBD 控制系统有故障时，制动防滑控制 ECU 会禁止 EBD 工作。因此，在没有带 EBD 的 ABS 系统、制动助力和 VSC + 系统的情况下，制动和燃油喷射切断控制会打开。

第三节　电动汽车能量回馈控制原理

所谓能量回馈，即电动机工作于再生制动模式。在制动过程中，控制驱动器使电流方向与正向运行时相反，便会产生制动性质的转矩。当产生的电压高于蓄电池时，可以将电流回馈至蓄电池，达到能量回馈的目的。

感应电动势为梯形波有利于电动机产生恒定转矩。由于换相时电流不能突变，因此实际的相电流波形不是纯粹的方波，而是接近方波的梯形波，从而使转矩产生纹波。无刷直流电动机的输出转矩波动比普通直流电动机大。一般相数越多，转矩波动越小。全桥驱动比半桥驱动的转矩波动小得多。另一方面，与普通直流电动机不同，无刷直流电动机的绕组是断续通电的。适当的提高绕组通电利用率可以使同时通电导体数增加，使电阻下降，提高效率。此外，从电路成本的角度看，相数越多意味着驱动电路所使用的开关管越多，成本就越高。

目前，无刷直流电动机大多采用三相星形结构，采用全桥驱动方式。目前，电动汽车存在着电池能量低、充电时间长等问题，而电动汽车的频繁起动、制动又消耗了大量能量。在《电动汽车用电机及其控制器》国家标准中给出的车辆基本城市循环中，17.44% 时间处于减速过程，回馈制动潜力很大。能量回馈制动系统在汽车制动时可以将能量回馈到电池，以提高整车运行效率和电动汽车的续驶里程。同时能量回馈制动系统可以实现汽车的电气制动。能量回馈制动控制技术已经成为电动汽车的核心技术之一。

一、无刷直流电动机的基本控制方法

无刷直流电动机的驱动方式包括半桥驱动和全桥驱动。目前以三相星形全桥驱动方式最多，控制方法分为两两导通（120°导通）、三三导通（180°）两种。在具体控制方法中，又分为有、无位置传感器两种情况。

在半桥驱动时，绕组合成磁场取决于通电相绕组在气隙中产生的磁场，将有 3 种合成状态。在全桥驱动时，绕组合成磁场将有 6 种合成状态。半桥驱动电路下电动机绕组利用率低，每个绕组只通电 1/3 时间，没有充分利用，且转矩波动较大。因此，对于三相星形连接绕组的无刷直流电动机，通常采用三相全桥控制电路。

由 $V_1 \sim V_6$ 六只功率管构成的驱动全桥可以控制绕组的通电状态。按照功率管的通电方式，可以分为两两导通和三三导通两种控制方式。

1. 两两导通方式

在两两导通方式下，每一瞬间有 2 个功率管导通，每隔 1/6 周期即 60°电角度换相一次。每次换相 1 个功率管，每只功率管持续导通 120°电角度。每个绕组正向通电，反向通电各 120°。对应每相绕组持续导通 120°电角度，在此期间对于单相绕组电流方向保持不变。假设流入绕组的电流产生正的转矩，流出绕组的电流产生负的转矩。每隔 60°换相一次意味着每隔 60°合成转矩方向转过 60°，大小保持为 1.7 倍的扭矩。

［完成任务］什么叫两两导通？

2. 三三导通方式

每一瞬间有 3 只功率管通电，每 60°换相一次，每只功率管通电 180°。对于三三通电方式，每一瞬间有 3 只功率管导通，每隔 60°换相一次，每一功率管通电 180°电角度。每隔 60°换相一次意味着每隔 60°合成转矩方向转过 60°，合成转矩大小为 1.5 倍的扭矩。

［完成任务］什么叫三三导通？

二、采用无刷直流电动机驱动系统的回馈制动方法

1. 单相回馈制动的基本原理

电动车用无刷直流电动机的回馈制动分为两种情况：一种是电动机转速超过基速，通过驱动器直接向蓄电池回馈电能，同时提供制动的电磁转矩，比如下坡时可能出现此种情况；另一种是出现在车速没有超过基速时的减速过程中。在此过程中，电动机处于发电状态，将电动车减速过程中的部分动能回馈到蓄电池。驱动电动机进入发电工作状态，其发电电压必

须高于蓄电池电压才能输出电功率，所以需要对制动过程进行有效控制。基本控制原理为升压斩波（Boost Chopper）。

Boost 转换器的主电路结构如图 14-16 所示，通过对功率管 V_1 的 PWM 开关控制，达到控制输出电压的目的，又称作升压斩波转换器。通过分析一个 PWM 周期的工作状态，来分析其工作原理。

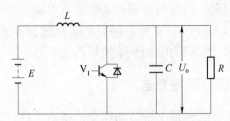

图 14-16 Boost 转换器的主电路结构

在 V_1 导通期间，电源通过 V_1 向电感 L 充电，电流逐渐升高，直到 V_1 关断时刻达到最大值，V_1 关断后直至该周期结束，电源与电感共同向负载供电，电流逐渐减小。在 V_1 开通的时间周期内是电源 E 向电感存储能量的过程，而后一阶段电感处于释放能量的状态。把同一周期内的 V_1 导通区间与关断区间的电流变化量进行比较，可以得到下式：

$$U_o = \frac{E}{1-\alpha}$$

根据上面的结论，可见看到通过调节 V_1 的控制信号的 PWM 占空比 α 可以调节输出电压。由于 $\alpha<1$，由上式可得输出电压 $U_o > E$ 蓄电池电压，即输出电压高于电源电压，因此称此种结构的电路为升压斩波电路。电感上的储能作用是产生泵升电压的主要原因。

有两种方法将这一原理在无刷直流电动机能量回馈控制中应用：一种是在全桥驱动器和蓄电池之间加上升压（Boost）转换器；另一种是利用驱动器本身的 PWM 调制产生类似 Boost 转换器的功能。第二种方法利用驱动器本身的三个负半桥 IGBT 达到这一目的，无须外加电路，因此电动汽车中多利用第二种方式。

2. 三相能量回馈控制工作基本原理

在回馈控制阶段，将上桥臂的功率管关断。根据位置传感器信号对下桥臂的功率管的通断进行有规律的 PWM 控制，可以起到与 Boost 转换器相同的效果。与 Boost 转换器的工作过程类似，在一个 PWM 开关周期内，无刷直流电动机的能量回馈控制过程也可以分为两个阶段。

1) 续流阶段

在续流阶段，无刷直流电动机的电流流向如图 14-17 所示。V_2 导通为电流提供续流通道。在此阶段，电能将存储于三相绕组的电感之上。

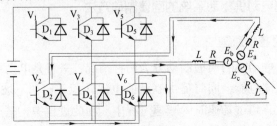

图 14-17 续流阶段电流流向示意图

2）回馈阶段

在 V_2 关断期间，在反电动势与三相绕组寄生电感的共同作用下，之前存储于三相绕组之内的能量与反电动势一起向蓄电池共同回馈能量。在此阶段的电流流向如图 14-18 所示，V_2 关断，电流经 D_1 回馈至蓄电池，同样存在通过 D_4 和 D_6 流向 B 相和 C 相的电流通路。

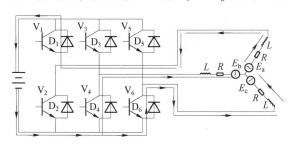

图 14-18 回馈阶段电流流向示意图

忽略了电动机相电阻的影响，充电过程中产生的泵升电压随着 PWM 控制的占空比的增大而增大。

电动车用无刷直流电动机驱动系统的能量回馈过程要受到车辆运行状态的限制。能量回馈的过程还要受到制动安全和蓄电池充电安全等条件的限制，包括蓄电池 SOC、电动机的回馈能力和当前转速等。回馈制动控制策略需要与整车制动要求紧密结合。在实际应用中，回馈制动应满足一定的约束条件，并采取相应的控制策略。在回馈制动过程中，相应的主要约束条件如下：

（1）满足制动安全的要求。在回馈制动过程中，制动安全是第一位的。因而根据整车的制动要求，回馈制动系统应保持一定的制动转矩，以保证整车的制动性能如制动减速度、制动距离等。在一般的减速过程中，回馈制动可以满足要求。当制动力矩需求大于系统回馈制动能力时，还需要采用传统的机械制动。此外，当转速低至回馈制动无法实现时，也需要采取其他制动方式辅助制动运行。

（2）电机系统的回馈能力。回馈制动系统在工作过程中，应考虑电机系统在发电过程中的工作特性和输出能力。因此需要对回馈过程中的电流大小进行限制，以保证电机系统的安全运行。

（3）电池组的充电安全。电动汽车常用的能源多为铅酸电池、锂离子电池、镍氢电池等。充电时，应避免充电电流过大，损坏蓄电池。因此，回馈制动系统的容量除了要考虑电机系统的回馈能力，还应包含蓄电池的充电承受能力。由于回馈制动过程时间有限，因此主要约束条件为充电电流的大小。

回馈制动过程中在转速一定条件下回馈能量、回馈效率与控制占空比的关系。在回馈制动过程中，通常可采用的控制策略有最大回馈功率控制、最大回馈效率控制、恒转矩控制等控制策略。在恒转矩控制策略下，可以使整车保持制动需求的减速度完成制动过程，使制动过程满足制动力矩需求。在回馈制动状态下，制动转矩由电动机的电磁转矩提供。对于永磁无刷直流电动机，电动机的电磁转矩正比于电动机的电流，因此可以通过控制回馈电流的大小来控制制动转矩的大小，实现对制动过程的控制。

回馈制动的控制周期包含了续流阶段和能量回馈两个阶段。在低速回馈状态下，根据位置传感器信号对功率管的通断进行有规律的 PWM 控制，可以起到与 Boost 转换器相同的效果。当产生的电压高于蓄电池时,可以将电流回馈至蓄电池,达到能量回馈的目的。在此过程中,也需要进行换相控制。采用单侧斩波的控制方式,即在回馈制动过程中,封锁上桥臂,只对功率桥的下桥臂进行 PWM 控制。在每一个控制周期内,只对其中的一个功率管进行 PWM 控制。保持对反电动势最大的相所对应桥臂的功率管进行 PWM 控制。回馈制动过程的功率管控制相序表见表 14-3。

表 14-3 回馈制动过程的功率管控制相序表

项目	0°~60°	60°~120°	120°~180°	180°~240°	240°~300°	300°~360°
V_1	OFF	OFF	OFF	OFF	OFF	OFF
V_2	PWM 控制	PWM 控制	OFF	OFF	OFF	OFF
V_3	OFF	OFF	OFF	OFF	OFF	OFF
V_4	OFF	OFF	PWM 控制	PWM 控制	OFF	OFF
V_5	OFF	OFF	OFF	OFF	OFF	OFF
V_6	OFF	OFF	OFF	OFF	PWM 控制	PWM 控制
D_1	回馈能量	回馈能量	OFF	OFF	OFF	OFF
D_2	OFF	OFF	续流	续流	续流	续流
D_3	OFF	OFF	回馈能量	回馈能量	OFF	OFF
D_4	续流	续流	OFF	OFF	续流	续流
D_5	OFF	OFF	OFF	OFF	回馈能量	回馈能量
D_6	续流	续流	续流	续流	OFF	OFF

对于 6 个功率管,只有处于下桥臂的功率管进行了 PWM 控制,每个功率管持续 120°电角度。在控制过程中,需要根据位置传感器的信号进行换相控制。在回馈制动原理阐述过程中已经将第一个控制区间的控制过程做了详细推导,其他控制区间可以得到类似的结论。通过控制 PWM 的占空比,可以对回馈电流进行调节,从而控制制动转矩的大小,实现对回馈制动过程的控制。

第十五章 电动汽车仪表

纯电动汽车仪表是在传统燃油车仪表的基础上删除了一部分燃油车仪表功能,增加了电动汽车仪表功能。混合动力汽车则是在传统燃油车仪表的基础上基本不删除原来仪表功能,但增加了电动汽车仪表功能。

第一节 燃油汽车仪表

一、传统燃油汽车仪表

燃油汽车仪表板是由标准四表、指示灯、警告灯、故障灯和警报器等组成。标准四表指发动机转速表、车速表、水温表和汽油表。发动机转速表和车速表原理相同,都是转速类表,水温表和汽油表原理相同,都是变阻类表,客车还有气压表和电压表。

传统燃油汽车仪表、指示灯、故障灯和警告灯,如图15-1、图15-2所示。指示灯用于指示驾驶员的操作已被响应。故障灯表示相应的控制单元有故障码存储。警告灯表示有危险性存在,一旦警告灯亮起应检查,除非你已知道这个警告灯亮的原因。

图 15-1 传统燃油汽车仪表

图 15-2 标准传统汽车仪表

二、仪表指示灯

为使驾驶员随时了解汽车各系统的工作状况，汽车上都设有表示汽车工作状况的仪表、指示灯、警告灯等装置。指示灯例如大灯远近光变换指示，只起提示作用，例如提示是打开还是关闭状态。警告灯如发动机机油压力指示灯，一旦点亮，应采取必要的措施，例如停车检查。首先应能读懂仪表指示灯或警告灯的功能，汽车组合仪表故障灯、警告灯和指示灯说明见表 15 – 1。

表 15 – 1 汽车组合仪表故障灯、警告灯和指示灯说明

仪表灯名称	图案	仪表灯名称	图案
安全气囊故障灯		巡航系统故障灯	
ABS 系统故障灯		灯光系统故障灯	
制动蹄磨损指示灯		后备厢开启指示灯	
制动系统警告灯		车门开启指示灯	
柴油机预热指示		油箱少油指示灯	
电子节气门故障灯	EPC	冷却液面低或过热指示灯	
机油压力过低警告灯		蓄电池放电警告灯	
柴油机排气颗粒故障灯		发动机故障灯	
助力转向故障灯		前机舱盖开启指示灯	
电子驻车故障灯		后雾灯指示灯	
ESP/TCS 故障灯		机油液面过低指示灯	
左转向指示灯		胎压监控故障灯	
右转向指示灯		制动踏板指示灯	
拖车转向指示灯		安全带警告灯	
远光指示灯		白天行车指示灯	
清洗液位低指示灯		油箱盖开启指示灯	

其中安全气囊故障灯、电子驻车故障灯、ABS 系统故障灯、ESP/TCS 故障灯、发动机故障灯、助力转向故障灯、胎压监控故障灯、巡航系统故障灯等要各自的电控单元触发才能点亮，主

要用作相应控制单元的自检指示和故障存储器有故障存储的指示,即灯常亮有故障存储。

混合动力汽车发动机的机油故障灯和行驶里程显示与传统汽车的区别:机油压力故障灯在纯电动状态时应根据发动机转速信号和机油压力信号两者控制是否启动仪表机油压力过低故障灯,只在发动机起动的情况下适时地控制机油故障灯才有意义;另外,在混合动力汽车上,纯电动工况的里程和混合动力里程可以分别单独显示。

三、指示灯的意义

红色警告灯一直点亮或闪烁,指示相关单元出现故障。要特别注意"发动机机油压力""制动液液位低""冷却液温度表"和"电子制动力分配系统故障"警告灯,一旦出现,立即停车。

黄色的故障灯说明控制系统有故障码存在,应尽快去服务站。故障灯在点火开关打开时灯亮,自检会亮,但无故障时会熄灭。

指示灯的颜色可为黄色、绿色等,要求不严格,在元件电路工作时起提示的作用。

1. 发动机机油压力警告灯

如果在发动机运转时该灯亮起来,则应立即停车,它表明机油压力不足。

2. 油箱盖警告灯

如果油箱盖因没有正确拧紧而丢失,该警告灯亮。

3. ESP 电子稳定性程序工作指示灯

在 ESP 系统进行制动控制时,该指示灯闪烁。如果该功能解除或出现故障,指示灯连续点亮。

4. 颗粒排放滤清器堵塞警告灯(柴油发动机)

在发动机运转时,该灯闪烁,或者表示颗粒排放滤清器需要清污,或者表示发动机怠速运转时间过长(排气冒白烟)。如果继续在这种工况下工作,该滤清器会有堵塞的危险。如果条件允许,尽快以 60 km/h 以上的速度行驶至少 3 min。

5. 与制动有关的故障灯和警告灯

(1)手刹、制动液液位低和电子制动力分配警告灯:每次打开点火开关,该灯在拉起了手刹或者没有正确松开手刹时警告灯亮;此灯也可以表明制动液液位低,如果是这种情况,即使松开手刹,该警告灯依然点亮;在 ABS 警告灯点亮的同时该灯点亮,表明电子制动力分配(EBD)系统出现故障。

(2)防抱死制动系统(ABS)警告灯:每次打开点火开关时,该灯亮 3 s。如果在车速超过 12 km/h 时点亮,表明 ABS 存在故障。但是,汽车上的传统伺服助力制动依然起作用。

(3)前刹车片磨损警告灯:为了您的安全,如果该灯亮起,请尽快更换制动片。

6. 蓄电池充电警告灯

每次打开点火开关,该灯亮。如果在发动机运转时该灯亮起来,则说明有充电电路存在故障、蓄电池或起动机接线端子松动、发电机皮带断裂或松弛、发电机故障情况。

7. 发动机诊断故障灯

每次打开点火开关时该灯亮。如果在发动机运转时它连续点亮,表明排放控制系统中存在故障。如果在发动机运转时它点亮,表明喷油或点火系统中存在故障,有损坏催化剂转化器的危险(只限燃油发动机)。

8. 柴油发动机预热指示灯

如果发动机进行了充分的暖机,该灯不亮,这种情况下可以立即起动发动机。如果灯亮,等待灯灭后再起动。

9. 柴油滤清器放水警告灯

依据国家规定,该灯点亮时尽快与服务代理商联系,因为有损坏燃油喷射系统的危险。

10. 乘员侧安全气囊解除警告灯

警告灯亮并伴有声音信号,并在多功能显示屏上显示信息。如果解除(关闭)了乘员侧安全气囊,在打开点火开关后该指示灯点亮,并保持点亮。

11. 安全气囊故障灯

打开点火开关后,该故障灯亮 6 s。该警告灯在车辆运行时点亮,伴有声音信号,并在多功能显示屏上出现图形信息,表明前面、侧面或窗帘安全气囊出现故障。

12. 座椅安全带未扣紧警告灯

在发动机运转时,如果驾驶员座椅安全带没有系紧,该指示灯亮。

13. 车门未关紧警告灯

在发动机运转时,警告灯指示车门没有关好或后备厢打开。

14. 防盗器故障灯

该指示灯亮表示汽车防盗器系统中有故障。

15. 燃油液位低警告灯

当警告灯亮后,油箱内所剩的燃油至少还能行驶约 50 km。

第二节 电动汽车专用仪表和标志

一、几款电动汽车仪表

丰田普锐斯 2012 款仪表(见图 15-3),图中显示有安全带指示灯、上电准备就绪灯、油箱油量指示灯、经济模式指示灯、车速、换挡杆指示灯、电子驻车灯、电池空量模拟指示、充电状态、纯电动模式、经济模式、短里程、里程、油耗、平均车速。

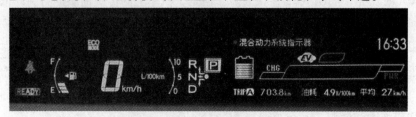

图 15-3 丰田普锐斯 2012 款仪表

日产聆风电动汽车仪表（见图15-4），图中显示有锂离子电池温度、功率表、多功能显示器、锂离子电池容量表、锂离子电池余量表、可续驶里程、PARK、内外循环切换、开门指示、长短里程指示、安全带指示。

图15-4　日产聆风电动汽车仪表

丰田FCEV-4燃料电池汽车仪表（见图15-5），图中显示有电池电量指示、经济模式（ECO）指示灯、动力模式（PWR）指示灯、里程、车速、加氢指示、车外温度、雷达就绪、换挡杆指示灯、电子驻车灯、上电准备就绪灯、时间、巡航指示灯。

图15-5　丰田FCEV-4燃料电池汽车仪表

FCX-CLARITY燃料电池汽车仪表（见图15-6），图中显示有电池容量、功率表、储氢量、换挡杆指示、里程显示、汽车铭牌、车外温度显示、电子驻车。

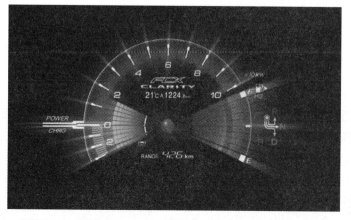

图15-6　FCX-CLARITY燃料电池汽车仪表（虚拟仪表）

二、电动汽车新增仪表和标志

1. 仪表

提示：仪表不一定是真正意义的指针表，可以采用数字模拟指示条以及数字显示等形式。

1) 动力电池荷电状态

指示动力蓄电池的剩余工作容量。多用指针式、数字模拟指示条、数字式显示器。

若为数字显示器，可以永久显示，或在驾驶员需要时随时给出指示，示值应清晰。当SOC低于下限某一规定值，应特别明显地标示出来。如果使用动力蓄电池更换系统，最好能自动复位，如不能自动恢复到全充满状态，则应能人工复位。

2) 动力电池电压

动力蓄电池的电压表一般不设计，一些电动汽车设计了，也只是采用数字显示。驾驶员踩下踏板时，数字显示的电压变动量大，数字变动太快，对驾驶员基本没有意义。

建议：在仪表的标度盘上应标示出恰当的工作电压范围。为增加示值的准确性，在工作范围内宜使用扩展标度。

3) 动力电池电流

一般不设计，若设计则多采用指针表或条状指示表，用来测量流过动力蓄电池的电流。在仪表的标度盘上应规定准确的 0 位置，对于具有再生制动功能的车辆，在标度盘 0 位置的两个方向上都应标示出正常工作电流的范围。

少数国产电动汽车会采用数字显示，这种情况不太合理，容易引起驾驶员的过多关注，导致驾驶员注意力不集中。

4) 电动机转速

实际中电动机转速突变较快，一般不设计电动机转速表表盘，若设计则多采用指针表或条状指示表，当转速超过某一规定值，应特别明显地标示出来。

2. 故障灯、警告灯和指示灯

电动汽车一般新增如图 15 - 7 所示的仪表指示和报警灯，依次为：上电准备就绪指示灯、高压电池充电指示灯、电动机过热警告灯、动力系统故障警告灯、动力电池故障警告灯，这些灯也可能会伴随有提醒信息出现（不是法规要求）。

图 15 - 7 电动汽车一般新增的仪表指示和报警灯

1) READY 指示灯

READY 指示灯点亮表示电动机、电池、电动机控制器高压部件无故障，高压电已经上电至逆变器，高压上电已经准备就绪，踩下加速踏板汽车即可行驶。

2) 动力电池充电状态指示灯

当充电机向动力蓄电池充电时指示灯闪亮，表示当前处于充电状态，充电完成时，此灯变为常亮。对于国内一些电动汽车充电时充电灯不是闪亮这种情况是属设计不合理。提示：

充电时不可上电行驶。

3）过热警告灯

当电动机及其控制器温度过高时此警告灯点亮，此时如果继续行车将对车辆安全或性能造成严重影响。

4）动力系统警告灯

电力驱动系统有故障时，该警告灯亮，比如互锁监测识别了一个故障。

5）动力电池故障警告灯

指动力电池管理系统有电压不一致、温度过高等电池故障。

6）过热警告灯

当某设备温度过高可能会对车辆的安全或性能造成很严重的影响时，应向驾驶员发出警告。

以下 7）和 8）传统汽车仪表中出现，但在电动汽车中意义不同。

7）12 铅酸蓄电池不充电警告灯（传统汽车蓄电池放电警告灯）

继承传统汽车 12V 蓄电池不充电时的警告灯功能。当车辆正常行驶过程中 DC/DC 转换器不向 12V 蓄电池充电时，该警告灯亮，提醒驾驶员。

8）发动机机油故障灯

在混合动力汽车发动机中的电驱动阶段，该灯熄灭。发动机工作时，机油压力过低则该灯点亮。

3. 故障信息提醒

1）电动机超速提醒信息

当电动机超速时，最好用声信号连同光信号向驾驶员发出警告。

2）蓄电池剩余容量下限提醒信息

当动力蓄电池剩余容量低于某个百分数（例如 25%）时，应通过信号装置提醒驾驶员。

3）高压绝缘性能下降提醒信息

当绝缘电阻和爬电距离低于规定值时应通过信号装置提醒驾驶员。

绝缘电阻可包括动力蓄电池绝缘电阻、动力系统和车辆电底盘之间绝缘电阻、动力系统和辅助电路之间绝缘电阻，爬电距离包括蓄电池连接端子间的爬电距离、带电部件与电底盘之间的爬电距离。

4）驾驶员不安全停车提醒信息

当驾驶员离开车辆，如果驱动系统仍处于"可行驶"状态，应通过信号装置提醒驾驶员。

第十六章
电动汽车空调系统

汽车空调的功能是把车厢内的温度、湿度、空气清洁度及空气流动性保持在使人感觉舒适的状态。在各种气候环境条件下,电动汽车车厢内应保持如传统汽车的舒适状态,以提供舒适的驾驶和乘坐环境。因此一套节能高效的空调系统对电动汽车开拓市场也起到至关重要的作用。

电动汽车空调与普通空调装置相比,电动汽车空调装置以及车内环境主要有以下特点:汽车空调系统安装在运动的车辆上,要承受剧烈而频繁的振动与冲击,要求电动汽车空调装置结构中的各个零部件都应具有足够抗振动冲击和良好的系统气密性能;电动汽车大部分属于短距离代步,乘坐时间较短,加上电动汽车内乘员所占空间比大,产生的热量相对较多,相对热负荷大,要求空调具有快速制冷、制热和低速运行能力;电动汽车空调使用的是车上蓄电池提供的直流电源,压缩机工作效率高,控制可靠性高,维护方便;汽车车身隔热层薄,而且门窗多、玻璃面积大、隔热性能差,电动汽车也不例外,致使车内漏热严重;车内设施高低不平且有座椅,气流分配组织困难,难以做到气流分布均匀。

第一节 电动汽车空调的制冷方式和空调压缩机

早期的国产电动汽车由于受到蓄电池能力的限制,为了不影响电动汽车的续行里程,大多数电动汽车都没有配备空调系统。随着国内电动汽车逐步产业化、市场化,电动汽车必然要配备空调系统。由于受到电动汽车独特性影响,国内汽车厂家从传统燃油汽车空调的基础上进行部分替换设计,将燃油发动机带动的压缩机替换成直流电动机直接驱动的压缩机,控制上相应改变来完成空调制冷的功能,目前替换设计效果基本能解决电动汽车空调的制冷问题,但制冷效率有待提高。

在空调的主要零部件选用上,目前国内的电动汽车除了压缩机和控制模式,其他主要零部件还是沿用燃油汽车空调的零部件,冷凝设备主要用的是平行流冷凝器,蒸发设备主要用的是层叠式蒸发器,节流装置仍然是热力膨胀阀,制冷剂仍然是 R134a。据不完全了解,国内在大力开发电动汽车的厂家如奇瑞、比亚迪、一汽、上汽、江淮等目前电动汽车空调配套情况基本差不多,都处于上述发展现状。

汽车空调压缩机大致分为三类:
(1) 传统发动机驱动的类型。

（2）使用发动机和电动机驱动的混合动力型。混合动力汽车空调压缩机，对于面向需要提高现有内燃机效率、实现小型化的汽车厂商，供应的是借助传统发动机皮带传动类型的压缩机。面向以发动机为主体、电动机为辅的车辆（Mild-HEV 弱混）供应的是皮带传动和电动机驱动兼顾的混合式压缩机。

（3）单纯使用变频电动机驱动的类型。对于以电动机为主体（Strong-HEV 强混、EV 电动）的车辆，则供应电动压缩机。

一、沿用传统汽车空调的电动制冷系统的组成及部件功能

1. 制冷系统的组成

如图 16-1 所示，主要由纯电动或混合动力汽车的混动压缩机、冷凝器、储液干燥器、膨胀阀、蒸发箱和控制电路等组成。低压管路：从节流阀出口至压缩机入口，沿程有蒸发箱、低压加注口、积累器。高压管路：从压缩机出口至节流阀入口，沿程有压缩机、冷凝器、干燥器、高压加注口中、高低压开关、节流阀。

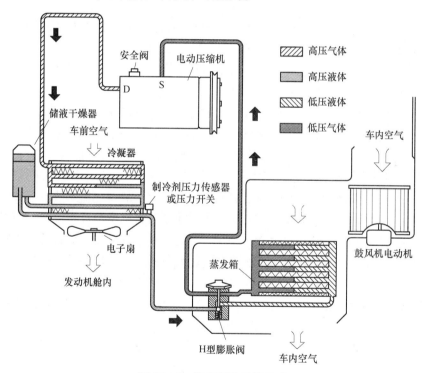

图 16-1 汽车制冷系统组成

注意：客车多采用变频器控制高压三相电动机驱动压缩机，因此有独立的电动机变频器，电动机和压缩机之间采用皮带传动方式。而轿车多采用整体式电动压缩机，这种压缩机内部有电动机，一般采用低电压 12 V 驱动。

2. 制冷系统部件功能

压缩机把低温、低压的气态的制冷剂吸入压缩成高温、高压液态制冷剂，以跟外界空气形成温差。冷凝器把经过冷凝器专用风扇或发动机散热器风扇的高温、高压制冷剂的热量散至周围空气，使制冷剂降温；干燥器用来除去制冷剂中的水分；高压加注口用于加制冷剂或

对管路抽真空用；高、低压开关中，高压开关保护管路，低压开关保护压缩机；节流阀（膨胀阀）即一个可变或固定截面小孔，把高压制冷剂节流雾化，经蒸发箱吸收车内空气热量；在鼓风机的作用下，蒸发箱吸收车内热量，变成低温、低压的气态；积累器用来储存制冷剂防止从蒸发箱出来的不是气态而液击压缩机，一般不设计；低压加注口用于加制冷剂或对管路抽真空。

对于目前传统燃油汽车空调系统，制冷主要采用发动机驱动的蒸汽压缩式制冷系统进行降温，而制热主要采用燃油发动机产生的余热。而对于电动汽车中的纯电动汽车以及燃料电池汽车来说，没有发动机作为空调压缩机的动力源，也不能提供作为汽车空调冬天制热用的热源，因此无法直接采用传统汽车空调系统的解决方案；对于混合动力车型来说，发动机的控制方式多样，故空调压缩机也不能采用发动机直接驱动的方案。综合以上原因，在电动汽车的开发过程中，必须研究适合电动汽车使用的新型空调系统。对于电动汽车来说，车上拥有高压直流电源，因此，采用电动热泵型空调系统，压缩机采用电动机直接驱动，成为电动汽车可行的解决方案。若热泵式空调的压缩机电动机采用变频控制技术，膨胀阀采用电子膨胀阀节流技术，则使控制更精确，并可更节能。

在传统燃油汽车的自动汽车空调系统中，是通过控制混合风门的开度来调节出风温度以及控制风机的转速来调节风量，以使车室内温度保持在设定值。而对于电动车热泵空调系统而言，没有热水芯来调节出风温度，但是压缩机的转速可以通过变频器来控制，因此它的控制方法也就不同于传统燃油汽车的空调系统。

在电动车热泵空调系统中，压缩机的转速是制冷量的主要控制量，对于压缩机的转速采用的控制方法归纳如下：当车室温度高于设定温度1 ℃时，为了尽快使温度达到设定值，压缩机以最大转速运行；若车室温度低于设定温度1 ℃，压缩机以最低转速运行；当室温偏差在 -1 ℃ ~ 1 ℃时，压缩机的转速通过模糊控制算法来控制，以每一采样时刻室温与设定值的温差及温差的变化率为输入量，通过模糊推理得出压缩机的转速值。蒸发器风机的风量不仅影响制冷系统，而且对车室温度有较大的影响。如果只将蒸发器风机以最大风量运行，不仅噪声比较大，也不利于满足车室的舒适性要求。尤其对于电动车空调系统，没有热水芯调节出风温度，车室内的体积比较狭小，如果车室温度只通过调节压缩机的转速来控制，车室内温度会比较容易波动，不利于系统的稳定运行。因此只在车室负荷比较大的情况下才让风机以最大风量运行，而在其他情况应该采取合适的控制策略，以保证车室内的温度稳定在设定温度。在初始打冷阶段，压缩机和蒸发器风机以最大转速运行，能使车室温度迅速降到设定温度。当温度达到设定温度后，有少许超调量，控温精度较高。例如当压缩机从最大转速6 000 r/min 降到 3 300 r/min 左右时，通过控制蒸发器的风量，车室内温度可以平稳地降到设定温度附近，使得此时压缩机转速的超调量较小。

二、电动变排量涡旋式制冷压缩机

新款普锐斯上的 ES18 电动变频压缩机由内置电动机驱动。除了电动机驱动的部件外，压缩机的基本结构和工作原理与旧款普锐斯上的涡旋压缩机相同。空调变频器提供的交流电（201.6 V）驱动电动机，变频器集成在混合动力系统的变频器上。这样，即使发动机不工作，空调控制系统也能工作。这样，能达到良好的空气状况，也减少了油耗。由于采用了电动变频压缩机，压缩机转速可以被控制在空调 ECU 计算的所需转速内。因此，冷却性能和除湿性能都得到了改善,并降低了功率消耗。压缩机的进气、排气软管采用了低湿度渗入软管,这样,可以减少进入制冷循环中的湿气。压缩机使用高压交流电,如果压缩机电路发生开路或短路,HV ECU 将切断空调变频器电路来停止向压缩机供电。为了保证压缩机和压缩机壳内部高压部分的绝缘性能,新款普锐斯采用了有高绝缘性的压缩机油(ND11)。因此,绝对不能使用除 ND11 型压缩机油或它的同等品外的压缩机油。

1. 结构

如图 16-2 所示,电动变频压缩机包含一对螺旋线缠绕的固定蜗形管和可变蜗形管、无刷电动机、油挡板和电动机轴。固定蜗形管安装在壳体上,轴的旋转引起可变蜗形管在保持原位置不变时发生转动,这时,由这对蜗形管隔开的空间大小发生变化,实现制冷气的吸入、压缩和排出等功能。将进气管直接放在蜗形管上可以直接吸气,从而可以提高进气效率。压缩机中有一个内置油挡板,可以挡住制冷循环过程中与气态制冷剂混合的压缩机油,使气态制冷剂循环顺畅,从而降低机油的循环率。

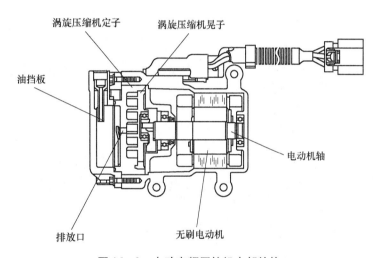

图 16-2 电动变频压缩机内部结构

2. 工作原理

电动变频涡旋压缩机工作原理,如图 16-3 所示。

(1)吸入过程

在固定蜗形管和可变蜗形管间产生的压缩室的容量随着可变蜗形管的旋转而增大,这时,气态制冷剂从进风口吸入。

(2)压缩过程

吸入步骤完成后,随着可变蜗形管继续转动,压缩室的容量逐渐减小。这样,吸入的气态制冷剂逐渐压缩并被排到固定蜗形管的中心。当可变蜗形管旋转约 2 周后,制冷剂的压缩完成。

(3)排放过程

气态制冷剂压缩完成而压力较高时,通过按压排放阀,气态制冷剂通过固定蜗形管中心排放口排出。

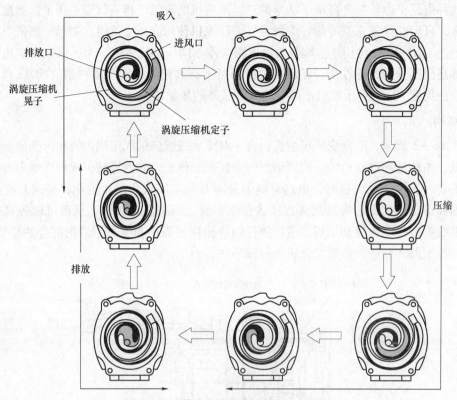

图 16-3 电动变频涡旋压缩机工作原理

第二节 空调制热方式

国外电动汽车空调发展相对国内来说较成熟，国外电动汽车空调不乏跟国内相似的模式，但在热泵电动汽车空调上已经有了一定的基础，日本本田纯电动车就采用了电驱动热泵式空调系统。此外，在特别寒冷的地区使用时，部分车型顾客可以选装一个燃油加热器采暖系统。

日本电装（DENSO）公司开发采用 R134a 制冷剂的电动汽车热泵型空调系统，其在热泵系统的风道中采用了车内冷凝器和蒸发器的结构。由于自然工质 CO_2 良好的热物理性能，日本电装公司也为电动车开发了一套 CO_2 热泵空调系统，系统也采用了在风道内设置蒸发器和冷凝器两个换热器的方案，与 R134a 系统不同的是当系统为制冷模式时，制冷剂同时流经内部冷凝器和外部冷凝器。

注意： 在风道中仅用一个换热器时，在制冷模式下为蒸发器，制热模式下为冷凝器。采用这种结构的热泵空调系统，不仅需要开发允许双向流动的膨胀阀，并且在热泵工况下，系统融霜时，风道内换热器上的冷凝水将迅速蒸发，在挡风玻璃上结霜，不利于安全驾驶的需要。因此有必要在热泵系统的风道中采用能设有内部冷凝器和蒸发器的结构，车外冷凝器和蒸发器共用一个热交换器。

为了减少空调对蓄电池的电能消耗，美国 Amerigon 公司开发了空调座椅，这种空调座椅上装有热电热泵，热电热泵的作用就是通过需要调温的空间之外的水箱转移热量，从而实现需要调温的空间制冷或制热。这种空调座椅除了节能还可以改善驾驶、乘坐的舒适性，在电动汽车上配套使用比较适合。

电动汽车和传统汽车的驱动动力不同，使得它们的空调系统也有很大的区别：电动车没有用来采暖的发动机余热，不能提供作为汽车空调冬天采暖用的热源，电动车的空调系统必须自身具有供暖的功能，即要求我们采用热泵型空调系统。同时，压缩机也只能采用电机直接驱动，结构上与现有的压缩机型式不完全相同。由于用来给热泵空调系统提供动力的电池主要是用来驱动汽车的，空调系统能量的消耗对汽车每充一次电的行程的影响很大。如果电动汽车仍采用现有能效比较低的空调系统，将要求耗费10%以上的电功率，这就意味着要在增加电池的制造成本和降低电动汽车的驱动性能指标之间进行选择。同燃油汽车相比，对电动汽车空调系统的节能高效提出了更高的要求。同时，电动汽车空调必须要解决制冷、制热两大问题。根据电动汽车特有性质，目前电动汽车空调有半导体式（热电偶）、电动热泵式、燃油加热式、PTC加热式，其中电动热泵式空调最有发展前途。

一、半导体式制冷/制热

半导体制冷又称电子制冷，或者温差电制冷，是从20世纪50年代发展起来的一门介于制冷技术和半导体技术边缘的学科，与压缩式制冷和吸收式制冷并称为世界三大制冷方式。半导体制冷器的基本器件是热电偶对，即把一只N型半导体和一只P型半导体连接成热电偶，通上直流电后，在接口处就会产生温差和热量的转移。在电路上串联起若干对半导体热电偶对，而传热方面是并联的，这样就构成了一个常见的制冷热电堆，如图所示半导体制冷片结构。借助于热交换器等各种传热手段，使热电堆的热端不断散热并且保持一定的温度，而把热电堆的冷端放到工作环境中去吸热降温，这就是半导体制冷的原理。

半导体制冷作为特种冷源，在技术应用上具有以下特点：不需要任何制冷剂，可连续工作；没有污染源；没有旋转部件，不会产生回转效应；没有滑动部件，是一种固体片件；工作时没有振动、噪声，寿命长，安装容易。半导体制冷片具有两种功能，既能制冷又能加热，制冷效率一般不高，但制热效率很高，永远大于1。因此使用一个片件就可以代替分立的加热系统和制冷系统。半导体制冷片是电流换能型片件，通过输入电流的控制，可实现高精度的温度控制，再加上温度检测和控制手段，很容易实现遥控、程控、计算机控制，便于组成自动控制系统。半导体制冷片热惯性非常小，制冷制热时间很快，在热端散热良好冷端空载的情况下，通电不到1 min，制冷片就能达到最大温差。半导体制冷片的反向使用就是温差发电，半导体制冷片一般适用于中低温区发电。半导体制冷片的单个制冷元件对的功率很小，但组合成电堆，用同类型的电堆串、并联的方法组合成制冷系统的话，功率就可以做得很大，因此制冷功率可以做到几毫瓦到上万瓦的范围。半导体制冷片的温差范围，从 $-130\ ℃ \sim 90\ ℃$ 都可以实现。

从空调技术成熟性和能源利用效率比较来看，对于半导体制冷片技术的电动汽车空调系统，目前存在着热电材料的优值系数较低、制冷性能不够理想的问题，并且热电堆产量受到构成热电元件元素产量的限制。不具备电动汽车空调节能高效的要求。这使得电动汽车空调更倾向于选用节能高效的热泵型空调，该技术方案对于不同类型电动汽车通用性较好，并且对整车结构改变较小，是将来电动汽车的空调的发展趋势。

注意： 目前还没有汽车采用此种方法做制冷和制热系统，现在主要应用在家庭的饮水机内。

二、热泵型空调系统制冷/制热

在理论上,制冷循环逆转可以用于制暖。但在环境气温低的情况下,制暖性能会下降,无法满足在低温区具备高制暖性能的汽车制暖性能要求。利用电动压缩机压缩冷媒并使其循环。行驶时,冷媒在冷凝器中受风冷却。而且在冬天,当冷凝器(制暖时改为蒸发器)结霜时,制暖性能也难以发挥。这就需要考虑增加为冷凝器(制暖时为蒸发器)加温除霜的系统。

制暖原本在某些情况下需要比制冷更高的性能。例如,在冬天制暖行驶时,为防止车窗起雾一般会导入车外空气。汽车因要在行驶的同时向车外排放加热了的空气,此时制暖需要比制冷更高的性能。

热泵型空调系统是在原有燃油汽车上进行改进的,压缩机是由永磁直流无刷电动机直接驱动,系统的工作原理如图16-4所示。该系统与普通的热泵空调系统并无本质区别,由于在电动车上使用,压缩机等主要部件有其特殊性。而且国外热泵技术具备了一定的基础,该技术最大的优点就是制冷、制热效率高。全封闭电动涡旋压缩机,由直流无刷电动机驱动,通过制冷剂回气冷却,具有噪声低,振动小,结构紧凑,质量小等优点。在测试条件为环境温度40 ℃,车内温度27 ℃,相对湿度50%的工况下,系统稳定时它能以1 kW的能耗获得2.9 kW的制冷量;当环境温度为-10 ℃,车内温度25 ℃,以1 kW的能耗可以获得2.3 kW的制热量。在-10 ℃~40 ℃的环境温度下,均能以较高的效率为电动汽车提供舒适的驾乘环境。若能在零部件技术上得到改进,相应效率还可以得到提高。

目前热泵型电动汽车空调最大的软肋是低温制热问题,尤其是在东北地区,这也是将来该行业研究难题之一。为了使热泵型电动汽车空调更节能高效,一般从以下几个角度去着重解决:开发更高效的直流涡旋压缩机;开发控制更精准、更节能的硅电子膨胀阀;采用高效的过冷式平行流冷凝器;改善微通道蒸发器结构,使制冷剂蒸发更均匀。此外,电动汽车开门的次数以及在行车中受车速、光照、怠速等因素的影响,空调湿热负荷大。压缩机乃至整个空调系统都要适应这种多因素变化的工况,因此热泵型电动汽车空调系统变工况设计尤为重要。

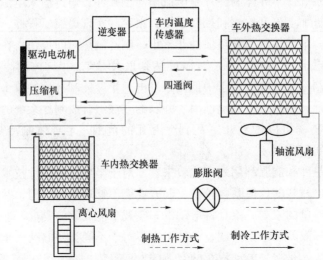

图16-4 热泵系统工作原理(由于客车空间大,因此多用于客车)

蒸发器风机的风量与车室内温度、设定温度、环境温度、太阳辐射强度、蒸发器出风口温度之间的关系是非线性的，使用下式计算所需的风量：

$$风量 = T_{amb} + mT_{set} + nT_{in} + aT_{out} - S_{sun} - K$$

式中，T_{amb}、T_{set}、T_{in}、T_{out}、S_{sun}分别为环境温度、设定温度、车室内温度、蒸发器出风温度、太阳辐射强度，其中 m、n、a、K 为常数，然后通过查表的方法来控制蒸发器的风量。

汽车空调热泵系统与普通的家用空调比较相近，是对普通家用空调的一种使用场合的扩展。为防止制热时因除霜导致室内舒适性下降，采用了热气旁通不间断制热除霜方式。除霜时，运行原理基本与制热相同，只是将融霜电磁阀打开，让从压缩机出来的高温高压的过热气体有一部分被分流到室外换热器的入口，迅速把室外换热器的温度提高到0℃以上，融掉室外换热器上的霜层，使换热器保持良好的换热效率。

三、驻车加热器制热

纯电动汽车由于无法再利用发动机余热制暖，用电制热的方式在电池容电量仍小、价格高时不经济，国内一部分电动车采用传统燃油车使用的驻车加热器作为加热源，虽然有仍用燃油作为燃料的不足，但至少能促进电动汽车的进一步发展。加热器的安装是通过与发动机冷却循环串联。其工作原理是利用本车的蓄电池和油箱来瞬间供电和少量供油，并通过燃烧汽油所产生的热量来加热发动机循环水进而使发动机热起动，同时使驾驶室升温。热交换器是发动机冷却水采暖系统的心脏，它的作用是把冷却水的热量传给空气。

驻车加热器的工作原理：遥控器或定时器给ECU一个起动信号，计量油泵从油箱泵油并以脉冲形式将燃油打到燃烧室前的金属毡上，笔状点火器加热到900℃左右，将喷溅的细小油滴汽化，空气由燃烧空气鼓风机吸入，与汽油混合后并点燃，火焰将热能传递给发动机冷却液，电动循环水泵推动冷却水循环进入蒸发箱内散热器，鼓风机吸入使车内冷空气通过散热器，把变热的空气鼓入车内。

注意：似乎有些矛盾，但这种方法也是加速电动汽车在特殊地区（北方地区）产业化的一种方式，特别是在客车上，因为过去客车就采用过驻车加热作为冬季供暖的设备。

四、PTC加热器的电制热方式

当电动汽车采用加热器的电制热方式时，加热器一般配置在驾驶席和副驾驶席之间的地板下方。加热器由可用电发热的PTC（Positive Temperature Coefficient）加热器元件、将加热器元件的热量传送至散热剂（冷却水）的散热扇、散热剂流路和控制底板等组成。因要求加热器要有较高的制暖性，因此，电源使用的是驱动电动机的锂离子充电电池的高压，而非辅助电池（12 V）。如果是纯电动汽车（EV）专用产品，也可以不使用冷却液，直接用鼓风机吹送经PTC加热器加热的暖风。

注意：1 mm^2 通常为5 A电流，若3.6 kW加热器12 V则需要供电线为60 mm^2，可以说这样的线又粗又硬，无法在车上使用。

由于要制造的加热单元要使用动力电池的高电压，用少量放热元件产生大量热量，因此，加热器需要丰富的设计和制造技术经验。加热器机身内部有板状加热器元件。通过在元件两侧通入散热剂（冷却水）提高散热性。加热器元件采用了普通PTC元件，PTC元件夹在电极中间，具有电阻随元件温度改变的性质。在低温区，电阻低，电流流通产生热量，随着温度升高，电阻逐渐增大，电流难以流通，发热量随之降低。据有关资料显示，PTC 元件的特性符合汽车的制暖性能要求——具备在低温区的高制暖性能。

电动车沿用汽油车的制暖系统的部分。发动机车的制暖系统由发动机、冷却液、加热芯和送风的鼓风机电动机组成。吸收发动机的热量温度升高的散热剂在加热芯内部流过，车内冷空气从加热芯外部流过，为车内制暖。所以只要有冷却液式的加热器和电动水泵就能工作。

此外，目前加热器的 ECU（电子控制单元）与空调系统整体是各自独立的，也可将 ECU 与加热器融为一体。汽车厂商的努力为电动汽车配备多个加热器元件可以使其制暖能力提高到与发动机车相当。但是，为了尽量把电池容量留给行驶，汽车厂商在设计时对制暖耗电进行了抑制。弱混电动汽车以市区行驶速度（40~60 km/h）为例，在某些条件下，使用制暖时的行驶距离要短于使用制冷时。制暖的电池消耗比制冷的电池消耗更大。弱混电动汽车采用了手动式空调。用户按下"MAX"开关后，温控性能和风量会以最高设定运行。目前，弱混电动汽车的制冷制暖系统各自独立。

注意：此种制热方法是目前在轿车和部分客车上采用最多的方法。

第三节 普锐斯空调系统

一、空调变频器

如图 16-5 所示空调变频器内部结构，变频器总成中的空调变频器为空调系统中电动变频压缩机供电，变频器将 HV 蓄电池的额定电压 DC 201.6 V 转换为 AC 201.6 V 来为空调系统中的压缩机供电。

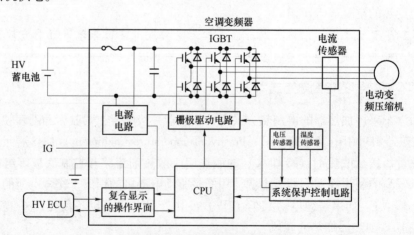

图 16-5 空调变频器内部结构

注意：1 mm² 面积通常承载 5 A 电流，若 6 kW 电动机 12 V 则需要供电线截面积为 100 mm²，可以说这样的线又粗又硬，且根本无法绕成电动机内的绕组，事实上电动汽车上的大功率设备全需高压供电，否则供电线都成问题。

具体工作原理可描述如下：HV ECU 控制变频器总成中的 MCU（微控制器）对门驱动电路进行驱动，通过 6 个 IGBT 把直流电逆变成交流电，电动机的转速由变频控制信号的频率决定,而变频控制信号频率由空调 ECU 通过 HV ECU 控制电动压缩机。

1. 电动变频压缩机转速控制

如图 16-6 所示电动变频压缩机转速控制。空调 ECU 根据目标蒸发器温度(由车内温度传感器、湿度传感器、环境温度传感器和日照传感器计算而来)和蒸发器温度传感器检测的实际蒸发器温度计算压缩机目标转速。然后,空调 ECU 发送目标转速到 HV ECU。HV ECU 根据目标转速控制空调变频器,控制压缩机以符合空调系统操作的速度工作。空调 ECU 计算包含根据车内湿度(从湿度传感器获得)产生的校正数值的目标蒸发器温度和风挡玻璃内表面湿度(从湿度传感器、日照传感器、车内温度传感器、模式风门位置和刮水器工作状态计算而来)。这样,空调 ECU 控制压缩机转速使冷却性能和除雾性能不受影响。因此,车辆实现了乘坐舒适和低油耗等目标。

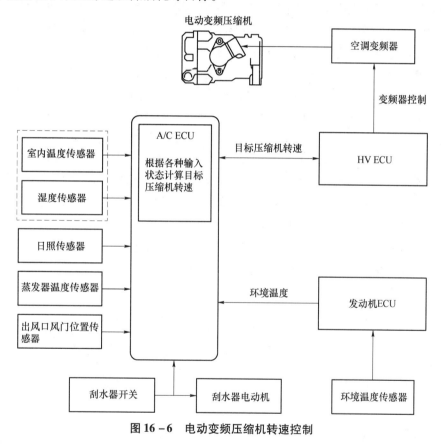

图 16-6 电动变频压缩机转速控制

2. 新款普锐斯空调系统的改进

(1) 新系统采用了 ES18 型电动变频压缩机。该压缩机由空调变频器提供交流电来驱动,该变频器安装在混合动力系统的变频器上。即使发动机不工作,空调系统也能工作。这样,能达到良好的空气状况,也减少了油耗。

(2) 所有车型都将自动空调系统作为标准配置而采用,此系统能自动改变出风口、出风口温度和出气量。

(3) 新系统采用了鼓风机脉冲控制器。该控制器根据空调 ECU 提供的占空信号控制输出电压来调节鼓风机电动机的转速。这样，就减少了由于传统鼓风机线性控制器发热所造成的功率损失，从而实现了低油耗。

（4）车内温度传感器增加了湿度传感器功能。这样，空调系统工作时，优化了除湿性能。

（5）采用了紧凑、轻型和高效的电动水泵。这样，发动机停止时也能保证合适的暖风机性能。

（6）采用了模糊控制功能来计算要求的出风口温度（T_{AO}）和自动空调控制系统的鼓风量。从而空调 ECU 可以计算出出风口温度、鼓风量、出风口和与运行环境相适合的压缩机转速。这样，提高了乘坐舒适性。

模糊控制这种控制方式是计算机上用来模拟人类模糊决策的程序。它使用"IF-THEN"控制规则的数学函数来断定普通计算不能处理的周围环境（例如"稍微大"或"特别大"），因此，这种控制使用类似于人类语言的计算机语言在计算机上模拟人类如何处理大量信息的技术。在常规自动空调控制系统中，空调 ECU 根据预定的计算公式以传感器提供的温度信息为基础，依据设定温度计算所需的出风口温度。通过自动控制伺服电动机和鼓风机电动机以达到计算出的 T_{AO} 数值，此系统保持车内温度稳定确保了乘坐舒适性。但是，根据 T_{AO} 数值统一决定所有的控制数值的常规自动空调控制系统对控制的限制较大（因为它是线性系统的结合）。因此，新款普锐斯采用了模糊控制（非线性控制），可进行微调控制。模糊控制根据它们各自数学函数确定温度偏差、环境温度和太阳辐射符合等级程度。此外，系统使用模糊计算方法计算所需的出风口温度和鼓风机鼓风量。根据这些计算结果，空调 ECU 对出风口温度、鼓风机鼓风量、压缩机和出风口进行控制。温度偏差的一致性等级程度根据实际的车内温度和设定温度可定义为 9 个等级，太阳辐射的符合等级程度根据日照传感器数值可定义为 4 个等级（低、中低、中和高），环境温度的符合等级程度根据环境温度传感器数值可定义为 6 个等级（隆冬、冬天、春秋、春夏和盛夏）。空调模糊控制功能确定的鼓风机鼓风量如图 16-7 所示。

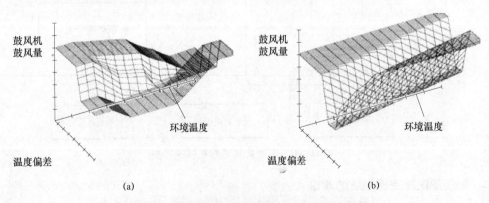

图 16-7　空调模糊控制功能确定的鼓风机鼓风量
(a) 非线性控制（模糊控制）；(b) 常规

（7）旧款普锐斯中，空调由空调控制面板控制。在新款普锐斯中，如图 16-8 所示，改为由复式显示器的空调屏幕显示上的开关和方向盘衬垫上的开关来控制操作。除了空调屏幕显示外，AUTO、再循环、前除霜器和后除霜器开关的操作条件也可以由组合仪表上的指示灯来表示。

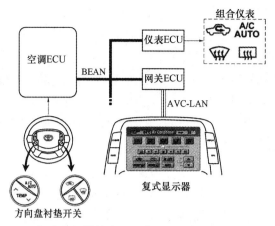

图 16－8　复式显示器的空调屏幕显示代替空调控制面板控制

二、系统图和主组件位置图

图 16－9 所示为主组件位置。

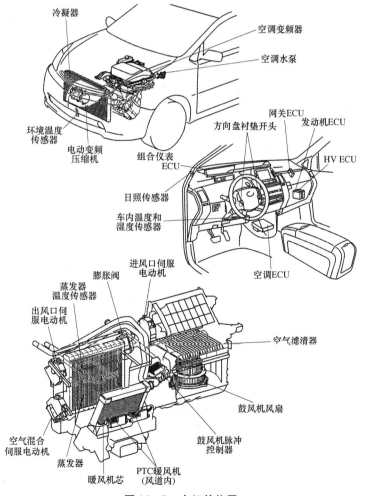

图 16－9　主组件位置

三、空调其他部件介绍

1. 蒸发器

新车型采用了 RS（改良型条状）蒸发器。在蒸发器装置的顶部和底部有储液罐并使用了微孔管结构，从而达到增强了导热性、散热更集中、使蒸发器更薄的效果。为了最大的减少异味和细菌的滋生，蒸发器体涂抹了一层含有灭菌剂的树脂。在这层树脂的下面是一层保护蒸发器的铬酸盐自由层。

2. 暖风机芯

采用 SFA（直吹铝制）暖风机芯。与传统 SFA 暖风机芯是同样的直吹（全程吹风）型暖风机芯。但是此暖风机芯采用了密集暖风机芯结构，从而达到紧凑、高效的性能。

3. PTC 暖风机和鼓风机脉冲控制器

如图 16-10 所示，两个 PTC（正温度系数）暖风机安装在暖风机芯上，此暖风机芯在欧洲左侧驾驶车型上为选装配置。PTC 暖风机包含在中间插有 PTC 元件的电极，电流通过 PTC 元件来加热流经散热片的空气。

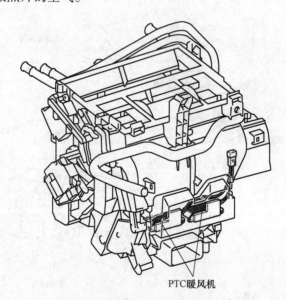

图 16-10 PTC 加热器位置

图 16-11 所示为暖风鼓风机的无级调速。鼓风机脉冲控制器根据空调 ECU 输入的占空循环信号控制输出到鼓风机电动机的电压。它比旧车型使用的鼓风机控制器产生热量小。因此，与常规的鼓风机线性控制器相比，热量损耗得以减少，燃油消耗量得以降低。

4. 冷凝器

新款普锐斯保留了旧款普锐斯的分级制冷冷凝器。但是，新款普锐斯的冷凝器芯更小，因此，制冷剂量也减少。冷凝器的冷却循环系统采用了分级制冷循环，这样，导热性增强。分级制冷循环分为冷凝和超冷两部分，并在两者之间有一个液气分离器（调节器）。经过调节器的液体制冷剂在超冷部分被再次冷却，增加了制冷剂自身的冷却容量，从而可以得到高

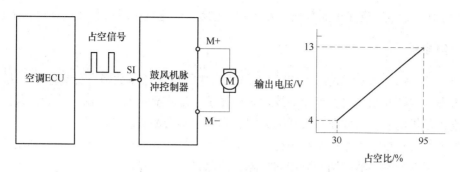

图 16-11 暖风鼓风机的无级调速

效的制冷性能。

5. 水泵

普锐斯系统采用了电动水泵,即使发动机由于混合动力的功能需要停止工作,暖风机仍可正常工作。

6. 车内温度和湿度传感器

如图 16-12 所示,湿度传感器被加入到了车内温度传感器中。通过检测车内的湿度,可以优化空调系统操作期间的除湿效率。因此,压缩机的功耗得以减少,车内达到了舒适的湿度。

湿度传感器中内置的湿度传感阻力膜吸收并释放车内的湿气。在吸收和释放的过程中,湿度传感阻力膜扩张(吸收湿气时)和收缩(释放湿气时)。湿度传感阻力膜的炭粒间的间隙在吸收和释放湿气时扩张和收缩,改变电极间电阻,从而引起湿度传感器的输出电压变化。空调 ECU 通过电极间的电阻造成的湿度传感器的输出电压的变化检测车内湿度。

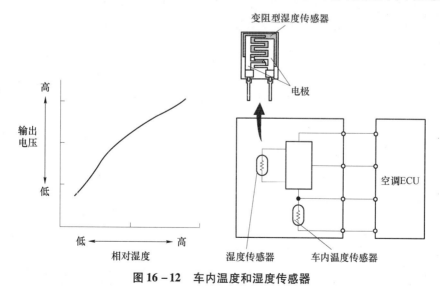

图 16-12 车内温度和湿度传感器

7. 空气过滤器

鼓风机装置内的空气过滤器(标准型粒子过滤器)能够除去粉尘。此过滤器由聚合物制成,用于清洁车内的空气。因此,可将它作为可燃物质处理,有利于环保。空气过滤器

（标准型粒子过滤器）应在车辆行驶 3 万 km 后更换。但这与使用状况（或环境）有关。

四、自诊断

空调 ECU 具有自诊断功能。它以故障码的形式将所有操作故障存储在空调系统存储器中。通过操作空调控制开关，存储的故障码可显示于复式显示器上。由于诊断结果的存储由蓄电池直接提供电能，因此在点火开关关闭后它们也不会消失。

修理中可进行如下工作：可利用指示灯检查检查模式和温度设定显示。可利用传感器检查过去的和现在的传感器空调变频器的故障，清除过去的故障数据。

可利用执行器检查模式检查鼓风机电动机、伺服电动机和电磁式离合器是否按 ECU 信号正常工作。

第十七章 电动汽车充电系统

第一节 电动汽车充电方式

一、常规充电方式

该充电方式采用恒压、恒流的传统充电方式对电动车进行充电。以相当低的充电电流为蓄电池充电,电流大小约为15 A,以120 A·h的蓄电池为例,充电时间要持续8 h。相应的充电器的工作和安装成本相对比较低。电动汽车家用充电设施(车载充电机)和小型充电站多采用这种充电方式。车载充电机是纯电动轿车的一种最基本的充电设备。充电机作为标准配置固定在车上或放在后备厢里。由于只需将车载充电器的插头插到停车场或家中的电源插座上即可进行充电,因此充电过程一般由客户自己独立完成。直接从低压照明电路取电,电功率较小,由220 V/16 A规格的标准电网电源供电。典型的充电时间为8~10(SOC达到95%以上)。这种充电方式对电网没有特殊要求,只要能够满足照明要求的供电质量就能够使用。由于在家中充电通常是晚上或者是在电低谷期,有利于电能的有效利用,因此电力部门一般会给予电动汽车用户一些优惠,例如电低谷期充电打折。

小型充电站是电动汽车的一种最重要的充电方式,充电机设置在街边、超市、办公楼、停车场等处。采用常规充电电流充电。电动汽车驾驶员只需将车停靠在充电站指定的位置上,接上电线即可开始充电。计费方式是投币或刷卡,充电功率一般在5~10 kW,采用三相四线制380 V供电或单相220 V供电。其典型的充电时间是:补电1~2 h,充满5~8 h(SOC达到95%以上)。

二、快速充电方式

快速充电方式是指在短时间内使蓄电池达到或接近充满状态的一种方法。该充电方式以$1C$~$3C$的大充电电流在短时间内为蓄电池充电。充电功率很大,能达到上百千瓦。该充电方式以150~400 A的高充电电流在短时间内为蓄电池充电,与前者相比安装成本相对较高。快速充电也可称为迅速充电或应急充电,其目的是在短时间内给电动汽车充满电,充电时间应该与燃油车的加油时间接近。大型充电站(机)多采用这种充电方式。

电动汽车充电设备主要包括充电站及其附属设施,如充电机、充电站监护系统、充电桩、配电室以及安全防护设施等,如图17-1所示。

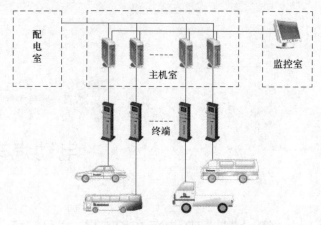

图 17-1 充电站设备

大型充电站（机）的快速充电方式主要针对长距离旅行或需要进行快速补充电能的情况进行充电，充电机功率很大，一般都大于 30 kW，采用三相四线制 380 V 供电。其典型的充电时间是：10~30 min。这种充电方式对电池寿命有一定的影响，特别是普通蓄电池不能进行快速充电，因为在短时间内接收大量的电量会导致蓄电池过热。快速充电站的关键是非车载快速充电组件，它能够输出 35 kW 甚至更高的功率。由于功率和电流的额定值都很高，因此这种充电方式对电网有较高的要求，一般应靠近 10 kW 变电站附近或在监测站和服务中心中使用。此外，该充电方式对站附近或服务中心中使用，还需采取较为复杂的谐波抑制措施，与前者相比安装成本相对较高，只适合大型充电站使用。

三、更换电池充电方式

目前，除了以上两种充电方式外，还可以采用更换电池组的方式，即在蓄电池电量耗尽时，用充满电的电池组更换已经耗尽的电池组。蓄电池归服务站或电池厂商所有，电动汽车用户只需租用电池。电动汽车用户把车停在一个特定的区域，然后用更换电池组的机器将耗尽的蓄电池取下，换上已充满电的电池组。对于更换下来的未充电蓄电池，可以在服务站充电，也可以集中收集起来以后再充电。由于电池更换过程包括机械更换和蓄电池充电，因此有时也称它为机械"加油"或机械充电。电池更换站同时具备正常充电站和快速充电站的优点，也就是说可以用低谷电给蓄电池充电，同时又能在很短的时间内完成"加油"过程。通过使用机械设备，整个电池更换过程可以在 10 min 内完成，与现有的燃油车加油时间大致相当。

不过，这种方法还存在不少问题有待解决。首先，这种电池更换系统的初始成本很高，其中包括昂贵的机械装置和大量的蓄电池。其次，由于存放大量未充电和已充电的蓄电池需要很多空间，因此修建一个蓄电池更换站所需空间远大于修建一个正常充电站或快速充电站所需的空间。还有，在蓄电池自动更换系统得到应用之前，需要对蓄电池的物理尺寸和电气参数制定统一的标准，所以换电池方式最终随电池能量密度的提高会消失。

四、无线充电方式

无线充电方式包括电磁感应式（见图 17-2）、磁场共振式、无线电波式三种。三种充电方式对比如表 17-1 所示。电动汽车非接触充电方式的研究目前主要集中在感应式充电方式，不需要接触即可实现充电，目前，日产和三菱都有相关产品推出，其原理是采用了可在供电线圈和受电线圈之间提供电力的电磁感应方式，即将一个受电线圈装置安装在汽车的底盘上，将另一个供电线圈装置安装在地面，当电动汽车驶到供电线圈装置上，受电线圈即可接收到供电线圈的电流，从而对电池进行充电。目前，这种方式的成本较高，还处于实验室研发阶段，其功能还有待时间验证。此外，非接触式充电方式的原理还包括磁共振和微波等，技术都被日本厂商垄断。

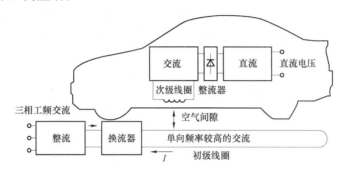

图 17-2 电磁感应式充电示意图

表 17-1 三种无线充电方式比较

方式	电磁感应式	磁场共振式	无线电波式
充电原理	向地面下的初级线圈提供交流电流，线圈产生交变磁场，感应在车底部的次级线圈，次级产生交流电	基本原理与电磁感应相同，只是初级线圈和次级线圈使用同一共振周波，可将阻抗控制在最低，增大发送距离	充电部分和接收部分均采用 2.45 GHz 的微波
使用频率范围	22 kHz	13.56 MHz	2.45 GHz
输出功率/kW	30	1	1
传送距离/mm	100	400	1 000
充电效率/%	92	95	38
日本研制企业	昭和飞行机工业	长野日本无线	三菱重工业

电动汽车无线充电方式是近几年国外的研究成果，其原理就像在车里使用的移动电话，将电能转换成一种符合现行技术标准要求的特殊的激光或微波束，在汽车顶上安装一个专用天线接收即可。有了无线充电技术，公路上行驶的电动汽车或双能源汽车可通过安装在电线杆或其他高层建筑上的发射器快速补充电能。电费将从汽车上安装的预付卡中扣除。

沃尔沃（Volvo）C30 电动车进行感应式充电。电动汽车充电不再需要电源插座或充电电缆，利用感应充电法，电能通过埋在路面内的充电板无线传送给汽车的蓄电池，实现从路面直接给汽车充电。这一技术将极大地降低充电时间，以沃尔沃 C30 电动车为例，在蓄电池完全放电的情况下，给 24 kW·h 大小的蓄电池组完全充电，预计仅用 80 min。

无线充电方式也叫移动式充电。对电动汽车蓄电池而言，最理想的情况是汽车在路上巡航时充电，即所谓的移动式充电（MAC）。这样，电动汽车用户就没有必要去寻找充电站、停放车辆并花费时间去充电了。MAC 系统埋设在一段路面之下，即充电区不需要额外的空间。

接触式和感应式的 MAC 系统都可实施，对于接触式的 MAC 系统，需要在车体的底部装一个接触拱，通过与嵌在路面上的充电元件相接触，接触拱便可获得瞬时高电流。当电动汽车巡航通过 MAC 池组的方式，其充电过程为脉冲充电。对于感应式的 MAC 系统，车载式接触拱由感应线圈所取代，嵌在路面上的充电元件由可产生强磁场的高电流绕组所取代。很明显，由于机械损耗和接触拱的安装位置等因素的影响，接触式的 MAC 对人们的吸引力不大。

电磁感应式非接触充电系统存在以下问题：

（1）送电距离比较短，如果两个线圈的横向偏差较大传输效率就会明显下降。目前来看只能实现传输距离为 10 cm 左右，而底盘与地面的距离明显与这个距离有着非常大的差距，因此这是一个很大的问题。

（2）需要考虑很多的散热问题，比如线圈之间的发热。

（3）还有一个问题就是耦合的辐射问题，电磁波的耦合会不会存在大的磁场泄漏。电磁感应在线圈之间传输电力，如同我们的磁铁一样，在外圈有一定的泄漏，人如何避免受影响是个很大问题。线圈之间也是有可能有杂物进入的，还有某些动物（猫狗）进入里面，一旦产生电涡流，就如同电磁炉一样，安全性问题非常明显。

一般来说，利用电磁感应原理的无线供电技术最具现实性，并且现在在电动汽车上有实际应用。

磁场共振式供电，目前技术上的难点是小型化、高效率化比较难。现在的技术能力大约是直径 0.5 m 的线圈，能在 1 m 左右的距离提供 60 W 的电力。磁场共振方式则是现在最被看好、被认为是将来最有希望广泛应用于电动汽车的一种方式。

电磁波送电方式，现在则提出了利用这种技术的"太空太阳能发电技术"。如果这种技术能应用，则可以从根本上解决电力问题。无线供电使得电动汽车可以提供这么一种可能：一辆电动汽车从出厂到报废为止，终生不用去理会电力补充问题。电动汽车在太阳能电池技术、无线供电技术以及自动驾驶技术的支持下，完全可以颠覆现在的交通概念。若干年以后，在高速公路上，车在自动行驶，而汽车、电脑、手机需要的所有电力都来自从路面下铺装的供电系统，或者来自汽车上的接收装置接收的电磁波。随着电动汽车的发展无线充电技术必定有着广阔的利用空间。

综上所述，电动汽车的充电还是采用普通充电为主、快速补充充电为辅的充电方式。对于电动公交车而言，充电站设在公交车总站内。在晚间下班后利用低谷充电，时间 5~6 h。全天运行的车辆，续驶里程不够时，可利用中间休息待班时间进行补充充电。充电器的数量和容量根据车队的规模而定，充电站由车队管理。$1C$~$3C$ 的快速充电模式，已经在探讨应用，但应确保在电池的安全和使用寿命的前提下进行。

五、未来其他前沿技术

Altair 纳米技术公司为电动汽车开发的锂离子电池可以极快的速度充电，容量高达 35 kW·h 的电池可以在 10 min 之内充电完毕，安装这种电池的载人小汽车可以续驶 160 km。10 min 之内把 35 kW·h 的电池充电完毕需要 250 kW 的充电功率，这是一栋办公大楼最大用电负荷的 5 倍。

麻省理工学院研究人员发明了一项充电材料表面处理技术，利用这种新技术制造的手机电池可以在 10 s 内完成充电,汽车电池可在 5 min 内充好电。一块锂电池完成充电一般需要 6 min 或更长的时间。但传统的磷酸铁锂材料在经过表面处理生成纳米级沟槽后,可将电池的充电速度提升 36 倍(仅为 10 s)。麻省理工学院说,由于这项技术不需要新材料,只是改变制造电池的方法,所以用 2~3 年时间就可以将这项技术市场化。

据索尼官方新闻稿表示,索尼已经开发出了一种快速充电锂电池,仅需 30 min 就能让电池充电 99%。功率可达 1 800 W/kg,并可延长 2 000 次循环充放电寿命。这种电池采用磷酸铁锂作为阴极材料,以增强阴极的晶体结构并能保证其高温状态下的稳定性。通过与索尼新设计的粒子技术阳极材料组合,该电池可以有效降低电阻,并提高输出功率。

VTG 是 Vehicle-to-Grid 的简称,它描述了这样的一个系统:当混合电动汽车不运行的时候,汽车通过发电机发给电网供电,收取费用,反过来,当电动车的电池需要充满时,电流可以从电网中提取出来给到电池。

第二节 充电机功能

一、充电桩

随着我国新能源汽车,特别是纯电动汽车的迅速发展,电动汽车充电站及其配套充电设备必将处于新能源交通领域的前沿位置。

电动汽车充电机是一种专为电动汽车的车用电池充电的设备,按安装方式不同可分为车载式和非车载式两种,分别采用相应的充电方式完成对车载蓄电池充电的功能。车载充电机指安装在电动汽车内部的充电机。非车载充电机指安装在电动汽车外,与交流电网连接,并为电动汽车动力电池提供直流电能的充电机。充电站安装的非车载充电机还需具备计量计费功能。

一般情况下,充电机应至少能为以下三种类型动力蓄电池中的一种充电:铁锂离子电池、铅酸电池、镍氢电池。

根据电流种类不同,充电桩可分为交流充电桩和直流充电桩两种。交流充电桩是安装在电动汽车外,与交流电网连接,为电动汽车车载充电机提供交流电源的供电装置,同时具备计量计费功能。直流充电桩是固定安装在电动汽车外、与交流电网连接,为电动汽车动力电池提供小功率直流电源的供电装置,直流充电桩具有充电机功能,可以实时监视并控制被充电电池状态,同时,直流充电桩可以对充电电量进行计量。

二、充电机功能

充电设定方式可分为自动设定方式和手动设定方式两种。

1. 自动设定方式

在充电过程中,充电机依据蓄电池管理系统提供的数据动态调整充电参数、执行相应动作,完成充电过程。

2. 手动设定方式

由操作人员设置充电机的充电方式、充电电压、充电电流等参数,在电动汽车与充电机连接正常且充电参数不应超过电动汽车蓄电池管理单元最大许可范围时,充电机根据设定参数执行相应操作，完成充电过程。充电机采用手动设定方式时，应具有明确的操作指示信息。

充电机采用高频开关电源模块，主要功能是将交流电源变换为高品质的直流电源，应采用脉冲宽度调制方式原理。模块应由全波整流及滤波器、高频变换及高频变压器、高频整流滤波器等组成。

每个高频开关电源模块内部应具有监控功能，显示输出电压/电流值，当监控单元故障或退出工作时，高频开关电源模块应停止输出电压。正常工作时，模块应与直流充电机监控单元通信，接收监控单元的指令。

高频开关电源模块应具有交流输入过电压保护、交流输入欠电压报警、交流输入缺相告警、直流输出过电压保护、直流输出过电流保护、限流及短路保护、模块过热保护及模块故障报警功能。模块应具有报警和运行指示灯。任何异常信号应发送到监控单元。

充电机不同相位的两路或多路交流输入进线应均匀接入充电机高频开关电源模块上，以实现脉波整流。高频开关电源模块应具有带电插拔更换功能，具有软起动功能，软起动时间3～8 s，以防开机电压冲击。充电机应具有限压限流特性。限压特性：充电机在恒流充电状态运行时，当输出直流电压超过限压整定值时，应能自动限制其输出电压增加；限流特性：充电机在稳压状态下运行时，当对蓄电池的充电电流超过电池的限流整定值或输出直流电流超过充电机总限流整定值时，应能立即进入限流状态，自动限制其输出电流增加。全自动充电机可适用的电池类型：镍铬电池、镍氢电池、铅酸电池、锂离子电池等。

充电机充电特性：采用智能充电技术，充电过程无须人工干预。严格按照蓄电池充电特性曲线进行充电，采用"恒流→恒压限流→涓流浮充"智能三阶段充电模式，使每节电池都能够较快地充分地充满电，避免过充电，完全做到全自动切换功能。

三、充电功能

1. 智能三阶段充电模式

充电初期采用恒流技术，使充电电流恒定，避免损坏电池，加速电池的老化。

充电电压达到上限电压时自动转换为恒压限流充电，有效地提高了蓄电池的容量转换效率。

涓流浮充使各单体电池均衡受电，保证电池容量得以最大限度恢复，有效解决单体电压不均衡现象，避免了市电电压的变化和蓄电池充电的末期造成的蓄电池过压充电的危险，大大延长了蓄电池的使用寿命。

适用电池范围广：充电电流可在10%至额定值内任意设定，且不受输入交流电压变化的影响，在恒流充电期间电流维持不变，无须人为再调整。

2. 特殊功能数据转储和处理

充电结束后，采集的数据可经U盘转存或经RS232接口直接上传计算机，经配套的数据处理软件后台处理后，可自动生成各种图表，为判别整组电池的优劣提供了科学的依据。

注意：充电机启动、停电后恢复充电应需人工确认，充电机应具有急停开关。

四、监控功能

直流充电机监控单元。监控单元应具有完善的监控功能，至少应具有以下监控功能：

1. 模拟量测量显示功能

测量显示充电机交流输入电压、充电机输出电压/电流、各个高频电源模块输出电流等。监控单元电流测量精度在（20%～100%）额定电流范围内，其误差应不超过±1%；电压测量精度在（90%～120%）额定电压范围内，其误差应不超过±0.5%。

2. 控制功能

监控单元应能适应充电机各种运行方式，能够控制充电机自动进行恒流限压充电→恒压充电→停止充电运行状态。

3. 告警功能

充电机交流输入异常、电源模块告警/故障、直流输出过/欠压、直流输出过流、充电机直流侧开关跳闸/熔断器熔断、充电机故障、充电机监控单元与充电站监控系统通信中断、监控单元故障时，监控单元应能发出声光报警，并应以硬接点形式和通信口输出到监控系统。

4. 事件记录功能

监控单元应能储存不少于100条事件。充电机告警、充电开始/结束时间等均应有事件记录，应能保存至少20次充电过程曲线，事件记录和曲线具有掉电保持功能。

5. 参数整定和操作权限管理

监控单元应具有充电机参数整定和操作权限密码管理功能，任何改变运行方式和运行参数的操作均需要权限确认。

6. 对时功能

监控单元至少应满足PPS（秒脉冲）、PPM（分脉冲）对时要求，也能接受IRIG-B（DC）码来满足对时要求，且GPS标准时钟的对时误差应不大于1 ms。

五、显示功能

显示输出功能应包含显示下列信息：
(1) 电池类型、充电电压、充电电流、充电功率、充电时间、电能量计量和计费信息。
(2) 在手动设定过程中应显示人工输入信息。
(3) 在出现故障时应有相应的提示信息。
(4) 可根据需要显示电池最高和最低温度。

六、通信功能

通信内容包括如下：蓄电池的蓄电池组标识、蓄电池组类型、蓄电池组容量、蓄电池组状态、蓄电池组故障代码、蓄电池组电压、蓄电池组充电电流、蓄电池组充电功率、蓄电池组充电时间、蓄电池组充电电能、单体蓄电池电压、单体蓄电池荷电、蓄电池温度等；充电机的充电机状态、充电机故障代码、充电机交流侧开关状态、充电机直流输出电压、充电机直流输出电流、充电机直流侧开关状态、充电机直流侧开关跳闸；监控单元输出监控单元故障、充电机与监控系统通信中断等；后台监控系统输出充电机开/关机、充电机紧急停机、充电机参数设置等。

七、电动汽车智能充电及管理

电动汽车智能充电及管理系统能够实现对电池的检测、维护、保养，续驶里程估算，内阻检测估算，电能计费，联网监控，人机交互显示等功能。图 17-3 所示为直流充电桩显示界面。

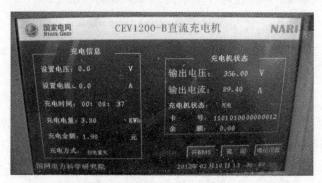

图 17-3　直流充电桩显示界面

采用多种充电模式：充电电流大，充电热量少，充电速度快，还原效率高，超时充电无过充危险。

1. 采用均衡充电

针对锂电池、铁锂电池抗过充能力差，实现动态均衡充电功能。避免不平衡趋势恶化，提高电池组的充电电压，并对电池进行活化充电，有效延长电池使用寿命。可快速充电：充电 10~15 min，充足额定电量的 80% 以上，续驶里程可达 200~300 km。

2. 内阻检测功能

智能电池单体检测、内阻检测技术，在线巡回检测每节单体电池状况，预测各节电池供电性能，及时发现劣化电池，并立即报警，为电池组"精细"维护提供测量依据。

3. 除硫养护功能

抑制硫化产生，降低硫化速度，可使电池组的容量恢复到标称容量的 95% 以上，达到长期在线对电池进行防硫养护和修复的作用。

4. 电量计费功能

充电站输入电量、充电主机输入电量、输出电能总体计量；用户充电消费已充电量、计费单价、消费金额等存储、显示和统计。

5. 联网监控

通过 GPS 定位系统、CAN 总线装置、载波通信，监控中心对充电主机、终端、充电桩进行远程控制，实时记录充电、配电、电池维护等监控数据，异常现象声控报警，并通过通信口输出到监控系统。

6. 续驶里程估算

对电动汽车车载电池的电压、内阻检测及电量容量估算，实时评估电量信息，同时估算续驶里程，避免用户遭遇电量用完的尴尬，更方便用户出行。

7. 抗磁干扰

双绞屏蔽网络通信线,并置金属管中;超强滤波电路设计,严格执行通信协议,多重正确条件校验设置,全面实行差错校正。

8. 人机交互

实现触控数字液晶屏显示、语音提示、友好人机界面,显示 RFID 卡(选配)、IC 卡卡号、计费单价、充电模式、充电电压、充电电流、已充电量、所剩余额、消费金额等,并打印单据。图 17-4 所示充电桩的插卡端口和打印端口。

图 17-4 充电桩的插卡端口和打印端口

第三节 电动汽车传导式充电接口

一、充电接口形式

电动汽车传导式充电接口适用于交流额定电压最大值为 380 V 和直流额定电压最大值为 600 V 的电动汽车。

国标规定了两种充电接口:一种是将交流供电电网连接到车载充电机上进行充电的"交流充电"接口;另一种是利用非车载充电机(充电桩)对电动汽车进行"直流充电"的接口。

注意:日本和美国充电机采用单相 230 V AC 供电,电流 32 A 输出,针脚数量 5;意大利采用单相 230 V AC 供电,电流 16 A 输出,针脚数量 4~5;德国采用单相或三相 500 V AC,单相电流 70 A,三相电流 63 A,针脚数量为 7;中国标准单相 220 V AC,单相最大电流 32 A,三相 380 V AC,三相最大电流 63 A,针脚数量为 7。

统一的电动汽车国家标准插头对插头和充电接口的材质、接触电阻、工作时额定电流、额定电压、插拔力、电气性能、防水等级、断开状态、充电状态、防松设置、及时断开等都做了规定。

二、充电模式和插头颜色

电动汽车充电模式有充电模式 1、充电模式 2、充电模式 3 三种,其中模式 1 和 2 使用的电源为交流，模式3使用的电源为直流。

1. 充电模式1

使用车载充电机对电动汽车进行充电时，充电电缆通过符合 GB 2099.1—2008 要求的额定电流为 16 A 的插头插座与交流电网进行连接。其额定电压和额定电流应符合要求，单相 220 V 交流，电流 16 A，作为家用使用 GB 2099.1—2008 中额定电流为 16 A 的标准插座连接交流电网。交流充电接口端子连接方式为 L1 + N + PE + CP + PP。

2. 充电模式2

包括三种模式，使用特定的供电设备为电动汽车提供交流电源。根据额定电压和额定电流的不同等级将充电模式具体分为：

模式 2 - 1：采用单相 220 V 交流，电流 32 A，交流充电接口端子连接方式为 L1 + N + PE + CP + PP。

模式 2 - 2：三相 380 V 交流、电流 32 A，交流充电接口端子连接方式为 L1 + L2 + L3 + N + PE + CP + PP；

模式 2 - 3：三相 380 V 交流，电流为 63 A，交流充电接口端子连接方式为 L1 + L2 + L3 + N + PE + CP + PP。

充电模式2是商场、停车场等采用的通过特定的供电设备为电动汽车提供交流电源的模式。

3. 充电模式3

使用非车载充电机对电动汽车进行直流充电，其额定电压 DC 600 V、额定电流 300 A、作为高速公路服务区、充电站等，通过非车载充电机对电动汽车进行直流充电，交流充电接口端子连接方式为 L1 + L2 + L3 + N + PE + CP + PP。

在充电插头的明显区域（如：锁紧装置的控制按钮表面）应有不同颜色来表示不同的充电模式。

蓝色：充电模式1；黄色：充电模式 2 - 1；橙色：充电模式 2 - 2；红色：充电模式 2 - 3；红色：充电模式3。

在供电装置一侧须安装漏电流保护装置；建议在供电装置一侧安装手动或自动断路器。出于安全的考虑，在充电接口连接过程中，首先连接保护接地端子，最后连接控制确认端子。在脱开的过程中，首先断开控制确认端子，最后断开保护接地端子。

三、符号标志

Hz	赫［兹］
～或 a.c.	交流电
------ 或 d.c.	直流电
L1、L2、L3	交流电源
N	中线
⊕ 或 ⏚ 或 PE	保护接地
DC +	直接电源正极或电池正极
DC -	直接电源负极或电池负极

CP	控制确认1
PP	控制确认2
S+	充电通信 CAN – H
S–	充电通信 CAN – L
⏚	充电通信 CNA 屏蔽
A+	低压辅助电源正（如：12/24 V+）
A–	低压辅助电源负（如：12/24 V–）
IP×× （有关数字）	IP 代码（GB 4208—2008 规定的防护等级）
CM31	充电模式 3–1
CM32	充电模式 3–2

四、交流充电接口

交流充电接口包含7个端子，交流充电接口插头和插座的各个端子布置方式如图17–5所示。

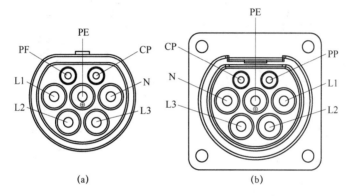

图 17–5 交流充电接口插头和插座端子布置
（a）插头；（b）插座

交流充电接口端子功能定义：L1、L2、L3为三相交流电，N 为中线，PE 为保护接地，CP 控制确认1，PP 控制确认2。

交流充电接口界面如图 17–6 所示。

注意：其中充电机的充电插头控制确认 1 点 6 脚（CP）内置二极管是检测点，控制确认 2 点 7 脚（PP）有一电阻。汽车充电口中 6 脚和 7 脚内部相通，同时应注意插头内芯子长短的不同。

五、直流充电接口功能

CM31（充电模式 3–1）直流充电接口包含 8 个端子，如图 17–7 所示。直流充电接口端子功能定义见表 17–2。图 17–8 所示为 CM31 直流接口充电插头和充电插座界面示意图。

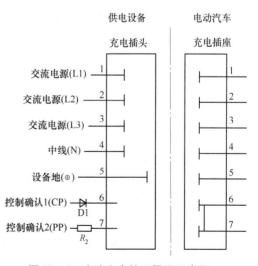

图 17–6 交流充电接口界面示意图

表 17-2　CM31（充电模式 3-1）直流充电接口

触点编号/功能	功能定义
1—直流电源正（DC+）	连接直流电源正与电池正极
2—直流电源负（DC-）	连接直接电源负与电池负极
3—保护接地（PE）	在供电设备地线和车辆底盘地线之间调置的触点。在充电接口连接和断开时，该触点相对于其他触点首先完成连接并最后完成断开
4—充电通信 CAN-H（S+）	非车载充电机与电动汽车相关控制系统进行通信
5—充电通信 CAN-L（S-）	非车载充电机与电动汽车相关控制系统进行通信
6—CAN 屏蔽（▽）	CAN 通信用屏蔽线
7—低压辅助电源（A+）	非车载充电机为电动汽车提供低压辅助电源正
8—低压辅助电源（A-）	非车载充电机为电动汽车提供低压辅助电源负

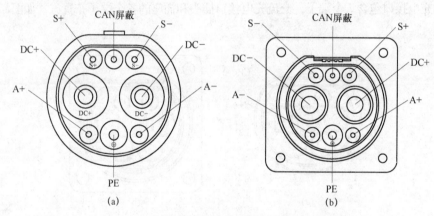

图 17-7　CM31 直流接口充电插头和充电插座布置

（a）插头；（b）插座

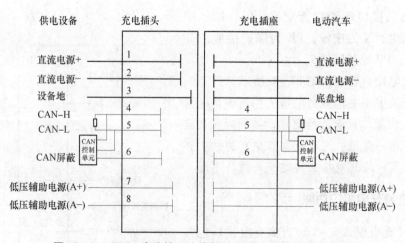

图 17-8　CM31 直流接口充电插头和充电插座界面示意图

　　CM32（充电模式 3-2）直流充电接口也包含 8 个端子，各个端子的布置方式如图 17-9 所示。直流充电接口端子功能定义见表 17-3。

表 17-3　CM32（充电模式 3-2）直流充电接口

触点编号/功能	功能定义
1—直流电源正（+）	直流电源正
2—直流电源负（-）	直流电源负
3—保护接地（PE）	在供电设备地线和车辆底盘地线之间设置的触点。在充电接口连接和断开时，该触点相对于其他触点首先完成连接并最后完成断开
4—充电通信 CAN-H	非车载充电机与电动汽车相关控制系统进行通信
5—充电通信 CAN-L	非车载充电机与电动汽车相关控制系统进行通信
6—CAN 屏蔽（▽）	CAN 通信用屏蔽线
7—低压辅助电源（A+）	非车载充电机为电动汽车提供低压辅助电源正
8—低压辅助电源（A-）	非车载充电机为电动汽车提供低压辅助电源负

CM32 直流接口充电插头和充电插座布置图如图 17-9 所示，CM32 直流接口充电插头和充电插座界面示意图如图 17-10 所示。

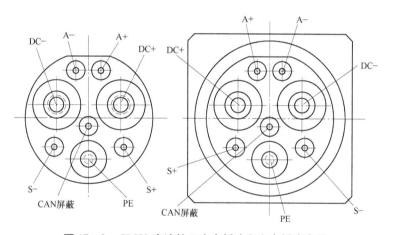

图 17-9　CM32 直流接口充电插头和充电插座布置

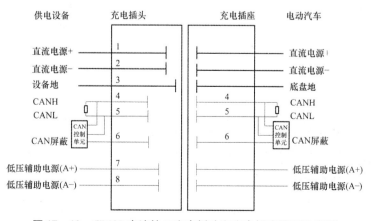

图 17-10　CM32 直流接口充电插头和充电插座界面示意图

六、充电接口工作原理

1. 端子连接顺序

出于安全的考虑，在充电接口连接过程中，端子连接顺序为：保护接地，直流电源正与直流电源负，低压辅助电源正与低压辅助电源负，充电通信；在脱开的过程中则顺序相反。

2. 确认充电接口的连接

电动汽车的车辆控制装置能够通过测量检测点的峰值电压判断充电插头与充电插座是否已充分连接。电流容量的判断是车辆控制装置通过测量检测点 2 的电压值来确认充电电缆的额定电流，并通过判断该点的占空比确认当前供电设备能提供的最大电流值。电动汽车的车辆控制装置对供电设备、充电电缆及车载充电机电流值进行比较后，按照其中的最小电流值对电动汽车进行充电。

3. 输出功率调整

充电过程中输出功率的调整是车辆控制装置应对检测点 2 信号的占空比进行不间断的监测。当接收的振荡信号占空比有变化时，车辆控制装置应实时调整车载充电机的输出功率。

4. 充电系统的停止

充电系统的停止是在充电过程中，车辆控制装置不间断测量检测点 2 的峰值电压或占空比，如果信号异常，车辆控制装置应立即关闭车载充电机的输出。供电设备在充电过程中不间断测量检测点 1 的峰值电压，如果信号异常则断开交流输出端的接触器或开关。

在供电设备无故障情况下，其内部开关为常闭状态。当使用充电电缆将供电设备与电动汽车连接完毕后，供电设备通过测量检测点 1 的峰值电压判断充电电缆是否连接完毕。当供电设备接收到起动信号（如刷卡等）后，闭合其交流输出端的接触器或开关，为电动汽车的车载充电机进行供电。

电动汽车的车辆控制装置通过检测点 2 的峰值电压，判断充电插头与充电插座是否已充分连接。

5. 充电系统的启动

在电动汽车和供电设备建立电气连接后，车辆控制装置通过测量检测点 2 的峰值电压，确认充电电缆的额定电流。电阻 R_2 的阻值与充电电缆额定电流的对应关系。车辆控制装置通过判断该点的占空比确认供电设备当前能够提供的最大充电电流值。车辆控制装置对供电设备、充电电缆及车载充电机的额定电流值三者进行比较，将其最小值设定为当前最大允许供电电流。当判断充电接口已充分连接并设置完当前最大允许充电电流后，车载充电机开始对电动汽车进行充电。

在整个充电过程中，不间断地检查充电接口的连接状态及供电设备的功率变化情况。车辆控制装置应不间断地测量检测点 2 的峰值电压及占空比。当占空比有变化时，车辆控制装置应实时调整车载充电机的输出功率。

6. 充电系统的故障停止

在整个充电过程中，检测点 2 的信号（电压及占空比）出现异常时，车辆控制装置应立即关闭车载充电机输出，停止充电。供电设备在充电过程中不间断测量检测点 1 的峰值电压，如果信号异常则断开交流输出端的接触器或开关。

7. 特殊模式充电

在充电模式 1 中，充电电缆上可配备占空比固定为 20% 的振荡电路装置来作为控制导引电路。如果供电设备没有配备振荡电路装置，电动汽车在判断充电电缆完全连接后，可以按照充电模式 1 规定的额定电流进行充电。

此过程交流供电装置一侧应安装手动或自动断路器。其判断步骤如下：

（1）用充电电缆将车载充电机连接到交流电网。

（2）车辆控制装置在初次上电后的一定时间内（如 5 s）没有接收到振荡器的振荡信号，闭合特殊模式开关 S2 后判断充电接口是否完已全连接（检测点 2 电压小于 2 V/4 V 为已连接，等于 12 V/24 V 为未连接）。

（3）车辆控制装置判断充电接口已完全连接后，可控制车载充电机按照充电模式 1 规定额定电流对电动车进行充电。

（4）车辆控制装置应在充电过程中不间断监测充电接口连接状态，一旦异常应立即关闭车载充电机。

8. 直流充电接口带载插拔保护原理

在充电过程中，如果没有严格的保护控制措施，直流充电接口的带载插拔会对操作人员造成伤害。因此需要电动汽车的电池管理系统与非车载充电设备相互协调并在充电逻辑上加以控制，从而保证充电接口在插拔过程中不带负载分断。

保护原理是充电接口的插头分别设有相对应的通信端子、直流输出端子及低压辅助电源端子。拔开充电接口时，端子的断开顺序为：通信端子、低压辅助电源端子、直流输出端子。

充电时的控制逻辑顺序。电池管理系统（BMS）与非车载充电设备（充电桩）在充电过程中的控制逻辑顺序为：

（1）充电设备通过低压辅助电源端子向电动汽车的电池管理系统供电。

（2）电池管理系统与非车载充电设备进行通信。

（3）在完成握手阶段、配置阶段后，非车载充电设备开始对电动汽车进行充电。

（4）充电过程中，如果 100 ms 内非车载充电设备没有收到电池管理系统周期发送的充电级别需求报文，非车载充电设备立即关闭输出。

（5）充电过程中，如果低压辅助电源端子断开，应有断路接触器切断直流充电回路。

第十八章
电动汽车高压安全技术

第一节 民用电 TN 网络和充电安全

TN 网络是民用 220 V/380 V、50 Hz 的用电网络,其防护原理在电动汽车充电过程会有应用。

一、不安全的 TN 网络

高压安全措施和注意事项的基本功用可利用 TN 网络进行说明介绍(如住宅线路),TN = 接地零线(共用接地),如图 18-1、图 18-2 所示。

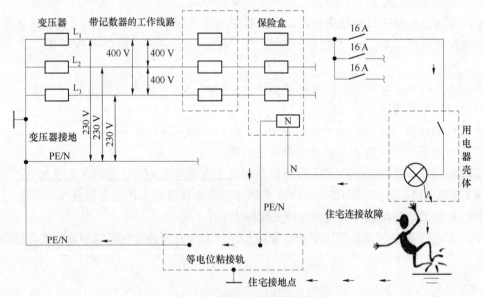

图 18-1 不安全的 TN 网络原理

民用住宅的单相 220 V(230 V)或三相 380 V(400 V)是从三相变压器的次级绕组取出的,如图 18-1 所示 L_1、L_2、L_3 为三相火线,线间电压为 380 V,可接入负载如三相电动机。对于单相 220 V 如单相电机或照明用电则采用相电压 220 V 供电。注意 PE 是保护地的缩写,N 是中性点的缩写,PE/N 意为中性点作为保护接地,一个供电网络要有多个 PE/N。PE/N 在图中左侧接变压器的中心抽头,右接住宅大楼的暖气管道和楼体钢筋笼,图中的照明灯零线回路是通过保险盒内的接地螺丝 N 将电流导入住宅的等电位粘接轨，从 PE/N 流回变压器中心抽头，形成回路，这是单相两线电器工作原理。

在农村建筑中，由于没有地线回变压器中性点的保护措施，用电器壳体漏电发生电击的情况较多。

在城市建筑中，诸如电饭煲、冰箱和洗衣机等，在用电器工作时要防止壳体（图中用电器的虚线框）漏电对人体造成电击，所以在壳体上接保护接地线用于保护接地。保护接地即用电器壳体和用电器的零线相连，零线和真实地等电位，由于人总是站在真实地上，真实地和用电器壳体等电位，所以不会造成触电。加之漏电保护器在漏电时的自动断开功能，城市的安全用电保护要比农村安全和方便得多。

二、安全的 TN 网络

如果用电器壳体漏电，电流可经由第三根地线经 PE 后通过保险盒内的接地螺丝 N 将电流导入住宅的等电位粘接轨，不会造成触电危险。

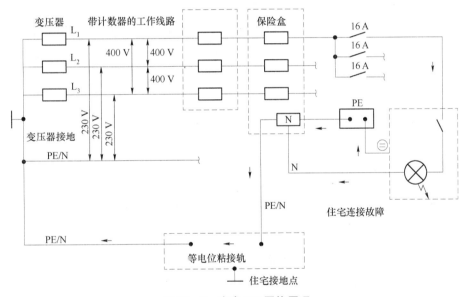

图 18-2　安全 TN 网络原理

结论：汽车上的车载充电机设计上可靠地与 TN 网络接地，所以充电过程是安全的。

[完成任务] 想一想变压器为什么要埋地？为什么用电器壳体不直接接在零线 N 上？

第二节　电动汽车的安全防护技术

一、行业错误纠正

由于我国劳动部门对电动汽车检修的职业上岗资格仍未建立，现在的职业资格仍是以低压电工证替代作为职业上岗资格。现在发现很多学校对电动汽车的安全防护是按工业/民用电进行防护的，很多照搬是错误的，下面举几个例子。

1. 放置绝缘垫

低压（220 V/380 V）带电操作时放绝缘垫是因为变压器副线圈埋地了，由电动汽车蓄电池母线负与车身不共地，可知低压电工（220 V/380 V）带电操作中的脚下放置绝缘垫的操作不适用电动汽车，明显是一种张冠李戴的做法。

2. 绝缘手套、绝缘工具和绝缘鞋

绝缘手套和绝缘工具是在低压（220 V/380 V）带电操作时使用的，而低压（220 V/380 V）电器的连接是明显裸露的，戴绝缘手套也有空间操作。

电动汽车的电池箱检修塞一旦取出后，电池箱以外的电路是无电的，不必戴绝缘手套操作，可放心徒手操作。事实上，除非在检修塞无法取出、电池箱内上电继电器无法下电时，电动汽车才进行带电操作解除。

对于有些电动汽车高压上电继电器布置在电池箱外部，有可能的上电继电器前短路只能求助检修塞的保险丝熔断，属设计不合理，望行业改正。

3. 电动汽车充电

电动汽车单相或三相交流充电时，充电枪有保护接地，不用防护，试想家中的电饭锅，谁穿戴绝缘手套、绝缘鞋和使用绝缘工具做饭了？

二、电动汽车的安全防护

电动汽车的高压安全措施是十分周密的，与工业/民用电相比有很大的不同，以下是防护措施。

1. 橙色电缆线

被动技术：为了减少与高压电（在电动汽车领域指 60 V 以上）的直接接触，高压部件上的高压线路采用橙色作为警示，同时在高压器件附近会有警示性通知。

2. 防接触保护

主动技术：高压导线，特别是壳体穿孔部位采用多层（三层）绝缘，防止穿孔部位意外裸露，造成直接或间接地接触高压产品带电。

3. 高压和低压（12 V）不共地

主动技术：高压电正极和负极与车辆车身金属间不共地，两者之间有绝缘检测（见图 18-3），即负母线对车身和正母线对车身的绝缘检测。发生绝缘电阻下降故障时，高压上电继电器下电，并在仪表上显示系统的故障指示。

若绝缘检测电路检测高压系统有故障，将在仪表中用声、光报警。

4. 高压产品的电隔离

主动技术：DC/DC 转换器的初级线圈和次级线圈间采用变压器隔离，若 DC/DC 壳体高压漏电时，通过高压电池箱内的绝缘检测电路可以检测到（见图 18-3）。同理逆变器（DC/AC）若漏电，通过逆变器壳体的接地，绝缘检测电路可以检测到（见图 18-3）。其他高压用电器也有类似的绝缘检测。

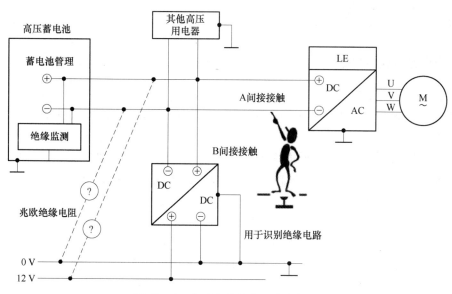

图 18-3 电动汽车的高压安全措施

5. 高压互锁

主动技术：高压产品的电缆脱开时，会形成触电和母线短路隐患。为此，对整个高压系统设置一个导通环，当高压元件从线束上脱开时会造成"U"形导通环传送的信号中断，控制系统控制电池箱内的高压上电继电器断开，同时，逆变器内的电容器通过电阻自行进行放电。

6. 高压接通锁

主动技术：工作人员在诊断辅助系统时，比如断开空调压缩机的供电线时，高压上电继电器断开已确保关闭整个高压系统。但还要防止高压系统通过"点火开关开启"重新接通，因此，借助高压接通锁的插入（连接），对高压系统又加了一道防止接通的保险，相当于拆下了检修塞。如图 18-4 所示为奔驰高压接通锁。

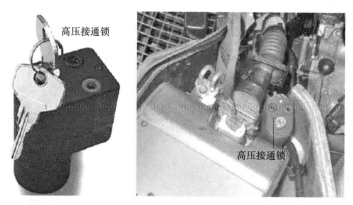

图 18-4 奔驰高压接通锁

7. 在碰撞时切断高压系统

通过来自安全气囊的碰撞识别触发断开电池箱内的上电继电器，并停止发电机发电模

式,将母线电容器放电至允许的电压极限以下。

另外,在出现短路时,切断高压系统,并将母线电容器放电至允许的电压极限以下。

三、高压系统操作资格

如果员工没有接受高压意识培训,不允许在混合动力汽车上执行操作。如果员工在车辆上的"工作"仅限于操作或客户咨询,如启用冬季轮胎的限速或阐述驾驶室管理及数据系统(COMAND),则不必进行高压意识培训。此外,只是简单驾驶车辆时也没有必要进行高压意识培训,如洗车人员将车辆驶向洗车装置。如果员工在车辆上执行操作、阐述或简单驾驶车辆之外的"工作",一定要进行高压意识培训。甚至开启发动机罩,如清洗发动机或添加车窗风挡玻璃清洗液,也要求进行高压意识培训。如果不具备高压资格和高压产品资格,员工不得在高压网络上作业。不遵守相关注意事项会导致严重结果。接受过高压意识培训的非电工技术专业人员可以在高压系统外执行作业。接受过附加资格认证(高压资格和高压产品培训)的汽车技师、电气技师、机械电子工程师可以在高压系统上执行作业。

总之:在高压电操作中,要牢记,千万不要把自己串入正负极之间构成导电回路,或绝缘检测无法识别,造成触电的严重事故。另外,正或负直流母线与车身易外相连将存在严重的高压电击隐患,一旦人员在车上接触了高压电负或正将造成严重电击伤或死亡。

经过高压操作和高压产品知识培训后,使用和维修电动汽车高压系统还是很容易的。

第三节 电动汽车绝缘电阻监测方法

电动汽车是一个复杂的机电一体化产品,其中的许多部件包括动力电池、电动机、充电机、能量回收装置、辅助电池充电装置等都会涉及高压电器绝缘问题。这些部件的工作条件比较恶劣,振动、酸碱气体的腐蚀、温度及湿度的变化,都有可能造成动力电缆及其他绝缘材料迅速老化甚至绝缘破损,使设备绝缘强度大大降低,危及人身安全。

一、绝缘电阻大小确定

电动汽车的绝缘状况以直流正负母线对地的绝缘电阻来衡量。电动汽车的国际标准规定:绝缘电阻值除以电动汽车直流系统标称电压 U,结果应大于 $100\ \Omega/V$,才符合安全要求,见式(18-1)。标准中推荐的牵引蓄电池绝缘电阻测量方法适用于静态测试,而不满足实时监测的要求。

$$\frac{\text{绝缘电阻值}}{\text{直流系统标称电压}} \geq 100\ \Omega/V \qquad (18-1)$$

[**完成任务**] 请计算蓄电池箱电压为 400 V 时的绝缘电阻值。

二、绝缘电阻监测方法

通过测量电动汽车直流母线与电底盘之间的电压,计算得到系统的绝缘电阻值。假设电动汽车的直流系统电压(即电池总电压)为 U,待测的正、负母线与电底盘之间的绝缘电阻分别为 R_P、R_N,正、负母线与电底盘之间的电压分别为 U_P、U_N,则待测直流系统的等效模型如图 18-5 所示。

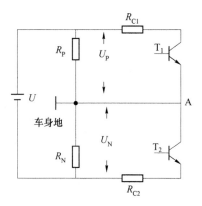

图 18-5　电动汽车绝缘电阻测量原理

图 18-5 中 R_{C1}、R_{C2} 为测量用的已知阻值的标准电阻。工作原理如下：当电子开关 T_1、T_2 全部断开时，测量正、负母线与电底盘之间的电压分别为 U_{P0}、U_{N0}，由电路定律可以得到 $U_{P0}/R_P = U_{N0}/R_N$。当电子开关 T_1 闭合、T_2 断开时，则在正母线与电底盘之间加入标准偏置电阻 R_{C1}，测量正、负母线与电底盘之间的电压分别为 U_{PP}、U_{NP}，同样可以得到

$$\frac{U_{PP}}{R_P} = \frac{U_{PP}}{R_{C1}} = \frac{U_{NP}}{R_N} \tag{18-2}$$

式（18-1）和式（18-2）解出正、负母线与电底盘之间的绝缘电阻分别为 R_P、R_N。同样，绝缘电阻在以下两种情况也可以得到：T_1、T_2 全部断开和 T_1 断开、T_2 闭合；T_1 闭合、T_2 断开和 T_1 断开、T_2 闭合。由上述计算公式可知，绝缘电阻 R_P、R_N 的具体数值由 4 个测量电压值和已知标准电阻计算得到，最终结果的精度与电压测量和标准电阻的精度直接相关。另外，开关动作前后，电池电压随汽车加、减速的变化对结果的影响也应分析。电动汽车的绝缘电阻一般来讲是缓变参数，而测量过程很快，因此可以认为测量过程中实际待测绝缘电阻阻值保持不变。

绝缘电阻监测模块主要完成如下几方面功能：正负母线对电底盘的电压测量、标准偏置电阻的投切控制、报警参数设置、声光报警电路、液晶显示及通信。

三、绝缘电阻动态监测

一般来讲，电动汽车的标称电压在 90～750 V，实际偏置电阻因电压不同而不同，运行过程中电池电压存在一定的波动范围，并且待测绝缘电阻也有一定的变化范围，因此，监测系统的电压测量电路必须保证在全范围内实现等精度的测量，而且正、负母线对地电压的测量必须同时完成。

参考文献

[1] 赵振宁,王慧怡. 新能源汽车技术 [M]. 北京:北京人民交通出版社,2013.
[2] 赵振宁. 混合动力汽车构造原理与检修 [M]. 北京:北京理工大学出版社,2015.
[3] 陈清泉,孙逢春、祝嘉光编著现代电动汽车技术 [M]. 北京:北京理工大学出版社,2002.
[4] 陈全世. 先进电动汽车技术 [M]. 北京:化学工业出版社,2007.
[5] GB/T 4094.2—2005 电动汽车操纵件、指示器及信号装置的标志.
[6] GB/T 19836—2005 电动汽车用仪表的要求.